중국의 향기

송재소 저

머리말

　나는 2023년 연말에 암(癌) 선고를 받고 그때부터 내가 써온 글들을 정리하기 시작했다. 어쭙잖은 글들이지만 아직 책으로 묶이지 않은 글들을 죽기 전에 한데 모아놓으려 한 것이다. 여기저기 흩어져 있던 글들을 모아 종류별로 분류해 보니 대략 4권 분량이나 되었다. 참으로 쓸데없는 글을 많이도 썼구나 하는 생각이 들었지만 버릴 수가 없었다. 동물이 자기 새끼를 버리지 못하듯이 미우나 고우나 내가 쓴 글들이라 일단 모아서 정리해 보기로 했다.
　그중 이 책에는 중국에 관해서 쓴 비교적 짧은 글들을 모았다. 그래서 책 제목을 『중국의 향기』라 붙였다. 한국 한문학을 전공하는 나에게 중국은 동경(憧憬)의 나라이고 향기로운 나라였기 때문이다. 한국 한문학은 우리의 선현들이 한문으로 쓴 작품을 연구하는 분야인데, 우리 선현들의 한문학 작품은 중국의 고전을 학습한 바탕 위에서 나온 것이다. 그러므로 공자, 맹자, 사마천(司馬遷)이 살았고 이백, 두보, 소동파 등이 활동했던 중국은 한국 한문학과 불가분의 관계에 있다. 그래서 1989년 처음 중국을 가 본 이래 지금까지 적어도 50회 이상 중국을 드나들기도 했다. 이 책에 실린 글들은 중국에 대한 이러한 나의 관심의 산물이다.
　그러나 중국에 대하여 일관된 주제를 가지고 쓴 글들은 아니고 여기저기서 청탁을 받아 쓴 글들을 모은 것이다. 그러므로 어떤 부분은 중복되는 곳도 있다. 또 제4부와 제5부는 1990년대에 쓴 글이기 때문에 본문에서 언급된 사실들은 모두 당시의 시사적 사건들임을 감안하고 읽어주기 바란다. 여기서 집필 시기와 게재지를 밝혀둔다.

제1부 '중국의 명시'는 2015년 11월호부터 2016년 6월호까지 포스코 경영 연구원에서 발행하는 월간 『Chindia plus』에 게재했던 글이다. 'Chindia'는 'China'와 'India'의 합성어인 듯한데 주로 중국과 인도와 관계된 경제 분야의 글들이 실려있었다. 제2부 '중국의 명문'은 역시 『Chindia plus』에 2016년 9·10월호부터 2017년 7·8월호까지 연재했던 글이다. 이 잡지는 2016년 9월호부터 격월간으로 발행했다. 제3부 '중국의 명승'은 일간 「아시아 경제」지에 2017년부터 2018년까지 매월 1회씩 1년 동안 '중국여지승람(中國輿地勝覽)'이란 제목으로 연재했던 글이고, 제4부 '중국의 교훈'은 성균관대학교 총동창회에서 발행하는 월간 「성균회보」에 1998년 6월부터 2000년 12월까지 연재했던 글이다. 제5부는 제일 오래된 글로 1995년 8월부터 1995년 10월까지 일간 「문화일보」에 주 2회씩 '한자 교실'이란 이름으로 실렸던 글이다.

부록으로 실은 「중국의 대학과 대학생」은 이 글의 서두에서 밝혔듯이 1993년 2월부터 8월까지 중국의 북경사범대학교에 연구교수로 체류하면서 보고 들은 바를 기록한 것이다. 지금 중국의 대학과 대학생들의 실상은 이 글의 내용과 너무나 다르다. 그만큼 중국이 급격히 변한 것이다. 그러므로 이 글의 내용은 어디까지나 1993년의 기록임을 밝혀둔다. 1993년 당시의 중국 대학의 현실이 어떠했는가를 증언하는 조그마한 기록이라 생각되기에 이 책에 수록한 것이다.

이 책을 출간하는 데에도 성균관대학교 한문학과 박사과정의 김종후 군의 도움이 컸다. 김 군은 대학 도서관, 국회 도서관 등에서 내가 쓴 오래된 글들을 찾아주는 수고를 아끼지 않았다. 이 자리를 빌려 감사의 마음을 전한다. 그리고 보고사의 김흥국 사장님과 편집부의 이경민 대리에게도 고맙다는 인사를 올린다.

2025년 7월
지산시실(止山詩室)에서
송재소

차례

머리말 / 3

제1부 중국의 명시 …………………………………… 13
달과 술을 노래한 시선詩仙 이백李白 …………………………………… 15
모택동毛澤東과 임표林彪와 왕소군王昭君 …………………………………… 20
장계張繼의 풍교야박楓橋夜泊 …………………………………… 25
시로 쓰는 편지 …………………………………… 29
왕유王維의 시 …………………………………… 34
백거이白居易의 「숯 파는 늙은이」 …………………………………… 39
유우석劉禹錫의 죽지사竹枝詞 …………………………………… 43
이상은李商隱의 무제無題 시 …………………………………… 48

제2부 중국의 명문 …………………………………… 53
도연명陶淵明의 「귀거래혜사歸去來兮辭」 …………………………………… 55
굴원屈原의 「어부사漁父詞」 …………………………………… 60
소식蘇軾의 「전적벽부前赤壁賦」 …………………………………… 64
제갈량諸葛亮의 「전출사표前出師表」 …………………………………… 68
범중엄范仲淹의 「악양루기岳陽樓記」 …………………………………… 72
왕희지王羲之의 「난정집서蘭亭集序」 …………………………………… 76

제3부 중국의 명승 ········· 81

중국의 4대 미인 서시西施의 고향 ········· 83
중국 서법書法의 성지, 난정蘭亭 ········· 89
이백, 백거이, 소식의 자취를 간직한 여산廬山 ········· 94
시선詩仙 이백의 자취를 찾아서 ········· 100
세계 문화유산 명明 효릉孝陵 ········· 105
비파정琵琶亭과 심양루潯陽樓 ········· 110
남경의 젖줄 진회하秦淮河 ········· 116
소흥, 와신상담臥薪嘗膽과 토사구팽兎死狗烹의 현장 ········· 122
애국시인 육유陸游와 당완唐琬의 애정비가 ········· 128
고결한 선비 도연명陶淵明의 고향 ········· 134
강남시산江南詩山 경정산敬亭山 ········· 139
중국의 4대 누각 악양루岳陽樓 ········· 144

제4부 중국의 교훈 - 명심보감 초 ········· 151

연재를 시작하며 ········· 153
공자가 말하기를 "신체와 모발과 살은 부모로부터 받았으니 감히 훼손하고 상하지 않는 것이 효의 시작이요, 출세하여 이름을 후세에 드날려 부모를 드러나게 하는 것이 효의 마지막이다. - 효행(孝行) ········· 156
문중자가 말하기를 "시집가고 장가드는데 재물을 논하는 것은 오랑캐나 하는 짓이다."- 치가(治家)
사마온공이 말하기를 "무릇 혼인을 의논함에 있어 마땅히 먼저 그 사위와 며느리의 성품과 행실 및 가정의 법도가 어떠한가를 살펴야 하지, 그 부귀만을 흠모하지 말아야 한다"라 했다. - 치가(治家) ········· 158
노공왕魯共王이 말하기를 "덕으로써 남을 이기면 강하고, 재물로써 남을 이기

면 흉악하고, 힘으로써 남을 이기면 망한다"라 했다. - 정기(正己) ····· 160
엄한 아버지는 효도하는 아들을 길러내고, 엄한 어머니는 좋은 딸을 길러낸다. 귀여운 자식에게는 매를 많이 때리고 미운 자식에게는 먹을 것을 많이 주어라. - 훈자(訓子) ·· 162
『한서漢書』에 이르기를 "황금이 상자에 가득해도 자식에게 경서經書 한 권 가르쳐주는 것만 못하고, 자식에게 천금千金을 주는 것이 자식에게 한 가지 재주를 가르치는 것만 못하다"라 했다. - 훈자(訓子) ··············· 164
술과 여색女色과 재물과 혈기血氣라는 네 개의 담장 안 방에 수많은 어진 이와 어리석은 이가 살고 있다. 만일 세상 사람이 이곳을 뛰쳐나올 수 있다면 그것은 신선의 죽지 않는 처방이다. - 성심(省心) ················ 166
『경행록景行錄』에 이르기를 "정치를 하는 요체는 공정함과 청렴함이요, 집안을 이루는 도리는 검소함과 부지런함이다"라 했다. - 입교(立敎) ····· 168
사마온공司馬溫公이 말하기를 "자식을 기르면서 가르치지 않는 것은 아버지의 잘못이요, 학생을 훈도하면서 엄하게 하지 않는 것은 스승의 게으름이다. - 훈자(訓子)
여형공呂滎公이 말하기를 "안으로 어진 아버지와 형이 없고, 밖으로 엄한 스승과 벗이 없는데도 성공할 수 있는 자는 드물다. - 훈자(訓子) ····· 170
한 순간의 혈기를 참으면 백일 동안의 근심을 면하게 된다. - 계성(戒性)
참고 또 참고 경계하고 또 경계하라. 참지 않고 경계하지 않으면 작은 일도 커지게 된다. - 계성(戒性) ·· 172
사마온공司馬溫公 가훈에 "돈을 모아서 자손에게 물려주어도 자손이 이 돈을 반드시 다 지키지는 못할 것이요, 책을 모아서 자손에게 물려주어도 자손이 이 책을 반드시 다 읽지는 못할 것이니, 남모르는 가운데 음덕陰德을 쌓아서 자손을 위한 계책을 세우느니만 못하다"라 했다. - 계선(繼善) ·········· 174
『사기史記』에 말하기를 "하늘에 제사 지내고 사당에 제사지내는 데에 술이 아니면 흠향하지 않고, 임금과 신하, 친구 사이에도 술이 아니면 의로움이 생기지 않으며, 싸움을 하고 서로 화해하는 것도 술이 아니면 권하지 못한다. 그러므로 술을 마셔서 성공하는 수도 있고 실패하는 수도 있으니 함부로 마셔서는 안 된다"라 했다. - 성심(省心) ··· 176
유회劉會가 말하기를 "말이 이치에 맞지 않으면 말하지 않는 것만 못하다"라
하였다. - 언어(言語)
엄군평嚴君平이 말하기를 "입과 혀는 재앙과 우환을 불러들이는 문이요, 몸
을 망치는 도끼이다"라 했다. - 언어(言語)
사람을 이롭게 하는 말은 따뜻하기가 솜과 같고, 사람을 해치는 말은 날카
롭기가 가시와 같다. - 언어(言語) ·· 178
공자가 말하기를 "자기의 몸가짐이 바르면 명령하지 않아도 백성이 행하고,
자기의 몸가짐이 바르지 못하면 비록 명령하더라도 백성이 따르지 않는다"
라 했다. - 치정(治政)
공자가 말하기를 "곧은 사람을 기용하여 굽은 사람 위에 놓으면 백성들이
복종하고, 굽은 사람을 기용하여 곧은 사람 위에 놓으면 백성들이 복종하지
않는다"라 했다. - 치정(治政) ··· 180
은혜와 의리를 널리 베풀어라, 인생길 어느 곳인들 서로 만나지 않겠는가.
원수와 원한을 맺지 말아라, 좁은 길에서 만나게 되면 회피하기 어렵다.
- 계선(繼善) ··· 182
앞으로 오는 일을 알고자 하면 먼저 지나간 일을 살필 것이다. - 성심(省心)
공자가 말하기를 "밝은 거울은 그것으로써 형체를 살피는 것이고, 지나간
옛 일은 그것으로써 현재를 아는 것이다"라 했다. - 성심(省心) ········· 184
『동몽훈童蒙訓』에 이르기를 "벼슬하면서 지켜야 할 법이 오직 세 가지가 있
으니 청렴함과 신중함과 부지런함이다. 이 세 가지를 알면 몸 가질 바를
안다고 할 것이다. - 치정(治政)
태공太公이 말하기를 "부지런함은 값으로 헤아릴 수 없는 보배요, 신중함은
몸을 보호하는 부적이다"라 했다. - 정기(正己) ································· 186
공자가 말하기를 "부모가 살아계시면 먼 곳으로 가지 않으며 가더라도 반드
시 가는 곳을 밝혀야 한다. - 효행(孝行)
자식을 길러봐야 부모의 은혜를 알고, 세상에 나가 출세해 봐야 사람들의
고통을 안다. - 효행(孝行) ··· 188

『경행록景行錄』에 이르기를 "족할 줄을 알면 즐거울 수 있고, 탐욕에 힘쓰면 근심스럽다"라 했다. - 안분(安分)

족한 줄을 아는 사람은 가난하고 천하여도 또한 즐겁고, 족한 줄을 모르는 사람은 부유하고 귀해져도 또한 근심스럽다. - 안분(安分) ·················· 190

공자가 말하기를 "군자에게는 세 가지 경계해야 할 일이 있다. 젊었을 때는 혈기가 안정되지 않았으므로 여색女色을 경계해야 하고, 장성했을 때는 혈기가 바야흐로 왕성하기 때문에 싸움을 경계해야 하며, 늙어서는 혈기가 이미 쇠약했기 때문에 재물이나 명예를 얻는 것을 경계해야 한다. - 정기(正己)
·· 192

현명한 아내는 남편을 존귀하게 만들고, 나쁜 아내는 남편을 비천하게 만든다. - 부행(婦行)

집안에 현명한 아내가 있으면 남편이 불의의 재앙을 당하지 않는다. - 부행(婦行)

태공太公이 말하기를 "어리석은 사람은 아내를 두려워하고, 현명한 여자는 남편을 공경한다. - 치가(治家) ································· 194

『경행록景行錄』에 이르기를 "사람의 성품은 물과 같아서, 물이 한 번 엎질러지면 다시 담을 수 없듯이 성품도 한 번 방종放縱해지면 다시 돌이킬 수 없다. 물을 제압하는 일은 반드시 제방으로써 해야 하고 성품을 제압하는 일은 반드시 예법으로써 해야 한다. - 계성(戒性) ···················· 196

소동파가 말하기를 "까닭 없이 천금을 얻으면 큰 복이 있는 것이 아니라 반드시 큰 재앙이 있느니라"라 했다. - 성심(省心)

부정하게 재물을 취하는 사람이 천하에 가득한데 복없는 사람만 죄에 걸린다. - 성심(省心)

큰 집이 천 칸이라도 밤에는 여덟 자 방에 누워자고, 좋은 밭이 일만 경이라도 하루에 먹는 곡식은 두 되이다. - 성심(省心) ·············· 198

오이를 심으면 오이를 얻을 것이요 콩을 심으면 콩을 얻을 것이니, 하늘의 그물은 넓고 넓어서 엉성한 것 같으나 놓치는 일이 없다. - 천명(天命)
·· 200

늙은이와 젊은이, 어른과 아이는 하늘이 정해놓은 질서이니, 이치를 어기고 도道를 손상시켜서는 안 된다. - 준례(遵禮) ···················· 202

악한 사람이 선한 사람을 꾸짖더라도 선한 사람은 모두 대꾸하지 않는다. 대꾸하지 않으면 마음이 맑고 한가한데 꾸짖는 자는 입이 뜨거워 부글부글 끓는다. 마치 사람이 하늘에 침을 뱉으면 도로 자기 몸에 떨어지는 것과 같다. - 계성(戒性) ·· 204

송홍宋弘이 말하기를 "지게미나 겨를 먹으며 함께 고생한 아내는 버려서는 안 되고, 가난하고 불우할 때 사귄 친구는 잊어서는 안 된다"라 했다. - 교우(交友) ··· 206

군자의 사귐은 담박하기 물과 같고, 소인의 사귐은 달기가 단술과 같다. - 교우(交友)

술이나 음식을 함께할 때의 형제 같은 친구는 천명이나 있지만, 위급하고 어려울 때 도와주는 친구는 한명도 없다. - 교우(交友) ·············· 208

제5부 중국의 지혜 - 고사성어 ·············· 211

梁上君子 양상군자 ··· 213
後生可畏 후생가외 ··· 215
教學相長 교학상장 ··· 217
管鮑之交 관포지교 ··· 219
兎死狗烹 토사구팽 ··· 221
忘憂物 망우물 ··· 223
脣亡齒寒 순망치한 ··· 225
鐵面皮 철면피 ··· 227
四知 사지 ·· 229
首丘初心 수구초심 ··· 231
孟光擧案 맹광거안 ··· 233

昏定晨省 혼정신성 ････････････････････････････････ 235

糟糠之妻 조강지처 ････････････････････････････････ 237

反哺之孝 반포지효 ････････････････････････････････ 239

雲雨之情 운우지정 ････････････････････････････････ 241

河東獅子吼 하동사자후 ･･････････････････････････････ 243

吳越同舟 오월동주 ････････････････････････････････ 245

塞翁之馬 새옹지마 ････････････････････････････････ 247

百藥之長 백약지장 ････････････････････････････････ 249

漁父之利 어부지리 ････････････････････････････････ 251

過而不改 과이불개 ････････････････････････････････ 253

陶朱公 도주공 ･･････････････････････････････････ 255

부록 중국의 대학과 대학생 ･･････････････････････････ 257

제1부
중국의 명시

달과 술을 노래한 시선(詩仙) 이백

달아 달아 밝은 달아
이태백이 놀던 달아

이렇게 시작하는 한국 전래 동요를 누구나 한번은 들어보았을 것이다. 왜 한국 사람들이 달을 보고 먼 중국의 이백을 떠올렸을까? 달을 빼놓고는 이백을 이야기할 수 없기 때문이다. 또 술 잘 마시는 사람을 '주태백'이라 할 만큼 그는 술도 좋아했다. 이렇게 달과 술은 이백과 불가분의 관계를 맺고 있다.

이백(李白, 701~762)은 중국 최대의 시인이다. 중국의 전 역사를 통틀어 예술적으로 가장 우수한 시가 생산된 시기는 당나라이다. 당나라는 초당(初唐), 성당(盛唐), 중당(中唐), 만당(晩唐)의 네 시기로 구분되는데 이 중 성당의 시를 으뜸으로 친다. 이 성당을 대표하는 시인이 두보(杜甫), 이백, 왕유(王維)이다. 그러니 이백을 중국 최대의 시인이라 할 만하다.

지상에 귀양 온 신선

이백은 25세 때 천하를 경륜하겠다는 큰 뜻을 품고 고향인 사천성을 떠나 중원(中原)으로 진출했지만 아무도 그를 알아주지 않았다.

그러던 중 30세에 장안에서 당시의 원로대신 하지장(賀知章)을 만나 자기가 쓴 시를 보여주니 감탄한 나머지 이백을 '적선(謫仙: 귀양 온 신선)'이라 불렀다. 사람의 재주로는 이렇게 뛰어난 시를 쓸 수 없다는 찬사다.

그럼에도 불구하고 자신의 포부를 펼칠 기회를 얻지 못하고 천하를 방랑하다가 42세에 장안에서 조그마한 벼슬을 하게 된다. 이 시절에 그는 자신의 글재주를 무기 삼아, 당시 무소불위의 권력을 휘두르던 환관 고력사(高力士)로 하여금 자기의 신발을 벗기게 하는가 하면, 양귀비의 사촌 오빠인 양국충(楊國忠)에게 먹을 갈도록 하는 기염을 토했다. 그러나 이 두 사람의 모함으로 그는 벼슬을 얻은 지 1년 반 만에 쫓겨나 다시 정처 없는 방랑길에 오른다. 그러고는 62세로 생을 마감할 때까지 끝내 관직에 나아가지 못했다.

달과 술을 벗 삼아

여기서 이백은 인간에 대한 깊은 좌절감을 느꼈다. 권모술수가 판치는 궁중 생활을 직접 목격했고, 또 자신이 그 피해자가 됐던 이백은 인간 세상에 환멸을 느낀 것이다. 그렇게 뛰어난 재주를 지녔음에도 자신을 알아주지 않는 세상을 원망하며 실의(失意)에 빠진 그에게 달과 술은 좋은 벗이 되었다. 그의 대표작이라 할 수 있는 「월하독작(月下獨酌)－달 아래서 홀로 술을 마시다」 제1수는 이렇게 시작된다.

꽃 사이에 한 병 술
친구도 없이 홀로 마신다

잔 들어 밝은 달 맞이해 오니
그림자 대하여 세 사람 되었네

花間一壺酒　獨酌無相親
擧杯邀明月　對影成三人

  이것이 이백의 고독한 내면 풍경이다. 그는 고독을 달래기 위해 술잔 속에 비친 달과 자신의 그림자를 억지로 친구로 삼는다. 이백 한 사람이 이제 세 사람이 된 것이다. 인간에게 환멸을 느낀 이백이 인간 아닌 달과 그림자와 짝하여 술을 마시는 심경을 알 만하다. 적어도 달만은 그를 헐뜯거나 배반하지 않을 것이라 여긴 것이다. 지금 중국 안휘성 당도(當涂)에 있는 이백 묘소 앞에는 이 시 구절에서 따온 '거배요월상(擧杯邀月橡)'이 있는데 술잔을 들고 하늘의 달을 올려다보는 이백의 모습을 조각한 것이다. 제2수는 오로지 술에 바친 헌시(獻詩)로 그 첫 부분은 이렇다.

하늘이 술을 사랑하지 않았다면야
하늘엔 주성(酒星)이 없었을 것이고

대지(大地)가 술을 사랑하지 않았다면야
땅엔 응당 주천(酒泉)이 없었을 것이라

하늘과 땅이 이미 술을 사랑했으니
술 사랑, 하늘에 부끄럽지 않도다

天若不愛酒　酒星不在天
地若不愛酒　地應無酒泉
天地旣愛酒　愛酒不槐天

하늘에 주성이라는 별이 있는 것으로 보아 하늘도 술을 사랑했을 것이고, 중국에 주천이라는 고을이 있는 것으로 보아 대지도 응당 술을 사랑했음이 분명하니 자기가 술을 사랑하는 것이 하늘에 부끄럽지 않다는 논리이다. 이만하면 그를 '주선(酒仙)'이라 부를 만하다. 그는 유명한 시 「장진주(將進酒)」에서 "한 번에 모름지기 삼백 잔은 마셔야지"라 할 만큼 술을 좋아했다. 이백이 체질적으로 술을 좋아한 탓도 있었겠지만 이렇게 '미친 듯이' 술을 마신 것은 현실에서 겪는 좌절과 실의로 인해 일어난 고독과 수심을 달래기 위해서였다. 그러나 그가 또 다른 시에서 밝혔듯이 이백은 죽을 때까지 고독과 수심으로부터 벗어날 수 없었다.

칼을 빼어 물을 잘라도 물은 다시 흐르고
잔을 들어 수심을 달래도 수심은 그대로네

抽刀斷水水更流　擧杯銷愁愁更愁

술도 그의 근원적인 고독을 달랠 수는 없었던 것이다.

다시 신선이 되어 하늘에 오르다

이백이 무슨 병으로 죽었는지는 확실하지 않지만, 강물에 비친 달을 잡으려 물속으로 뛰어들어 익사했다는 이야기가 민간에 전설처럼 전해오고 있다. 여기에다 물에 빠진 이백을 고래가 등에 태우고 하늘로 올라갔다는 이야기가 덧붙여졌다. 그의 죽음에 대해 이런저런 이야기가 전하는 것은 천재적인 시인 이백의 허망한 죽음을 사실로 받아들이고 싶지 않은 후대인들이 만들어낸 신화일 것이다. 원래 그는 이 세상에 귀양 온 신선이었으니 다시 하늘로 올라가 본 모습대로 신선이 되었을 법도 하다.

모택동과 임표와 왕소군

신중국 건설의 주역인 모택동(毛澤東)은 혁명가였을 뿐만 아니라 180여 수의 시를 남긴 시인이기도 했다. 그는 78세 되던 1971년에 다음과 같은 시를 썼다.

뭇 산과 골짜기 형문(荊門)으로 닫는 곳에
임표(林彪)가 나고 자란 마을 아직 있는데
대궐을 한번 떠나 북쪽 사막으로 가서는
푸른 무덤만 남아 황혼을 향해 있네

群山萬壑赴荊門　生長林彪尙有村
一去紫臺連朔漠　獨留靑塚向黃昏

임표와 왕소군

1971년은 당시 중국의 제2인자였던 임표(林彪)가 사망한 해이다. 임표는 장개석에 의해 '전쟁마귀(戰爭魔鬼)'라 불릴 만큼 탁월한 군사 전략가이다. 모택동의 지시로 1966년부터 시작된 이른바 문화대혁명을 '4인방'과 함께 이끌었고 모택동의 후계자로까지 지명된 그가 모택동의 눈 밖에 나서 숙청의 대상이 된 사연은 복잡하다. 어쨌든 신변의 위협을 느낀 임표는 모택동을 제거하려는 계획을 세우다 발각되어 측근과 함께 비행기로 소련으로 탈출하다가 몽고 사막에 추락하여 사망했다는 것이 공식 발표이다.

위의 시는 임표가 사망한 직후 모택동이 쓴 것인데 시의 제목이 「장난삼아 두보의 〈영회고적〉을 개작하다(戱改杜甫詠懷古跡)」로 되어있다. 두보의 「영회고적」은 모두 5수로 모택동이 개작한 원시는 세 번째 시인데 중국 4대 미인의 하나로 꼽히는 왕소군(王昭君)을 노래한 걸작이다. 모택동은 왜 임표의 죽음과 왕소군을 연관시켰을까? 우선 왕소군의 슬픈 이야기부터 알아보기로 한다.

비운의 궁녀 왕소군

왕소군은 한(漢)나라 원제(元帝)의 궁녀였다. 당시 한나라는 연례행사처럼 된 북쪽 흉노족의 침입으로 고통을 당했는데 어느 해에는 흉노가 화친의 조건으로 한나라 황실의 공주를 요구해 왔다. 이에 황제는 궁녀들 중의 한 명을 공주로 위장해서 보내기로 하고 심사 결과 가장 못생긴 궁녀 왕소군을 뽑았다. 원제 때는 궁녀가 너무 많아서 황제는 궁중 화가들로 하여금 초상화를 그려오게 하여 그림을 보고 그날 잠자리를 같이할 궁녀를 선택했다고 한다. 자연히 황제의 은총을 입기 위하여 궁녀들은 화가에게 뇌물을 바쳤으나, 본래 빼어난 미인이었을 뿐 아니라 상당한 학식도 겸비한 왕소군은 뇌물을 바치지 않았다. 그래서 가장 못생긴 얼굴로 그려져 선택된 것이다.

왕소군이 흉노 추장과 함께 떠나던 날 비로소 황제는 그녀가 절세미인이라는 걸 알았다. 흉노와의 신의를 저버릴 수 없어 그냥 보내기는 했지만 후에 그녀의 초상화를 그린 화가들을 모두 참수했다고 한다. 흉노 추장의 부인이 된 왕소군은 훌륭한 외교사절의 역할을 하여 그로부터 60년 동안은 흉노의 침입이 없었다고 한다. 그러나 그녀는 그리던 조국 땅을 끝내 밟지 못하고 그곳에서 쓸쓸히 생을 마쳤다. 이후 왕소군을 주제로 수많은 시문이 써졌는데

오랑캐 땅엔 화초가 없으니
봄이 와도 봄 같지 않네

胡地無花草　春來不似春

라는 시구는 지금도 인구에 회자되고 있다. 워낙 춥고 황량한 지역이라 봄이 되어도 꽃과 풀을 볼 수 없어 봄이 와도 봄 같지 않다는 말이다. 이렇게 봄이 되어도 화초를 볼 수 없는 지역인데도 왕소군의 무덤에는 푸른 풀이 자랐다고 해서 그녀의 무덤을 '청총(青塚)' 즉 '푸른 무덤'이라 부른다. 지금 내몽고의 호화호특(呼和浩特) 시 교외에는 그녀의 무덤 '청총'이 크게 조성되어 있다. 두보가 호북성에 있는 왕소군의 고향을 방문하고 쓴 시가 「영회고적」이다. 모택동이 개작한 부분은 이 시의 전반부인데 후반부는 이렇다.

그림으론 봄바람 같은 얼굴 알 수 없기에
패옥(佩玉)만 달빛 아래 혼이 되어 돌아왔네

비파에 천년 동안 오랑캐 말 담겨있어
곡조엔 분명히 원한을 얘기하리

畵圖省識春風面　環佩空歸月下魂

千載琵琶作胡語　分明怨恨曲中論

다시는 돌아오지 못했지만 죽어서도 한나라를 그리워하여 달 아래 혼이 되어 패옥 소리 짤랑이며 돌아왔다고 상상한 것이다. 그리고 흉노 땅에서 외로움을 달래기 위해 비파를 타며 오랑캐 말로 부른 노래 속에는 분명히 자신을 이곳으로 보낸 사람들에 대한 원한이 서려있을 것이라 말했다. 두보가 이토록 애절하게 왕소군을 노래한 것은 그녀와 자신의 처지가 같다고 여겼기 때문이다. 뛰어난 재능을 지녔음에도 알아주지 않는 자신을, 빼어난 미모를 지녔음에도 오랑캐에게 시집가게 된 왕소군에 가탁해서 노래한 시이다. 두보는 왕소군을 슬퍼함과 동시에 자신을 슬퍼한 것이다.

모택동의 진의는 무엇일까?

중국 고전문학에 조예가 깊은 모택동이 왕소군을 애도한 두보 시의 참뜻을 몰랐을 리가 없다. 그럼에도 불구하고 숙청하려고 했던 임표의 죽음을 두고 이 시의 전반부를 개작한 의도는 무엇일까? 개작이라고 하나 글자 두 개만 바꾸었을 뿐이다. 두보 시의 '明妃'를 '林彪'로 고친 것이 전부다. '명비'는 왕소군의 다른 이름이다. 우선 임표가 사망했을 때 그의 머릿속에는 이 시가 먼저 떠올랐을 것이다. 왕소군과 임표의 고향이 다 같은 호북성이고 죽은 곳도 두 사람 모두 몽고의 사막이기 때문이다. 그러나 이 우연의 일치만으로 모택동의 작시(作詩) 의도를 다 설명할 수는 없다. 홍군(紅軍)의 대장정에도 참여했고 신중국 창립의 일등 공신이었으며 중앙군사위 부주석까지 지낸 옛 동지 임표의 허망한 죽음에 대한 일말의 애도의 정이 있어서 그를 왕소군에 비유했을까? 그가 1974년 '비림비공(批林批孔)' 운동을 전개하여 임표를 철저히 비판한 것을 보면 그렇지도 않은 것 같다. 참된 작시 의도는 모택동 자신만이 알고 있을 것이다.

장계의 풍교야박

한산사(寒山寺)를 유명하게 한 시 한 편

우리나라 사람이 가장 많이 찾는 중국의 관광지가 항주와 소주이다. 그중 소주에 가면 반드시 가는 곳이 한산사이다. 한산사는 6세기 초에 건립된 사원으로 원래의 이름은 보명선원(普明禪院)이었는데, 당나라 때 고승(高僧) 한산(寒山)이 머문 이후로 유명해져서 명칭도 한산사로 불리게 되었다. 그러나 이 절을 더욱 유명하게 만든 것은 다음과 같은 시 한 편이다.

달 지고 까마귀 울고 하늘엔 서리 가득
강 단풍, 어선(漁船) 등불 바라보며 수심에 잠 못 이루네

고소성 밖 한산사의
한밤중 종소리가 나그네 뱃전에 들려오네

月落烏啼霜滿天　江楓漁火對愁眠
姑蘇城外寒山寺　夜半鐘聲到客船

당나라 때 시인 장계(張繼)가 쓴 「풍교야박(楓橋夜泊)」이란 제목의 시인데 '풍교'는 한산사 근처에 있는 다리이다. 우선 무엇이 이 시를 그토록 유명하게 만들었는지 내용을 감상해 보기로 한다.

시인이 배를 타고 여행하던 도중에 날이 저물어 우연히 풍교에 정박했는데 주위의 풍경이 그에게 강렬한 인상을 주었기 때문에 이 시를 쓴 것으로 보인다. 때는 가을밤. 1구와 2구에는 가을밤 배 안에서 바라본 다섯 가지 풍경이 묘사되어 있다. 달이 지고 까마귀가 울고 서리가 내리고 강가엔 단풍나무가 서 있고 어선의 등불이 깜박이는 광경이 그것이다. 깊은 가을밤의 풍경이 잘 그려져 있다. 이 중 서리에 대한 묘사가 특이하다. 시인이 본 것은 땅 위에 하얗게 내린 서리일 것이다. 그런데도 "서리가 하늘에 가득하다"고 했다. 이는 서리가 내려 피부에 와 닿는 싸늘한 기운을 표현하기 위한 것이다. 그러므로 1구는 시각과 청각과 촉각을 통하여 즉 온몸으로 느끼는 가을밤의 정취를 표현한 것이다. 가을밤, 낯선 땅에서 홀로 배 안에서 잠을 청하는 시인에게는 이런 풍경이 고독감과 수심을 자아내기 충분했을 것이다. 더구나 어선의 등불은, 배를 타고 표박하는 자신의 처지가 어선의 어부들에게 겹쳐져 더욱 짙은 우수에 잠기게 했을 것이다. 그래서 수심에 잠겨 잠을 못 이룬다고 한 것이다.

그러나 이날 밤 시인에게 가장 인상 깊었던 것은 한산사의 종소리이다. 1·2구에서 다섯 가지 풍경을 제시한 반면 3·4구에서는 종소리 하나만 묘사한 것을 보아서도 알 수 있다. 고요한 밤에 울려 퍼지는 은은한 종소리가 그에게 야릇한 감회를 불러일으켰을 것이다. 사실상 밤에는 사람의 청각이 가장 예민해지기 마련이다. 게다가 그 종소리는 한산사에서 울려오는 종소리이다. 밤의 적막을 깨뜨리고 들려오는 종소리는, 한산사라는 사찰과 한산 스님이 환기시켜 주는 일종의 종교적 신비감마저 느끼게 한다. 이 종소리로 인하여 풍교에서의 시인의 인상이 특별한 것이 된다. 아마 종소리의 묘사가 없었다면 이 시의 맛이 반감되었을 것이다.

시 한 편으로 유명해진 장계(張繼)

이 시의 작자 장계는 무명의 시인이었다. 따라서 생몰연대(生沒年代)도 정확히 모르고 그의 행적에 대해서도 별반 알려진 것이 없다. 5만여 수의 시를 수록한 『전당시(全唐詩)』에 그의 시가 30여 수 수록되어 있는데 다른 시들은 볼만한 것이 없고 오직 이 시 한 편으로 후세에 이름을 남겼다. 아마 이 시를 쓰지 않았더라면 그는 잊혀진 시인이 되었을 것이다.

「풍교야박」이 유명해진 것은 일차적으로 시 자체의 예술적 완성도 때문이겠지만, 이 시를 둘러싸고 일어난 후대의 논쟁과 여러 가지 일화들이 이 시를 더욱 유명하게 만들었다. 송나라 구양수(歐陽修)는 그의 저서 『육일시화(六一詩話)』에서 이 시를 매우 강하게 비판했다. 즉 한밤중에 절에서 종을 칠 리가 없다는 것이다. 일반적으로 시인들이 아름다운 시구(詩句) 만들기에만 급급하여 실제에 부합하지 않는 시를 짓는다는 것이 그의 논지이다. 그래서 이 시에도 '어병(語病)'이 있다고 했다. 이래로 이 시에 대하여 수많은 논란이 있었다. 그중에는 "한밤중 종소리가 나그네 뱃전에 들려오네"라는 구절과 "달 지고 까마귀 울고 하늘엔 서리 가득"이라는 구절을 들어서 '밤에 우는 까마귀도 있느냐?', '새벽에 지지 않고 한밤중에 지는 달도 있느냐?'는 등의 논란이 수없이 있어왔다. 그리고 이에 대한 반론도 있었다. 어떤 사람은 소주의 어느 절에서 밤중에 종을 쳤다는 사실을 고증하기도 했고, 밤에 우는 까마귀와 밤중에 지는 달도 실제의 사실임을 입증하기도 했다. 이렇게 거듭된 논란에도 불구하고 이 시는 많은 사람들의 사랑을 받으며 지금까지 전해지고 있다. 어떻게 보면 거듭된 논란이 이 시를 더욱 유명하게 했는지도 모른다.

황제의 무덤에 순장(殉葬)된 시비(詩碑)

「풍교야박」을 더욱 유명하게 만든 또 하나의 일화가 있다. 당나라 무종(武宗)이 이 시를 무척 좋아해서 죽기 1개월 전에 당대 제일 석공으로 하여금 돌에 새기게 했다고 한다. 그리고 말하기를 "이 시비는 저세상에 가져가서 내가 감상할 것이니 후대에 이 시를 다시 돌에 새기는 자가 있으면 천벌을 받으리라"고 했다는 이야기가 전한다. 그래서 「풍교야박」 시비를 무종의 능에 순장했다고 한다. 이 이야기가 사실인지 아닌지 알 수 없지만 '천벌을 받으리라'는 무종의 경고에도 불구하고 송나라 왕규(王珪)가 최초로 이 시를 써서 돌에 새겼고 명나라 문징명(文徵明)도 시비를 만들었지만 두 사람 모두 '천벌'을 받지는 않았다.

문징명의 시비가 마모되어 그 후 청나라 유월(俞樾)의 글씨로 다시 만든 비석이 지금까지 전한다. 그런데 공교롭게도 유월은 시비를 만든 그해 12월에 죽었다. 그뿐 아니라 1900년대 들어 전영초(錢榮初)라는 사람이 이 시를 석각(石刻)한 직후에 급사했고, 「풍교야박」의 작자와 같은 이름의 현대 시인 장계가 이 시를 돌에 새긴 이튿날 죽었다고 한다. 과연 천벌을 받은 것일까?

일본 사람들이 이 시를 특히 좋아해서 한때는 일본의 초등학교 교과서에도 실렸고, 지금 한산사에 있는 범종(梵鐘)도 1906년에 일본의 한 인사가 기증한 것이라 한다.

시로 쓰는 편지

지금 우리 사회에는 편지 주고받는 일이 사라졌다. 전화하고 메일 보내고 스마트폰으로 문자 보내는 것이 편지를 대신하고 있다. 그러나 외출했다가 돌아온 집의 우편함에서 먼 곳의 친구로부터 온 편지를 발견하고 봉투를 뜯을 때의 그 설레는 마음을 어찌 스마트폰의 문자가 대신할 수 있으랴. 그 편지가 사랑하는 사람에게서 온 것이라면 마음은 몇 배로 더 설렌다. 옛 사람들은 물론 편지도 주고받았지만 시 한 수로 편지를 대신하는 풍류를 즐겼다. 이제 참으로 멋있는 옛 사람들의 시로 쓴 편지 몇 수를 읽어보기로 한다.

매화에 봄을 담아

매화를 꺾었는데 역사(驛使)를 만나
농현(隴縣)의 그대에게 부쳐 보내오

이곳 강남땅엔 가진 게 없어
애오라지 한 줄기 봄을 드리오

折梅逢驛使　寄與隴頭人
江南無所有　聊贈一枝春

중국 남북조시대의 육개(陸凱)가 친구인 범엽(范曄)에게 보낸 시이다. 육개와 범엽에 관해서는 동명이인이 많아서 정확한 고증을 하기 어렵지만 이 시를 쓸 당시 육개는 강남에 있고 범엽은 북쪽에 있었음이 틀림없다. '역사(驛使)'는 관청의 공문서 등을 전달하는 사람인데 관리들은 그편에 개인의 편지나 물건을 같이 보내기도 한다. 강남에서 활짝 피어있는 매화를 보고 육개는 먼저 북쪽에 있는 친구 범엽을 생각한다. '북쪽엔 아직 매화가 피지 않겠지. 이 아름다운 꽃을 어찌 나만 보고 있으랴.' 생각이 여기에 미치자 그는 매화 가지 하나를 꺾어 이 시와 함께 역사 편에 부쳐 보낸다. 아마 매화가 범엽에게 도착했을 때는 꽃잎은 다 없어지고 가지만 남았을 것이다. 그러나 꽃잎이 없은들 어떠랴. 이 시 편지가 매화 꽃잎보다 더 아름다워 친구의 절절한 우정을 가슴 깊이 느꼈을 것이다. 백 마디의 말보다 20개의 글자가 더 감동을 주는 것은 시가 가진 예술적 매력 때문일 것이다.

가을밤의 친구 생각

때마침 가을밤 그대가 그리워
서늘한 하늘 아래 시 읊으며 거닌다오

빈 산, 솔방울 떨어지는 소리에
깊이 사는 그대 또한 잠 못 이루겠지요?

懷君屬秋夜　散步詠涼天
空山松子落　幽人應未眠

중당(中唐)의 시인 위응물(韋應物)이 친구 구단(邱丹)에게 시로

써서 보낸 편지이다. 당시에 구단은 벼슬을 버리고 임평산(臨平山)에 은거하며 도(道)을 닦고 있었다. 이 시의 구조는 전반과 후반으로 교묘하게 나뉘어 있는데, 전반 1·2구는 실경(實景)이고 후반 3·4구는 허경(虛景) 즉 상상 속의 경치이다. 시인은 가을밤에 잠을 못 이루고 밖에 나와 시를 읊으며 거닐고 있다. 떠나간 친구가 너무나 그리워 잠을 이룰 수 없었던 것이다. 그러면서 임평산의 친구 역시 자기를 그리워하며 잠을 못 이루리라고 상상하는 것이 3·4구이다. 산속은 솔방울 떨어지는 소리까지 들릴 만큼 고요한 곳일 것이라 상상한다. 그리고 솔방울 떨어지는 소리를 듣는다는 것은 친구도 잠을 이루지 못하고 있을 것이라는 암시이다. 말은 짧지만 뜻은 깊고, 화려한 시적 수사를 동원하지 않고 담박하게 쓴 시이지만 친구 그리는 정이 무르녹아 있다. 이 짧은 시 한 수로 두 사람의 우정의 깊이를 알 수 있다. 많은 평자들이 이 시를 회인시(懷人詩)의 걸작으로 꼽는 이유가 여기에 있다. 그래서 후대에 인구(人口)에 회자(膾炙)되는 명시가 되어 중국 문학사에 길이 남을 수 있었다.

술 한잔하지 않으려오?

새로 거른 동동주에
조그마한 진흙 화로 있소

눈 오려는 이 저녁에
한잔하지 않으려오?

綠螘新醅酒　紅泥小火爐
晚來天欲雪　能飲一杯無

앞의 시는 「장한가(長恨歌)」와 「비파행(琵琶行)」의 작가 백거이(白居易)가 쓴 시인데 제목은 「문유십구(問劉十九)」 즉 「유19에게 묻는다」이다. '유19'는 유씨 집안 6촌 이내의 19번째 항렬에 해당하는 사람이라는 뜻으로 중국 특유의 표현이다. 시의 창작 시기와 '유19'가 누구인지에 대해서는 여러 설이 있지만 확실하지는 않다. 두 사람이 가까운 친구인 것만은 확실하다.

눈이 내리려는 겨울 저녁에 술을 새로 걸러놓고 따뜻한 화롯불도 피워놓았다. 이만하면 술 마시기 알맞은 환경이다. 그런데 한 가지 빠진 게 있으니 같이 마실 사람이다. 술은 적어도 두 사람이 마셔야 흥취가 나는 법이다. 그래서 누구보다 술을 좋아하는 백거이인지라 아마 가까이 살고 있을 친구에게 하인을 시켜 이 '쪽지 시'를 보낸 것이다. 이 얼마나 멋있는 풍류인가?

백거이는 평소에 시를 써서 이웃집 노파에게 읽어보게 한 후 노파가 이해하면 그대로 두고 노파가 이해하지 못하면 다시 고쳐 썼다고 한다. 그만큼 평이한 말로 쉽게 쓴 것이 백거이 시의 특징이다. 이 시도 아무런 수식 없이 붓 가는 대로 일상 대화하듯이 쓴 작품이다. 특히 마지막의 "한잔하지 않으려오?"라는 구절은 시어(詩語)라기보다 구어(口語)에 가깝다. 그러나 강렬한 여운을 남기는 이 마지막 구절 속에서 친구에 대한 백거이의 따뜻한 정을 읽을 수 있다. '강렬한 여운'을 남긴다는 것은 이 초청장을 받고 친구가 왔는지의 여부가 밝혀지지 않았다는 말이다. 하지만 이런 시를 받고 초정에 응하지 않을 사람이 있겠는가? 아마 그 친구는 즉시 달려왔을 것이다. 밖에는 눈이 내리는데 화롯불을 사이에 두고 두 사람이 술잔을 기울이며 훈훈한 우정을 나누는 장면을 쉽사리 상상할 수 있다.

오늘날 시를 쓰지는 않더라도 컴퓨터 아닌 육필(肉筆)로 편지를 써서 그리운 사람에게 보내는 것이 어떨까? 컴퓨터로 쓴 편지에는 기계 냄새가 나고 육필로 쓴 편지라야 사람 냄새가 난다.

왕유의 시

왕유(王維)는 만년에 망천(輞川)에 은거하면서 자연을 벗하고 살았는데 이곳에서 친구인 배적(裵迪)과 왕래하면서 각각 망천 20경을 읊은 5언 절구 20수를 지어 『망천집(輞川集)』이라 이름했다. 『망천집』 중에서 가장 널리 알려진 그의 시 두 수를 감상하기로 한다.

시중유화(詩中有畵)의 걸작

텅빈 산, 사람은 보이지 않고
말소리 메아리만 들릴 뿐이네

저녁볕이 깊은 숲에 비쳐 들더니
다시금 푸른 이끼 위를 비추네

空山人不見　但聞人語響
返景入深林　復照靑苔上

이 시의 제목인 「녹채(鹿柴)」는 이른바 망천 20경(景) 중의 하나로 그의 별장 중의 하나이다. 그는 시뿐만 아니라 그림에도 능하고 음악에도 조예가 깊었다고 한다. 그래서 소동파(蘇東坡)는 왕유의 시와 그림을 평하여 "시 속에 그림이 있고 그림 속에 시가 있다(詩中有

畵 畵中有詩)"고 말한 바 있다.

　이 시는 녹채 부근의 고요하고 그윽한 경치를 묘사하고 있다. 제1구에서는 사람의 그림자 하나 없는 빈산의 정적을 그리고 있는데, 그런데도 제2구에서는 사람들의 말소리가 메아리쳐 들려온다고 했다. 이 메아리는 얼핏 빈산의 고요함을 깨뜨리는 것 같지만 사실은 산의 정적을 배가(倍加) 시켜준다. 어디선가 사람들의 말소리가 빈 골짝에 잠시 메아리치다가 다시 긴 고요가 이어진다. 이때의 고요함은 절대적인 고요함이다. 이 절대적인 정적을 표현하기 위하여 메아리를 등장시킨 것이다. '소리'를 통하여 '소리 없음'을 나타낸 왕유의 솜씨가 비범하다.

　제3구와 제4구는 그윽하고 깊숙한 산속의 숲을 묘사하고 있다. 대낮에도 햇볕이 뚫고 들어가지 못할 만큼 깊고 빽빽한 숲이다. 그러기에 저녁나절에야 겨우 한 줄기 햇볕이 스포트라이트처럼 숲속에 비쳐든다고 했다. 그것도 숲속에 있는 바위의 푸른 이끼 위를 비출 뿐이다. 어두컴컴한 깊은 숲을 묘사하면서 푸른 이끼 위를 비추는 밝은 햇볕을 등장시킨 것 역시 왕유의 계산된 의도에서 나왔다. 이끼 위를 비추는 저녁 햇살은 지나가는 햇살이고 곧 사라질 햇살이다. 잠깐 동안 머물던 저녁 햇살이 지나가고 나면 숲은 그야말로 어두움의 세계가 된다. 이 어두움 또한 절대적인 어두움이다. 깊고 어두운 숲과, 햇볕을 받은 푸른 이끼라는 이 현란한 색채의 대비를 통하여 우리는 "시 속에 그림이 있다"는 말을 실감할 수 있다. 제1·2구에서 소리를 통하여 소리 없음을 나타내었듯이 여기서도 빛을 통하여 어두움을 강조하고 있는 것이다.

불교적 세계관이 녹아있는 시

앞의 시는 녹채 부근의 적막한 산과 짙은 숲을 묘사한 것이지만 여기에는 왕유의 불교적 세계관이 간접적으로 반영되어 있다. 왕유는 독실한 불교 신자로 평생 화려한 옷을 입지 않고 기름진 고기를 먹지 않았다고 한다. 두보를 시성(詩聖)이라 하고 이백을 시선(詩仙)이라 한 반면에 왕유를 시불(詩佛)이라 부른 소이가 여기에 있다. 이 시에서의 메아리 소리와 저녁 햇볕은 일시적이고 찰나적인 것이다. "무릇 형상을 가진 것은 모두 허망한 것이다"라는 금강경(金剛經)의 말처럼 이 세상의 현상은 순식간에 지나가 버리는 환상에 불과하다. 그는 빈산, 깊은 숲 속에서 메아리 소리를 듣고 이끼 위의 햇볕을 보면서 이러한 불교적 진리를 문득 깨달은 것이 아닐까? 그는 다른 시에서도 "산속에서 정(靜) 익히느라 무궁화 꽃을 본다(山中習靜觀朝槿)"고 했다. '정(靜)'은 공정(空靜) 곧 텅 비고 고요한 마음의 상태를 말하는데 이러한 마음의 상태를 유지해야 '색즉시공(色卽是空)'의 진리를 터득할 수 있는 것이다. 그런데 이 정(靜)을 익히기 위해서 무궁화 꽃을 본다고 했다. 무궁화는 아침에 피었다가 저녁에 지는 꽃이다. 하루 밖에 피지 못하고 시드는 무궁화를 보면서 인생의 덧없음을 배운다는 말이다.

평범한 시어로 표현한 자연과의 교감

깊은 대숲 속에 홀로 앉아서
거문고 타고 또 휘파람 길게 부네

깊은 숲 속이라 사람들은 모르는데

밝은 달은 찾아와서 비쳐주누나

獨坐幽篁裏　彈琴復長嘯
深林人不知　明月來相照

역시 망천 20경 중의 하나인 「죽리관(竹里館)」이란 제목의 시로, 탈속한 자연시인 왕유의 모습이 온전하게 드러나 있다. 시인은 깊은 대숲 속에 홀로 앉아서 거문고를 타기도 하고 휘파람을 불기도 한다. 시인이 그러한 상황에 있다는 것을 사람들은 알지 못한다. 왜냐하면 시인은 "깊은 숲" 속에 "홀로" 앉아있기 때문이다. 깊은 대숲속에 들어간 것은 시인이 선택한 일이다. 시끄러운 인간사를 멀리하고 자연과 벗하기 위하여 이곳으로 들어온 것이다. 그러므로 시인의 동작과 주위의 경물이 혼연일체가 되어 있다. 시인의 동작이라 할 만한 것은 '홀로 앉아있는 것'과 '거문고를 타는 것'과 '휘파람을 부는 것'인데, 이런 동작들은 인위적이라기보다 극히 자연스러운 행동이다. 시인은 자연에 자신을 내맡기고 자연의 절주(節奏)에 따라 거문고를 타기도 하고 휘파람을 불기도 한다. 시인과 자연이 융합되어 있다.

그렇기 때문에 이 시에는 아무런 꾸밈이 없다. 아무런 시적(詩的) 기교를 사용함이 없이 평담하게 노래하고 있다. "彈琴"이나 "長嘯"나 "明月"과 같은 시어들은 극히 평범한 말들이다. 또한 제1구의 "깊은 대숲(幽篁)"과 제3구의 "깊은 숲(深林)"은 같은 말이다. 짧은 시에서 같은 뜻의 말을 중복해서 사용하는 것이 시의 예술적 완성도에 결코 보탬이 되지 못하는 일이지만, 이 시에서는 중복되었다는 느낌을 주지 않는다. 그만큼 자연스러운 시이다.

끝 구절의 "밝은 달은 찾아와서 비쳐주누나"라는 표현에서 시인의 마음가짐이 어떠한가를 알 수 있다. 인간세상은 냉정한데 달은 따뜻하게 자신을 비쳐주고 있다. "사람들은 모르는데" 달은 자기를 알아준다. 냉정한 인간 세상을 멀리하고 자연과 교감(交感)하려는 시인의 자세를 읽을 수 있다.

백거이(白居易)의 「숯 파는 늙은이」

원진(元稹), 유우석(劉禹錫)과 더불어 중당(中唐)을 대표하는 시인의 하나인 백거이(白居易, 772~846)는 29세(800년) 때 과거에 급제하여 비서성 교서랑(秘書省校書郞), 좌습유(左拾遺), 한림학사(翰林學士) 등의 벼슬을 거쳐 당시 사회의 부정과 부패를 척결하는 데 정열을 쏟았다. 따라서 청년 관료로서의 백거이는 사회의 부조리를 고발하고 백성들의 생활을 염려하는 사회시를 많이 썼다. 39세 전후에 쓴 것으로 추정되는 「신악부(新樂府)」 50수와 「진중음(秦中吟)」 10수가 이러한 사회시의 대표작이다.

백거이는 자신의 사회시를 풍유시(諷諭詩)라 불렀다. 그는 44세 때 터무니없는 죄명으로 강주자사(江州刺史)로 좌천되었는데, 이때 지금껏 쓴 800수의 시를 15권의 시집으로 묶으면서 자신의 시를 풍유시, 한적시(閑適詩), 감상시(感傷詩), 잡률시(雜律詩)의 네 분야로 분류했다. 53세에 친구 원진이 그의 시 2,191수를 『백씨장경집(白氏長慶集)』 50권으로 편집했을 때에도 이 네 가지 분류법을 따랐다. 백거이의 시를 거론할 때 흔히 적용되는 것이 이 4분류법이다. 그의 풍유시를 대표하는 「매탄옹(賣炭翁: 숯 파는 늙은이)」을 읽어본다.

숯 파는 저 늙은이
남산에서 나무 베어 숯을 굽는데

얼굴 가득 재가 묻어 연기에 그을렸고
귀밑머리 희끗희끗 열 손가락 새까맣네

숯 팔아 번 돈을 어디에 쓰려는가
몸 위에 옷 걸치고 입에 풀칠하려네

가엾도다 걸친 옷, 홑 것이건만
숯 값 쌀까 걱정하여 날씨 춥기 바라네

성 밖엔 한 자[尺]나 눈이 내려
새벽에 수레 몰고 빙판길을 달리다가

지친 소, 주린 사람, 대낮이 되자
시장판 남문 밖 진흙탕에서 쉬는데

말 타고 날아오는 저 두 사람 누구인가?
누른 옷의 사자(使者)와 흰옷 입은 젊은 자

손에는 문서 들고 칙명(勅命)이라 일컫고는
수레 돌려 소를 몰고 북쪽으로 끌고 가네

한 수레 가득한 숯, 일천 근이 넘건마는
궁사(宮使)가 몰고 가니 아까워도 어쩔거나

붉은 비단 반 필과 누른 능라 한 길[丈]을
소머리에 걸어 놓고 숯 값이라 하는구나

賣炭翁	伐薪燒炭南山中
滿面塵灰煙火色	兩鬢蒼蒼十指黑
賣炭得錢何所營	身上衣裳口中食
可憐身上衣正單	心憂炭賤願天寒

夜來城外一尺雪　曉駕炭車輾氷轍
牛困人飢日已高　市南門外泥中歇
翩翩兩騎來是誰　黃衣使者白衫兒
手把文書口稱勅　廻車叱牛牽向北
一車炭重千餘斤　宮使驅將惜不得
半疋紅紗一丈綾　繫向牛頭充炭直

이 시는 백거이 풍유시의 대표작인 『신악부』 50수 중 32번 째 작품으로 그의 전 작품 중에서 가장 많이 읽히는 시이다. 이 시의 내용은 "궁시를 괴로워하다(苦宮市也)"라는 작자의 자주(自註)에 분명히 드러나 있다. '궁시(宮市)'란 궁중에서 쓸 물품을 시중에서 구매하는 제도를 말하는데, 후에는 환관을 사자(使者)로 임명해 시중 물품을 터무니없이 싼 값으로 사들여 백성을 착취하는 등 폐단이 극심했다. 이 시는 숯을 구워 파는 늙은이를 통해 이러한 궁시의 폐단을 고발한 작품이다.

1연에 숯 굽는 장소가 '남산(南山)'으로 설정돼 있다. 남산은 장안 남쪽의 종남산(終南山)으로, 장안 시내까지의 거리가 멀다는 것을 나타낸다. 제6연에서는 거리가 멀다는 사실이 더 구체화되어 있다. 새벽에 숯 실은 수레를 몰아 대낮이 되어서야 '시장판 남문 밖'에 이를 수 있다는 것이다. 이렇게 늙은이가 얼굴을 '연기에 그을리고' '열 손가락을 새까맣게' 물들이며 숯을 구워 먼 길을 달려 숯을 파는 것은 '몸 위에 옷 걸치고 입에 풀칠하기' 위해서다. 숯을 팔아 돈을 모으기 위함이 아니고 단지 먹고살기 위함이다.

늙은이는 추운 겨울날 홑옷을 걸치고 있으면서도 날씨가 추워지기를 바란다. 추워야 숯을 높은 값에 팔 수 있기 때문이다. 이 기막힌 현실에서도 아직은 늙은이의 희망이 살아 있다. 고생스럽더라도 숯을 팔면 근근이 생계를 유지할 수 있기 때문이다.

그러나 시의 후반부에서는 늙은이의 희망이 절망으로 바뀐다. '누른 옷의 사자와 흰옷 입은 젊은 자'는 궁시를 위해 나온 환관들을 가리킨다. 이들의 출현을 말을 타고 '날아온다(翩翩)'라 표현했다. 그만큼 기세등등하다는 뜻이다. 이들에 의해서 늙은이의 희망은 산산이 부서진다. 환관들이 '일천 근이 넘는' 한 수레의 숯값으로 '붉은 비단 반 필과 누른 능라 한 길'만 소머리에 걸어놓고 가버린 것이다.

이 시는 어려운 전고(典故)를 사용하지 않고 아무런 수식과 기교 없이 숯 파는 늙은이의 모습을 극히 사실적으로 묘사하고 있다. 이는 백거이 시의 일반적 특징이기도 하다. 청나라 조익(趙翼)이 쓴 『구북시화(甌北詩話)』에 이런 말이 있다. "백낙천은 시를 지을 때마다 한 노파에게 해독해 보도록 했는데, 이해가 가는지 물어서 그렇다고 하면 기록하고 이해하지 못한다고 하면 다시 고쳐 썼다" 그만큼 그는 누구나 알기 쉽게 시를 썼다. 「숯 파는 늙은이」도 이런 시 중의 하나라 할 수 있다.

이 시의 또 다른 특징은 시인의 주관적 의론이 문면에 드러나 있지 않다는 점이다. 시인의 주관을 개입시키지 않고 개관적인 상황만을 제시함으로써 시의 긴장감을 팽팽하게 유지하고 있다. 그는 『신악부』 서문에서 "임금을 위하고 신하를 위하고 백성을 위하고 사물을 위하고 시사(時事)를 위하여 지은 것이지 문장의 수식을 위하여 지은 것이 아니다"라고 창작 의도를 밝힌 바 있는데 「숯 파는 늙은이」는 이러한 창작 의도가 가장 잘 드러난 작품이라 하겠다.

유우석의 죽지사

민요풍의 죽지사

중당(中唐)의 걸출한 시인인 유우석(劉禹錫, 772~910)은 21세의 나이에 진사가 되어 벼슬길에 나아가 왕숙문(王叔文), 유종원(柳宗元)이 주도하는 정치개혁에 가담했으나 왕숙문의 몰락과 함께 참담한 좌절을 겪고 생의 대부분을 외지에서 말단 벼슬을 하며 보냈다. 오랜 외지 생활이 그로 하여금 그 지방 백성들의 일상사에 관심을 가지게 했고 그 결과 그는 지역민의 생활을 반영한 민요풍의 시를 다수 창작했다. 특히 그가 기주자사(夔州刺史) 시절에 쓴 일련의 죽지사(竹枝詞)가 유명하다.

죽지사는 원래 사천성(四川省)의 파(巴), 유(渝) 지방에서 불렸던 민가였는데, 유우석이 기주자사(夔州刺史)로 있을 때 근처 민간에서 불리는 노래의 곡조에 새로운 가사를 지어 붙인 것이 죽지사이다. 죽지사는 해당 지역의 풍토, 인정, 산천경물, 남녀애정 등의 내용을 담은 민요이다. 한시 형태로 죽지사를 창작한 것은 유우석으로부터 비롯되었고 이후 죽지사 창작이 크게 유행했다. 그의 죽지사 중에서 후대에 널리 애송되는 작품 2편을 읽어보기로 한다.

산은 낭군이요 강물은 내 마음

산 복숭아 붉은 꽃, 산머리에 가득하고
촉강(蜀江)의 봄 물결은 산을 치고 흐르네요

꽃은 쉽게 시드니 낭군의 마음 같고
물은 흘러 끝없으니 이내 수심 같아요

山桃紅花滿上頭　蜀江春水拍山流
花紅易衰似郎意　水流無限似儂愁

유우석의 죽지사를 대표하는 작품이다. 이 시의 화자는 소녀이다. 어느 봄날 소녀의 눈길이, 산 위에 만발한 붉은 복숭아꽃과 산을 감싸고 흘러가는 강물에 미친다. 이 봄 풍경을 보고 소녀는 야릇한 감정에 사로잡힌다. 원래 봄은 여인의 마음을 설레게 하는 계절이다. 산 위에서 붉게 타는 복사꽃은 낭군의 정열이겠지. 그렇다면 저 산을 감싸고 흐르는 강물은 나의 마음이렷다. 강물은 산을 어루만지며 잠시도 산을 떠나지 않는다. 산은 낭군이요 강물은 내 마음이다.

　나는 산을 못 잊어 이렇게 감싸고 있는데 낭군도 저 복사꽃처럼 언제나 나를 뜨겁게 사랑해 주었으면 좋으련만. 그러나 봄이 가면 꽃도 시들듯이 낭군의 정열도 식어버리지는 않을까? 이런저런 생각에 수심이 쌓인다. 꼬리를 물고 이어지는 수심은 마치 끝없이 흐르는 강물과 같다. 일반적으로 여인을 꽃에 비유하는데 이 시에서는 남자의 마음을 꽃에 비유했다. 아마도 쉽게 변하는 남자의 속성을 표현하기 위함인 듯하다.

흐리다고 해야 할지 개었다고 해야 할지

버들은 푸르고 강물은 잔잔한데
강가에서 들려오는 내님의 노랫소리

동쪽에선 해가 뜨고 서쪽에선 비가 오니
흐리다고 해야 할지 개었다고 해야 할지

楊柳靑靑江水平　聞郞江上唱歌聲
東邊日出西邊雨　道是無晴還有晴

　　유우석의 죽지사 중에서 가장 널리 알려진 작품이다. 이 시의 주인공도 여자이다. 여자가 어느 봄날, 거울같이 맑은 강물과 강가에 늘어진 버드나무를 바라보고 있는데 문득 강가 어디에선가 남자의 노랫소리가 들려온다. 이 노랫소리가 여심(女心)을 뒤흔든다. 사람은 보이지 않고 소리만 들리는데도 여자는 누가 부르는지 알고 있다. 너무나 익숙한 노랫소리이기 때문이다. 마음속에 품고 있는 바로 그 사람의 노랫소리이다. 이 죽지사가 불린 파군(巴郡) 지방에서는 연애 중에 남녀가 노래로 자신의 감정을 나타냈다고 한다.
　　그런데 저 노래의 의미가 무엇일까? 여자가 남자에게 연정을 품고 있지만 아직은 고백하지 않은 상태이다. '나에 대한 애정의 신호인가? 아니면 그냥 무심코 부른 노래일까?' 여자는 노래의 진의를 파악하지 못해서 애태우고 있다. 이러한 미묘한 심리상태를 형상화한 것이 3·4구이다. 늦은 봄이나 초여름에 나타나는 그 지방의 특이한 자연현상을 빌어 여자의 복잡한 마음을 묘사한 것이다. 맑았다가 금방 흐려지고 흐렸다가도 어느새 맑아지고 한쪽에선 비가 오는데 다른 한쪽에선 맑은 것이 그 지방의 날씨라고 한다. 제4구의 '無晴'은 '흐리다'는 뜻이고 '有晴'은 '맑다'는 뜻이다. 그런데 이 시에서 '無晴', '有晴'은 '無情', '有情'을 나타내는 쌍관은어(雙關隱語)이다. 특히 그 지방의 민간 가요에 이러한 은어가 많이 사용된다고 한다. 즉 유정하고 무정한 것을 날씨의 맑고 흐림에 비유한 은어인 것이다. 이런 은어가 가능한 것은 '晴'과 '情'의 중국어 발음이 같기 때문이다.

　여자가 보기에 남자의 마음은 유정한 것 같기도 하고 무정한 것 같기도 하다. 이렇게 이 시는 짝사랑의 열병을 앓고 있는 여자의 심리를 참으로 절묘하게 비유했다. 그리고 또한 민간 가요라는 죽지사 본래의 속성을 잘 들어내고 있다. 이 시의 3·4구는 너무나 유명하여 지금도 중국에서는 다기(茶器)를 비롯한 각종 도자기에 이 구절이 새겨진 것을 흔히 볼 수 있다. 유우석은 죽지사를 지었을 뿐만 아니라 민간 노래의 창법을 배워 자신이 직접 노래하기도 했다고 한다.

신선이 살면 명산이다

　유우석은 죽지사로 유명하지만 그를 더욱 유명하게 만든 것은 불후의 명작「누실명(陋室銘)」이다. '누실'이란 '누추한 방'이란 뜻인데, 지방관으로 좌천되었던 화주자사(和州刺史) 시절에 그는 자신이 거처하는 집을 '누실'이라 이름하고 명(銘)을 지은 것이다. 「누실명」의 첫 구절은 이렇게 시작한다.

　산은 높기만 해서 유명한 것이 아니고 신선이 살면 명산이요
　물은 깊기만 해서 신령스러운 것이 아니고 용이 살면 신령하나니
　이곳은 누추한 집이지만 오직 나의 덕만은 향기롭다

山不在高 有僊則名 水不在深 有龍則靈 斯是陋室 惟吾德馨

　죽지사와 함께「누실명」으로 해서 그는 중국 문학사에서 부동의 위치를 점하는 대가의 반열에 올랐다.

이상은의 무제 시

이상은(李商隱, 812?~858?)은 만당(晚唐)의 걸출한 시인으로 역시 만당 시인 두목(杜牧)과 함께 '소이두(小李杜)'로 일컬어진다. 즉 후세인들은 이상은에게 '작은 이백', 두목에게 '작은 두보'의 호칭을 부여한 것이다. 그의 시는 시상(詩想)이 기발하고 상징적인 기법을 사용하여 뜻을 완곡하게 표현하기 때문에 이른바 '몽롱시(朦朧詩)' 즉 난해한 시로 분류된다. 특히 그는 '무제(無題)'라는 제목의 시를 대량 창작했는데, 제목이 무제인 시가 15수이고 시의 내용과 관계없이 시의 첫 두 글자를 제목으로 붙인 시까지 합하면 근 100여 수의 무제시를 쓴 셈이 된다. 이 무제시는 대부분 남녀의 애정을 주제로 하고 있는데 비교적 '덜 몽롱하고' 후세에 널리 읽히는 시 한 수를 소개한다.

　　만나기도 어렵더니 이별 또한 어렵구나
　　봄바람, 힘이 없어 온갖 꽃 시드네

　　누에는 죽어서야 실을 다 뽑아내고
　　촛불은 재가 되어야 눈물이 마른다오

　　새벽엔 거울 보고 근심하겠지
　　구름 같은 머리채 변하는 것을

밤에는 시 읊으며 응당 깨달으리라
달빛이 이리도 차가운 것을

봉래산이 여기서 멀지 않으니
파랑새야 날 위해 가만히 찾아가 보렴

相見時難別亦難　東風無力百花殘
春蠶到死絲方盡　蠟炬成灰淚始乾
曉鏡但愁雲鬢改　夜吟應覺月光寒
蓬萊此去無多路　靑鳥殷勤爲探看

죽어야 끝나는 그리움

　이 시는 이별한 여인을 그리워하는 한 남성의 연가(戀歌)이다. 예부터 "헤어지기는 쉽고 만나기는 어렵다"는 말이 있는데 제1구에서 만나기도 어렵거니와 헤어지는 것 역시 어렵다고 했다. 여기서 헤어지는 것이 어렵다는 것은 그것을 견디기가 어렵다는 뜻이다. 제2구는 이 시가 써진 계절을 말한다. "봄바람이 힘이 없는" 늦봄이다. 그래서 온갖 꽃이 시들어 떨어진다. 이 구절은 계절을 말함과 동시에 작자의 심경을 함께 나타내고 있다. 봄바람에 화려한 꽃이 피듯, 서로 만나 행복했던 시절이 지금은 꽃이 시들 듯 가버렸다는 허탈감과 절망의 표현이다.

　그러나 작중 화자는 절망 속에 주저앉지 않는다. 이별의 슬픔 속에서도 그는 변치 않는 그리움을 간직하고 있다. 제3구와 제4구에서 그는 기상천외의 비유를 통하여 이 그리움을 토로하고 있다. 누에는 뽕잎을 먹고 자라다가 실을 뽑아내어 자신의 몸을 감기 시작한다.

이 작업은 죽을 때까지 계속된다. 몸에 있는 실을 다 뽑아내어 자신의 몸을 칭칭 동여매고 나서 죽어버린다. 작중 화자의 그리움도 누에가 실을 뽑듯 죽어야 끝나는 그리움이다. 그리고 이 그리움은 슬픔 속에서도 다시 만날 날을 기다리겠다는 의지가 담긴 그리움이다. 비록 기약 없는 기다림일지라도 죽을 때까지 평생 기다리겠다는 것이다. 또 실을 뜻하는 '絲'는 '思'와 음이 같기 때문에 '실'은 '생각'을 환기시킨다. 한문에서는 음이 같은 두 글자를 같은 뜻으로 통용하는 경우가 있기 때문이다. 누에가 죽을 때까지 '실'을 뽑듯, 작중 화자도 죽을 때까지 상대방을 '생각'하겠다는 비유이다.

제4구의 비유도 마찬가지이다. 촛불이 타면서 떨어지는 촛농을 눈물로 비유했는데 이 촛농은 촛불이 다 타서 재가 되어야 떨어지기를 멈춘다. 작중 화자의 눈물도 촛불이 재가 되듯 육신이 없어져야, 즉 죽어야 마르는 눈물이다. 죽을 때까지 흘리는 눈물이다. 이 얼마나 처절한 그리움이며 이 얼마나 필사적인 기다림인가! 그리고 이 얼마나 아름다운 표현인가!

임을 그리는 처연한 몸부림

이렇게 기다리며 그리워하기에, 늦은 봄날 작중 화자는 부재(不在)하는 임의 모습을 선연히 떠올릴 수가 있다. 제5구와 제6구는 작중 화자의 상상 속의 임의 모습이다. 아마도 임은 새벽이면 거울 앞에 앉아 조금씩 희어지는 머릿결을 보고 수심에 잠겨 있겠지. 그리고 밤이면 시를 읊으며 응당 달빛이 차다는 걸 깨닫고 있겠지. 시의 번역문에서는 적절히 표현되지 못했지만 제5구의 '但' 자와 제6구의 '應' 자에 묘미가 있다. 임은 거울 앞에서 "다만" "구름 같은 머리채가 변하는 것"만을 근심할 것이라 상상한다. 구름 같은 머리채가 변한다는 것은, 머리숱이 빠진다거나 머리칼이 희어진다거나 머리에 윤기가 없어진다는 것을 뜻한다. 이런 현상을 근심하는 것은 여자의 본능일 수도 있지만, 임이 유독 구름 같은 머리채가 변하는 것만을 근심할 것이라는 상상은 임도 작중 화자를 생각하고 그리워하리라는 전제에서 나온 것이다. 이것은 일방적인 상상이다. 달빛이 차다고 느낄 것이라는 상상 또한 일방적이다. 이 시의 배경이 되는 늦봄에 달빛이 차게 느껴질 리 없다. 따뜻한 봄날에 달빛이 차다고 느낀다는 것은 마음이 차다는 것을 의미한다. 아마 임도 나를 그리워하기 때문에 "응당" 마음이 시릴 것이라고 일방적으로 상상한 것이다. 이러한 일방적인 상상을 통하여 우리는 작중 화자의 처연한 몸부림을 읽을 수 있다.

봉래산에 살고 있는 임

마지막 연에서는 만날 수 없는 기다림을 끝내 신화(神話)를 빌어 해결하려고 한다. 임은 이제 봉래산(蓬萊山)에 살고 있는 신선으로 묘사된다. 그리고 "봉래산이 여기서 멀지 않으니" 파랑새로 하여금 가서 찾아보게 하겠다는 것이다. 이것은 눈물겨운 안간힘이다. 봉래산은 신선들만 사는 곳으로 인간의 접근을 허용하지 않는다. 그러므로 인간 세상에서 너무나 먼 곳이다. 그런데도 "여기서 멀지 않다"고 말한 것은 '멀다'는 뜻의 역설적(逆說的) 표현이다. 너무나 멀어서 갈 수는 없지만 가깝다고 생각하고 싶은 것이다. 생각만이라도 가까워야 한다. 그러나 아무리 가깝다고 생각해도 그곳은 인간이 갈 수 없는 곳이다. 신선들의 세계이기 때문이다. 그래서 파랑새를 시켜 안

부라도 묻게 하려고 한다. 파랑새는 중국 신화에 나오는 여신(女神) 서왕모(西王母)의 심부름꾼이다. 파랑새는 신선의 세계와 인간의 세계를 넘나드는 사자(使者)이기 때문에 임이 있는 봉래산에 갈 수가 있다. 그러나 파랑새에게 부탁한다는 것은 현실적인 만남이 이미 불가능하다는 것을 뜻한다. 파랑새에게라도 부탁하여 소식이라도 듣고 싶지만 그것이 부질없는 짓이라는 것을 작중 화자는 너무도 잘 알고 있다.

제2부

중국의 명문

도연명의 「귀거래혜사」

도연명(陶淵明, 365~472)은 지금의 강서성 구강시(九江市) 시상현(柴桑縣) 율리(栗里)에서 몰락한 관료 집안에서 태어났다. 그의 증조부는 동진(東晉)의 개국공신인 도간(陶侃)이고 조부도 무창태수(武昌太守)를 지낸 명문이었으나 부친 대에 가세가 몰락하여 평생을 빈곤하게 지냈다. 29세에 청운의 뜻을 품고 첫 벼슬길에 나섰으나 곧 사직했고 36세에도 관직을 얻었지만 얼마 후 사직했다. 40세에는 당시 진군장군(鎭軍將軍) 유유(劉裕)의 참군(參軍)으로 다시 관직에 나아갔다가 또 사직했다. 그는 유유가 당시의 어지러운 정국을 바로잡아 줄 것이라 기대했지만 그 기대가 어긋나자 사직한 것이다. 그가 이렇게 출사와 사직을 반복한 것은 위진 남북조시대의 혼탁한 정치 현실이 그의 이상과 맞지 않았기 때문이다.

그럼에도 불구하고 41세 때 주위의 추천으로 팽택현령(彭澤縣令)에 부임한 것은 생계를 유지하기 위함이었다. 그러나 부임한 지 80일 만에 벼슬을 박차고 고향으로 돌아갔다. 첫 벼슬길에 나선 지 13년 만이었다. 전하는 말에 의하면 그때 젊은 감독관이 시찰을 나왔는데 예복을 갖추어 입고 공손하게 접대하라는 지시를 따를 수 없어서 "내가 어찌 다섯 말의 곡식 때문에 촌구석의 어린애를 향해 허리를 굽히겠는가"라는 말을 남기고 떠났다고 한다. 이번이 네 번째 사직이고 이후 여러 차례 부름을 받았으나 끝내 관직에 나아가지 않고 고향마을에서 자연을 벗하고 살았다. 특히 420년(56세)에 유유가 동진의 황제를 죽이고 스스로 황제에 오른 후에는 책력(冊曆)도 보지 않고 칩거하며 세상과 등진 생활을 했다고 한다.「귀거래혜사(歸去來兮辭)」전문을 소개한다.

　　돌아가자, 전원이 장차 황폐해지려 하니 어찌 돌아가지 않으리오. 이미 스스로 마음을 몸의 노예 되게 했으니 어찌 탄식하고 홀로 슬퍼하기만 하리오. 지나간 일은 바로잡을 수 없음을 깨달았고 앞으로 올 일은 따를 수 있음을 알았노라. 실로 길을 잃었으나 멀리 벗어나지는 않았으니 지금이 옳고 지난날은 잘못이었음을 깨닫노라. 배는 흔들흔들 가벼이 나부끼고 바람은 살랑살랑 옷깃에 불어오네. 길 가는 사람에게 앞길을 물으며 새벽빛이 희미함을 한스러워하네.
　　마침내 오두막집 바라보고 기뻐서 달려가니 어린 종들은 환영하고 어린 자식들은 문에서 기다리네. 삼경(三徑)은 황폐했으나 소나무와 국화는 그대로 남아있네. 어린 자식 손을 잡고 방 안에 들어가니 동이에 술이 가득 있어, 술동이와 술잔 당겨 스스로 따르고 뜰 앞의 나뭇가지 보면서 얼굴을 펴노라. 남쪽 창에 기대어 오기(傲氣)를 부리니 무릎 뻗기 편안함을 이제야 알겠노라. 날마다 정원을 거닐며 취미로 삼고 사립문은 있으나 문은 항상 닫혀 있네. 지팡이 짚고서 가다가 쉬다가, 때로는 머리 들어 먼 곳을 바라보니 구름은 무심히 산골짝에서 나오고 새들은 날기에 지쳐 돌아올 줄 아는구나. 해는 뉘엿뉘엿 장차 지려 하는데 외로운 소나무 어루만지며 서성거리네.
　　돌아가자, 사람과의 교유를 끊어야지, 세상이 나와 서로 어긋나는데 수레 타고 나가서 다시 무얼 구하리. 친척들과 정다운 얘기 즐기고 거문고와 책으로 근심을 잊으리라. 농부가 나에게 봄이 왔다 알려주니 서쪽 밭두둑에 농사일 있겠구나. 혹은 수레를 타고 혹은 작은 배에 노를 저어서 아름답고 깊은 골짜기를 찾고, 또한 험한 길 따라 언덕을 지난다. 나무는 무성하게 한창 자라고 샘물은 졸졸 흐르기 시작하네. 만물이 때를 얻음을 부러워하며 내 인생이 장차 끝남을 느끼노라.

그만 두어라, 육신을 우주에 붙이고 살기를 다시 얼마를 하겠는가. 어찌하여 떠나고 머물기를 마음에 맡기지 않고 그리도 급하게 어디로 가려는가? 부귀는 내가 원하는 바 아니고 제향(帝鄕)은 기약할 수 없도다. 좋은 때를 품고서 홀로 노닐고 지팡이 꽂아놓고 김을 매노라. 동쪽 언덕에 올라 휘파람 불고 맑은 물가에 이르러 시를 짓노라. 애오라지 조화의 법칙에 맡겨 생을 끝내리니 천명을 즐길 뿐 다시 무얼 의심하랴.

歸去來兮 田園將蕪 胡不歸 旣自以心爲形役 奚惆悵而獨悲 悟已往之不諫 知來者之可追 實迷途其未遠 覺今是而昨非 舟遙遙以輕颺 風飄飄而吹衣 問征夫以前路 恨晨光之熹微 乃瞻衡宇 載欣載奔 僮僕歡迎 稚子候門 三徑就荒 松菊猶存 携幼入室 有酒盈樽 引壺觴以自酌 眄庭柯以怡顔 倚南窓以寄傲 審容膝之易安 園日涉以成趣 門雖設而常關 策扶老以流憩 時矯首而遐觀 雲無心以出岫 鳥倦飛而知還 景翳翳以將入 撫孤松而盤桓 歸去來兮, 請息交以絶游 世與我而相違 復駕言兮焉求 悅親戚之情話 樂琴書以消憂 農人告余以春及 將有事于西疇 或命巾車 或棹孤舟 旣窈窕以尋壑 亦崎嶇而經丘 木欣欣以向榮 泉涓涓而始流 羨萬物之得時 感吾生之行休 已矣乎 寓形宇內復幾時 曷不委心任去留 胡爲乎遑遑欲何之 富貴非吾愿 帝鄕不可期 懷良辰以孤往 或植杖而耘耔 登東皋以舒嘯 臨淸流而賦詩 聊乘化以歸盡 樂夫天命復奚疑

「귀거래혜사」는 그가 팽택현령을 사직하고 고향으로 떠나기 직전의 심경을 밝힌 작품인데 관직을 사퇴한 주된 이유는 첫 번째 단락에 나타나 있는 바와 같이 벼슬하는 동안 "스스로 마음을 몸의 노예가 되게 했기(自以心爲形役)" 때문이다. 이 말은 '먹고 살기 위해서 본성을 거슬렀다'는 뜻이다. 그는 고향으로 돌아와서 쓴 「전원에 돌아와 살다(歸田園居)」 제1수에서 "티끌 그물 속에 잘못 떨어져 / 십삼 년을 보냈네 … 오랫동안 새장 속에 갇혀 있다가 / 이제 다시 자연으로 돌아왔도다(誤落塵網中 一去三十年…久在樊籠裡 復得返自然)"라 노래했다. 그는 관직 생활한 것을 "티끌 그물 속에 잘못 떨어진" 것이라 말했고 그런 자신을 "새장 속에 갇혀 있는" 새에 비유했다. 그러므로 새장을 벗어난 새처럼 마음을 몸의 노예로부터 해방시키고 자유롭게 돌아가는 그의 발걸음은 가볍기만 하다.

"구름은 무심히 산골짝에서 나오고 새들은 날기에 지쳐 돌아올 줄 아는구나(雲無心以出岫 鳥倦飛而知還)"는 너무나 유명한 구절이다. 구름이 산골짝에서 피어나는 것은 자연적인 현상이다. 그렇듯이 새도 저녁이 되면 으레 둥지로 돌아온다. 벼슬을 버리고 전원으로 돌아온 것은 구름이 피어나듯, 새가 둥지로 돌아오듯 극히 자연스러운 일이라는 말이다.

전원으로 돌아온 후의 생활은 비록 상상이지만 더없이 행복하게 묘사되어 있다. 친척들과 정답게 지내고 책 읽고 거문고 타고 농사지으며 살아가지, 다시는 새장에 갇힌 생활을 하지 않으리라 다짐한다. "세상이 나와 서로 어긋나는데 수레 타고 나가서 다시 무얼 구하리(世與我而相違 復駕言兮焉求)"란 말은 이러한 다짐의 표현이다. 그래서 "부귀는 내가 원하는 바 아니고 제향은 기약할 수 없도다(富貴非吾願 帝鄕不可期)"라 말한 것이다. "애오라지 조화의 법칙에 맡겨 생을 끝내리니 천명을 즐길 뿐 다시 무얼 의심하랴(聊乘化以歸盡 樂夫天命

復奚疑)"라는 마지막 구절은 소박하게 자연에 순응하며 살겠다는 의지의 표명이다.

　이 작품은 송나라의 구양수(歐陽脩)가 "진(晉)나라에는 문장이 없고 오직 도연명의 귀거래사만 있을 뿐이다"라고 극찬한 만고의 명문이다. 우리나라의 선현들도 도연명을 선비적 삶의 모범으로 삼고, 「귀거래혜사」의 한 글자 한 구절을 모두 『논어』의 구절처럼 금과옥조(金科玉條)로 여겼다.

굴원의 「어부사」

굴원(屈原, BC 339~278)은 중국 전국시대(戰國時代) 초(楚)나라의 정치가이자 문학가였다. 그는 회왕(懷王) 때 좌도(左徒), 삼려대부(三閭大夫) 등의 벼슬을 거치면서 과감한 개혁정치를 주장하다가 옛 귀족들과의 갈등으로 유배당하는 아픔을 겪었다. 이후 복직했으나 경양왕(頃襄王) 때 반대파의 모함으로 다시 유배당해 끝내 돌아오지 못하고 멱라수(汨羅水)에 투신함으로써 생을 마감했다.

굴원은 생몰연대도 정확하지 않고 행적에 대해서도 완벽한 정보가 없다. 심지어 굴원의 실재 여부를 의심하는 학자도 있다. 그럼에도 그가 북방의 현실주의 문학을 대표하는 『시경』과 쌍벽을 이루는 남방 낭만주의 문학의 정화인 『초사(楚辭)』의 대표 작가라는 사실에 대부분의 학자가 동의한다.

그러나 지금 남아있는 작품 중 몇몇은 그의 작품이 아니라는 의혹이 일부에서 제기되고 있다. 「어부사(漁父詞)」도 그중 하나이다. 「어부사」가 후대에 미친 막강한 영향력을 감안할 때 이러한 의혹은 순전히 '학문적 호기심 차원의 의혹'에 지나지 않는다고 하겠다. 이제 작품을 살펴보자.

굴원이 추방당하여 강변에서 노닐고 못가를 거닐며 시를 읊을 때 안색이 초췌하고 모습이 여위었다. 어부가 그를 보고 물었다. "그대는 삼려대부(三閭大夫)가 아닙니까? 무슨 까닭으로 여기에까지 이르렀습니까?" 굴원이 말했다. "온 세상이 모두 혼탁한데 나만 홀로 맑았고, 뭇사람이 모두 취했는데 나만 홀로 깨어 있어 이 때문에 추방을 당했소". 어부가 말했다. "성인은 사물에 막히거나 구애받지 않고 세상과 더불어 융통성 있게 변합니다. 세상 사람들이 모두 혼탁하거든 어찌하여 진흙을 휘저어 흙탕물을 튀기지 않았으며, 뭇사람들이 모두 취했거든 어찌하여 술지게미를 먹거나 찌꺼기 술까지 마시지 않고 무엇 때문에 깊이 생각하고 고상하게 행동하여 스스로 쫓겨나게 되었습니까?" 굴원이 말했다. "내가 들으니, 새로 머리를 감은 사람은 반드시 갓의 먼지를 털고, 새로 목욕한 사람은 반드시 옷을 턴다고 하는데 어찌하여 이 깨끗한 몸으로 세속의 더러움을 받을 수 있겠는가? 차라리 소상강 물속에 뛰어들어 물고기 뱃속에 장사지낼지언정 내 어찌 깨끗하고 하얀 이 몸으로 세속의 티끌을 뒤집어쓸 수 있겠는가?" 어부가 빙그레 웃고 뱃전을 두드리고 떠나면서 노래했다. "창랑(滄浪)의 물이 맑으면 내 갓끈을 씻고, 창랑의 물이 흐리면 내 발을 씻으리". 어부는 마침내 떠나고 다시는 더불어 말하지 않았다.

  屈原旣放 游於江潭 行吟澤畔 顔色憔悴 形容枯槁 漁父見而問之曰 子非三閭大夫與 何故至於斯 屈原曰 擧世皆濁 我獨淸 衆人皆醉 我獨醒 是以見放 漁父曰 聖人不凝滯於物 而能與世推移 世人皆濁 何不淈其泥而揚其波 衆人皆醉 何不餔其糟而歠其醨 何故深思高擧 自令放爲 屈原曰 吾聞之 新沐者必彈冠 新浴者必振衣 安能以身之察察 受物之汶汶者乎 寧赴湘流 葬於江魚之腹中 安能以皓皓之白 而蒙世俗之塵埃乎 漁父莞爾而笑 鼓枻而去 乃歌曰 滄浪之水淸兮 可以濯吾纓 滄浪之水濁兮 可以濯吾足 遂去不復與言

이 작품은 가상의 어부와 굴원의 문답 형식으로 구성되어 있다. 여기 등장하는 어부는 고기를 잡는 단순한 어부가 아니고 혼탁한 현실을 벗어나 세속적 욕망을 버리고 사는 은자(隱者)다. 중국은 물론이고 우리나라 고려시대의 '어부가'나 조선조 이현보(李賢輔)의 「어부사」, 윤선도(尹善道)의 「어부사시사」에 나오는 어부도 실제 어부가 아니고 자연 속에서 풍류를 즐기는 사람이다. 모두 굴원의 「어부사」에 그 연원을 두고 있다. 굴원 이래로 어부가 '은자의 상징'이 된 것이다.

세상 이치를 꿰뚫고 있는 어부가 짐짓 굴원에게 '세상이 흐리면 흐린 대로 맑으면 맑은 대로 세상과 맞추어 살아가라'고 충고하지만 굴원은 이를 단호히 거부하고 자신의 깨끗함을 끝까지 지키겠다고 선언한다. 이 글에서 어부가 굴원에게 충고한 "사물에 막히거나 얽매이지 않고 세상 흐르는 대로 변할 줄 안다(不凝滯於物 而能與世推移)"는 말은 후세에 널리 인용되는 구절이다.

특히 '여세추이(與世推移)'는 현실과 적당히 타협해서 살아가는 태도를 지칭하는 4자성어로 굳어졌다. "온 세상이 모두 혼탁한데 나만 홀로 맑았고, 뭇사람이 모두 취했는데 나만 홀로 깨어 있다(舉世皆濁 我獨清 衆人皆醉 我獨醒)"는 구절도 지조를 지키는 고결한 선비의 자세를 나타내는 경구가 됐다.

어부가 떠나면서 불렀다는 노래를 일명 '창랑가(滄浪歌)'라 하는데 이 역시 굴원의 「어부사」 본뜻과는 상관없이 많은 사람에게 인용되어 왔다. 조선 중기 김종직(金宗直)의 제자인 김일손(金馹孫)은 "창랑(滄浪)의 물이 맑으면 내 갓끈을 씻고, 창랑의 물이 흐리면 내 발을 씻으리(滄浪之水清兮 可以濯吾纓 滄浪之水濁兮 可以濯吾足)"라는 창랑가의 문구를 따서 자신의 호를 '탁영(濯纓)'이라 지었다. 창랑의 물이 맑다는 것은 세상이 맑다는 것인데, 그는 갓끈을 씻어도 좋을 만큼 당시를 태평성대라 여긴 것이다. 그러나 그는 유자광(柳子光) 등이 일으킨 무오사화(戊午士禍)로 억울한 희생물이 되고 말았다.

「어부사」를 포함한 굴원의 『초사』는 이후 중국 문학의 모든 장르에 커다란 영향을 미쳐 『초사』가 『시경』이나 이백, 두보의 작품에 버금간다는 평가를 받았다. 그의 작품은 결코 유학사상에 기반을 둔 것이 아니지만 후대 유가(儒家)들은 굴원의 애국 충절 정신을 기려 『초사』를 높이 평가했다. 유학 사상의 큰 봉우리인 주자(朱子)는 『초사집주(楚辭集註)』를 편찬하기까지 했다. 특히 굴원의 대표작인 「이소(離騷)」는 '이소경(離騷經)'이라 하여 경전의 반열에 올리고 충신들의 교과서로 삼았다.

굴원은 진(秦)나라 장수 백기(白起)가 초나라 수도 영(郢)을 함락시키자 더 이상 자신의 정치적 이상을 실현할 수 없음을 알고 몸에 돌을 매달아 멱라수에 투신하고 말았다. 「어부사」에서 "차라리 물고기 배 속에 나를 장사 지내겠다"고 말한 그대로 실천한 것이다. 그는 끝내 '여세추이'할 수 없었던 것이다.

그가 죽은 날이 음력 5월 5이기 때문에 중국의 남방 지역, 특히 대만에서는 이날을 '시인절(詩人節)'로 정해 그의 애국 충절을 기리고 있다. 이날 종려 잎에 찹쌀을 싼 '쫑쯔(綜子)'란 떡을 만들어 강물에 던지는 풍속이 있는데, 이는 물고기가 쫑쯔를 먹고 굴원의 시체를 뜯지 말라는 뜻이라 한다. 또 이날 벌이는 용선(龍船) 경주도 사람들이 굴원의 시체를 찾기 위해 배를 타고 강을 수색한 데서 유래했다고 한다. 쫑쯔와 용선 경주는 지금도 행해지는 대만의 민간 풍속이다.

소식의 「전적벽부」

　　소식(蘇軾, 1036~1101)은 중국 북송(北宋)의 대문호로 부친 소순(蘇洵), 아우 소철(蘇轍)과 함께 삼부자가 당송팔대가(唐宋八大家)의 반열에 오를 만큼 문자향(文字香) 가득한 집안에서 태어났다. 그는 22세 때 벼슬길에 나아가 경륜을 펼치던 중 급진 개혁가인 왕안석(王安石)의 신법(新法)을 비판하면서 당쟁의 소용돌이에 휘말리게 된다. 드디어 44세(1079) 때에는 반대파들에 의해 체포되어 투옥되었다가 호북성 황주(黃州)의 단련부사(團練副使)로 좌천된다. 말이 좌천이지 유배나 마찬가지였다. 결재권도 없고 봉급도 없으며 근무지를 이탈해서도 안 되는 처지였다.

　　이곳에서 보낸 6년간은 그의 생애에서 정치적으로 최대의 시련기였으며 사상적으로도 중요한 전환점이 되었다. 그러나 이 같은 정치적 좌절과 극심한 정신적 갈등이 「적벽부」라는 아름다운 산문시(散文詩)를 탄생시켰다. 그는 47세 되던 1082년 7월에 「전적벽부(前赤壁賦)」를 짓고 같은 해 10월에 「후적벽부(後赤壁賦)」를 지었는데, 두 작품 모두 뛰어나지만 여기서는 우선 「전적벽부」만 소개하기로 한다.

　　작품은 임술년 7월 16일 달밤에 적벽에서 뱃놀이 하는 광경의 묘사로 시작된다. 맑은 바람이 부는 달 밝은 밤에 소식과 손님은 배 위에서 술을 마시고 시를 읊으며 아름다운 가을밤을 마음껏 즐긴다.

그러다가 드디어 "훨훨 세상을 잊고 홀로 서서 날개가 돋아 신선이 되어 오르는 듯한(飄飄乎遺世獨立 羽化而登仙)" 황홀경에 빠진다.

그러나 주인이 부르는 노래에 손님이 화답하는 퉁소 소리를 매개로 하여 밝고 명랑한 작품의 정조가 침울한 분위기로 바뀐다. 손님이 부는 퉁소 소리는 너무나 애절하여 "원망하는 것 같기도 하고 사모하는 것 같기도 하고 흐느끼는 것 같기도 하고 하소연하는 것 같기도 하여(如怨如慕如泣如訴)" "깊은 골짜기에 잠겨 있는 교룡을 춤추게 하고 외로운 배의 과부를 흐느끼게 할 만했다(舞幽壑之潛蛟 泣孤舟之嫠婦)."

그리고 나서 '소자(蘇子)'로 객관화된 소식 자신과 손님의 대화가 이어진다. 왜 하필 이렇게 슬픈 곡조를 연주하느냐는 소식의 질문에 손님은 적벽대전 전후의 조조(曹操)를 예로 들어 대답한다. "강가에서 술을 걸러 마시며 창을 비껴들고 시를 읊었으니, 참으로 일세의 영웅이었는데 지금은 어디에 있는가?(釃酒臨江 橫槊賦詩 固一世之雄也 而今安在哉)"라 하여 인생의 무상함을 개탄한다. 하물며 "(그대와 나는) 하루살이 같은 목숨을 천지에 붙이고 살아가는 넓고 푸른 바다의 한 알 좁쌀일 뿐임에랴, (그래서) 우리의 삶이 잠깐임을 슬퍼하고 장강의 무궁함을 부러워하지만(寄蜉蝣於天地 渺滄海之一粟 哀吾生之須臾 羨長江之無窮)" 장강처럼 무궁할 수 없는 우리 인생이 어찌 슬프지 않겠느냐는 것이다. 그래서 슬픈 가락으로 퉁소를 분다고 했다.

여기서 한 가지 밝혀둘 사실은 이 작품의 배경이 된 적벽은 삼국시대 적벽대전이 벌어졌던 그 적벽이 아니라는 것이다. 실제로 호북성의 장강 연안에는 적벽이라 불리는 곳이 4~5군데 있다고 한다. 이 작품에선 적벽이라는 이름이 연상시키는 역사적 인물 조조를 통해 인생무상을 한층 부각시키려 한 것이다. 일설에는 소식이 이곳을 적벽대전이 일어난 장소로 잘못 알았다는 견해도 있다.

작품 전반부의 슬프고 침울한 분위기는 손님의 말에 대한 '소자(蘇子)'의 반론으로 다시 반전된다. 이 부분이 이 작품의 핵심이기도 하다. 소자는 말한다.

손님은 저 물과 달을 아는가? 물은 이와 같이 흐르지만 일찍이 다 한 적이 없으며, 달은 저처럼 찼다가 기울지만 끝내 사라지거나 더 커지는 일이 없다. 대개 변한다는 관점에서 보면 천지도 한순간을 그대로 있을 수 없고, 변하지 않는다는 관점에서 보면 사물과 우리가 모두 영원한 것이니 또 무엇을 부러워하리오.

또 하늘과 땅 사이의 물건은 각기 주인이 있어 진실로 나의 소유가 아니면 털끝만큼도 취할 수 없지만 오직 강 위의 맑은 바람과 산 사이의 밝은 달만은 귀로 들으면 음악이 되고 눈으로 보면 좋은 경치를 이루어, 그것을 가져도 금하지 않고 아무리 써도 다함이 없어서 이는 조물주의 무궁한 창고이니 그대와 내가 함께 즐길 수 있는 것이다.

客亦知夫水與月乎 逝者如斯 而未嘗往也 盈虛者如彼 而卒莫消長也 蓋將自其變者而觀之 則天地曾不能以一瞬 自其不變者而觀之 則物與我皆無盡也 而又何羨乎 且夫天地之間 物各有主 苟非吾之所有 雖一毫而莫取 惟江上之淸風 與山間之明月 耳得之而爲聲 目寓之而成色 取之無禁 用之不竭 是造物者之無盡藏也 而吾與子之所共樂

이 말을 듣고 손님은 비관적인 태도를 바꾸며 즐거워한다. 이에 두 사람은 다시 술잔을 기울이다 이튿날 해가 뜨는 줄도 모르고 배 안엣 쓰러져 잠들었다는 것으로 이 작품은 끝난다.

이 작품에서 대화의 당사자인 소자와 손님은 기실 소식의 정신세계의 양면이다. 소식은 앞부분에서 손님의 말을 빌려 황주 시절에 겪고 있는 말할 수 없는 정신적 고통과 내심의 불만을 허무주의적 어조로 토로한다. 그런 한편으로 그는 물과 달을 예로 들어 변(變)과 불변(不變)의 이론을 전개함으로써 이 고통을 극복하려 했다. 이렇게 분열된 자아의 갈등 속에서 그는 결국 낙관주의의 길을 택했다. 즉 그는 만물의 성쇠소장(盛衰消長)이 자연의 이치임을 깨닫고, 물외(物外)에서 노니는 초월적 인생관을 견지함으로써 절망적 환경에서도 자포자기하지 않을 수 있었던 것이다.

이러한 달관의 경지에 이르기까지는 『장자(莊子)』의 상대주의적 세계관의 영향이 큰 몫을 차지했다. 그는 원래 유가(儒家)의 현실주의적 사상의 소유자였으나 거듭되는 정치적 좌절이 그를 노장(老莊) 사상으로 이끌었다. 그래서 "적벽부 한 편을 읽으면 『남화경(南華經)』 한 편을 읽는 것보다 낫다"는 말이 있을 정도다. 『남화경』은 『장자』를 말한다.

이 작품은 표현 수법이나 미려한 언어 구사, 그리고 치밀한 구성력으로 중국 문학 최대의 걸작으로 꼽힌다. 청나라 왕후(王煦)는 "당년에 두 편의 부(賦)가 없었다면 무엇 때문에 황주에 적벽이 있었으리오"라 말하기도 했다. "두 편의 부"란 「전 적벽부」와 「후 적벽부」를 말한다. 실로 「적벽부」는 한 작가가 일생에 한 편 쓸 수 있을까 말까 한 작품이라 하겠다.

제갈량의 「전출사표」

제갈량(諸葛亮, 181~234)은 자(字)가 공명(孔明), 호가 와룡(臥龍)으로 삼국시대 촉한(蜀漢)의 탁월한 정치가이며 군사 전략가였다. 그는 지금의 산동성 기수현(沂水縣) 출신으로 일찍이 난을 피해 호북성 남양(南陽)으로 이주해 몸소 농사를 짓고 살았는데, 유비(劉備)가 삼고초려(三顧草廬) 끝에 그를 영입했다. 이후 그는 오(吳)와 연합해 위(魏)를 공격한다는 전략으로 208년 적벽대전을 승리로 이끌고 천하를 삼분(三分)했다. 유비는 제갈량의 보좌에 힘입어 221년 촉한의 황제에 즉위하고 제갈량을 승상(丞相)에 임명했다.

223년에 유비가 죽고 그 아들 유선(劉禪)이 즉위하자 제갈량의 임무는 더 커졌다. 유비는 죽기 전 제갈량에게 아들을 부탁하며 "그대의 재능은 위나라 조비(曹丕)의 열 배나 된다. 그대는 반드시 국가를 안정시켜 대업을 이룰 것이다. 유선을 도울 만하면 돕고 재능이 없으면 그대 맘대로 하라"는 요지의 유언을 남겼다. '그대 맘대로 하라'는 말은 모든 것을 제갈량에게 맡긴다는 뜻이다. 그만큼 제갈량에 대한 유비의 신임은 두터웠다. 흔히 유비와 제갈량의 관계를 '수어지교(水魚之交)'로 표현한다. 제갈량을 지나치게 총애하는 유비에게 관우와 장비가 불만을 토로하자 유비가 "나에게 공명(孔明)이 있는 것은 고기(魚)에게 물(水)이 있는 것과 같다"고 말한 데서 유래한 성어이다.

「출사표(出師表)」는 유선이 즉위한 지 5년째 되던 227년에 제갈량이 위나라를 정벌하기 위해 몸소 군사를 이끌고 출정하면서 유선에게 올린 글이다. '표(表)'는 한문 문체의 하나로 신하가 임금에게 올리는 글을 일컫는다. 출정하기에 앞서 그가 이렇게 간곡한 표문을 올린 것은 유선이 우매한 군주임을 알고 있었기 때문이다. 그래서 자신이 없는 동안 국사를 처리할 방안을 담은 출사표를 올린 것이다.

이 글은 크게 두 부분으로 나뉘는데, 첫 부분에서 그는 나라가 처한 위급한 상황을 말하고 자신이 나라를 비우는 동안 국정 운영의 큰 틀을 유선에게 당부한다. 그가 제시한 방안은 크게 세 가지로 첫째는 "임금님의 귀를 크게 열어(開張聖聽)" 충간(忠諫)을 받아들이는 일이고, 둘째는 간사한 자와 충성스러운 자를 가려 법에 따라 상과 벌을 분명히 하는 일이며, 셋째는 어진 인재를 등용하는 일이다. 인재 등용에 관해서 그는 구체적으로 곽유지(郭攸之), 비위(費褘), 동윤(董允) 등 3인의 문관과 무관 상총(向寵)을 거명했다. 나라의 크고 작은 일을 이들과 의논해 결정하라는 것이다. 말하자면 국정 운영의 지침서인 셈이다.

그는 또 역사적 사실을 예로 들어 충간과 법치(法治)와 용인(用人)의 중요성을 거듭 환기시킨다. 이 글에서 그는 마치 아버지가 자식에게 타이르듯이 '성의(誠宜)' 즉 진실로 마땅히 해야 할 것과 '불의(不宜)' 즉 마땅히 하지 말아야 할 것을 일일이 지시한다. 이는 그가 유선의 사람됨이 시원찮다는 것을 알고 있었기 때문이다. 또 그런 만큼 떠나 있을 동안 나라를 걱정하는 마음이 지극했기 때문이기도 했다. 촉(蜀)이 망한 후 유선의 행태를 보면 그가 얼마나 우매(愚昧)한 군주였던가를 알 수 있다.

촉이 멸망한 후 유선은 위나라 수도 낙양에서 안락공(安樂公)에 봉해져 그야말로 '안락한' 생활을 누리고 있었다. 하루는 위(魏)의 사마소(司馬昭)가 연회를 베풀고 촉의 음악을 연주하면서 그에게 "촉이 생각나지 않느냐"고 물었다. 촉의 음악을 듣고 촉의 옛 신하들은 얼굴을 가리고 우는데 유선은 "이렇게 즐거운데 어찌 촉 생각이 나겠습니까"라고 답했다. 잠시 후에 촉의 신하 각정(郤正)이 유선에게 "재차 물으면, 선인(先人)의 묘가 촉 땅에 있어 하루도 생각나지 않은 날이 없다"고 답하라고 충고했다. 이윽고 사마소가 재차 물었을 때 유선이 각정의 말대로 답하자 사마소는 "그대의 말이 어쩌면 각정의 말과 꼭 같습니까"라 말했다. 유선이 놀라 "당신이 어떻게 그걸 알았습니까"라고 해서 좌중이 크게 웃었다는 이야기가 전할 만큼 그는 우매했다.

「출사표」는 전반부가 논리적인 의론의 진술인 반면, 후반부는 다소 감상적인 어조로 유비와의 옛일을 추억함으로써 유선의 마음을 움직이려 하고 있다.

　　신은 본래 삼베옷 입고 남양 땅에서 농사지으며 구차하게 난세에 생명을 보전하고 제후들에게 벼슬을 구하지 않았는데 선제께서 신을 비천하게 여기지 않으시고 외람되게 스스로 몸을 굽히시어 세 번이나 신을 오두막으로 방문하여 당세의 일을 자문하시니 이로 말미암아 감격하여 드디어 선제께 신명을 다할 것을 허락했습니다. … (선제께서) 돌아가실 때 신에게 대사를 맡기셨기에 명을 받은 이래 밤낮으로 근심하고 탄식하며 부탁하신 효과가 나지 않아 선제의 밝음을 손상할까 두려워하였습니다. … 원컨대 폐하는 도적을 토벌하고 나라를 회복시키는 일을 저에게 맡겨 효과가 없으면 신의 죄를 다스려 선제의 영전에 고하십시오.

　　臣本布衣 躬耕於南陽 苟全性命於亂世 不求聞達於諸侯 先帝不以臣卑鄙 猥自枉屈 三顧臣於草廬之中 諮臣以當世之事 由是感激 遂許先帝以驅馳 … 故臨崩 寄臣以大事也 受命以來 夙夜憂嘆 恐託

付不效 以傷先帝之明 … 願陛下 託臣以討賊興復之效 不效則治臣之罪 以告先帝之靈

제갈량은 「출사표」에서 '선제(先帝)'를 열세 번이나 언급했다. 선제에게서 받은 은혜에 보답하고자 하는 자신의 충정을 나타내는 동시에 유선에게 선제와 같이 현명한 군주가 되라는 권고의 의미도 담고 있었다. 또한 중원을 통일해 한실(漢室)을 부흥하려 했던 선제의 유업을 이어받으라는 간절한 권고를 함께 표명한 것이었다. 이렇게 거듭 당부하고 나서 제갈량은 다음과 같은 말로 글을 끝맺는다.

신은 은혜를 받은 감격을 이기지 못한지라 이제 멀리 떠남에 표(表)를 올리려니 눈물이 앞을 가려 말할 바를 알지 못하겠습니다.
臣不勝受恩感激 今當遠離 臨表涕泣 不知所云

「출사표」를 올리고 출정한 1차 원정은 실패로 끝났지만 그는 다섯 차례나 북벌(北伐)에 나서 일진일퇴를 거듭하다가 234년 5차 북벌 때 오장원(五丈原)에서 사마의(司馬懿)와 대치하다가 병으로 세상을 떠났다. 향년 54세. 그의 사후 30년 만에 촉은 멸망했다.

일반적으로 표문(表文)은 의론 위주의 글이어서 다소 딱딱하기 마련인데, 제갈량은 의론과 서사와 서정을 적절히 융합하여 읽는 이의 심금을 울린다. 유협(劉勰)은 『문심조룡(文心雕龍)』에서 이 글을 '표문의 꽃'이라고 극찬했고, 소동파(蘇東坡)는 "출사표를 읽고 눈물을 흘리지 않는 자는 반드시 불충(不忠)한 자일 것이다"라 말했다. 우리나라의 옛 선비들도 이 글을 읽고 눈물을 흘리지 않은 사람이 없었다고 한다.

범중엄의 「악양루기」

범중엄(范仲淹, 989~1052)은 자(字)가 희문(希文)으로 북송의 걸출한 사상가이며 청렴한 정치가이자 뛰어난 문학가였다. 그는 부패한 조정을 바로잡기 위해 과감한 개혁안을 제안하여 혁신정치에 앞장섰다. 한때는 부재상(副宰相)급에 해당하는 참지정사(參知政事)의 지위에까지 올랐으나 강직한 직언으로 당시 재상을 비판하다가 1045년에 등주(鄧州)로 좌천되었다.

한편 범중엄과 같은 해에 과거에 급제하여 그와 뜻을 같이한 혁신파 인물 등자경(滕子京)이 1044년에 파릉(巴陵: 지금의 악양)으로 좌천되었는데 그곳의 악양루를 중수하고 1046년 등주에 있는 친구 범중엄에게 기문(記文)을 부탁했다. 이 기문을 요청할 때 등자경은 악양루의 연혁과 환경, 기후, 건축의 특징 등과 함께 「악양루만추도(岳陽樓晚秋圖)」라는 그림을 보냈다. 그러므로 범중엄은 악양루에 직접 가보지 않고 관련 자료만을 바탕으로 「악양루기(岳陽樓記)」를 쓴 것이다. 그럼에도 불구하고 「악양루기」가 천고의 명문으로 애송된 것은, 이 글이 악양루와 동정호의 사실적인 풍경 묘사보다는 악양루를 빌미로 한 작자의 의론(議論)에 중점이 두어졌기 때문이다.

글의 첫머리에서 이 기문을 쓰게 된 연유를 간단히 기술하고 있는데 이것은 기문이 갖추어야 할 최소한의 필수 요건이다. 이어서 악양루 주변의 경치를 역시 간단히 기술하고 이것이 "악양루의 큰 경치이다(岳陽樓之大觀)"라 말한다.

악양루의 큰 경치를 간략하게 기술한 다음에 악양루에 올라 동정호를 바라보는 '천객 소인(遷客騷人: 좌천된 사람과 시인)'이 느끼는 두 종류의 감회를 이렇게 묘사하고 있다.

장맛비가 쏟아져 여러 달 동안 개이지 않고 음산한 바람이 성난 듯 부르짖고 탁한 물결이 공중에 치솟아 해와 별이 빛을 숨기고 산악이 형체를 숨기면, 장사꾼과 나그네도 다니지 않아 돛대가 기울고 삿대도 부러지며, 초저녁인데도 어둑어둑하여 호랑이가 울부짖고 원숭이가 울어댈 때 이 누각에 오른다면, 서울을 떠나 고향을 그리워하고 참소를 근심하며 모함을 두려워하는 마음이 생겨 눈에 보이는 모든 것이 쓸쓸하여 감정이 격해져 슬퍼하는 자도 있을 것이다.

봄날이 화창하고 풍경이 아름다우며 파도가 일지 않아 위아래 하늘빛이 한결같이 짙푸르고, 갈매기들이 날아와 모이고 비단 같은 물고기가 헤엄을 치며 강 언덕의 지초(芝草)와 물가의 난초(蘭草)가 우거져 향기로운데, 혹은 긴 안개가 한 번 개이고 밝은 달이 천리에 비추어 물에 뜬 달빛이 금빛으로 일렁이고 고요한 달그림자가 구슬이 잠긴 듯한데 어부의 노랫소리가 서로 화답하니 이 즐거움이 어찌 끝이 있겠는가. 이때에 이 누각에 오른다면 마음이 넓어지고 정신이 즐거워 (임금의) 은총과 (간신의) 모욕을 모두 잊고 술잔을 잡고 바람 앞에 설 것이니 그 기쁨이 크게 넘실거릴 것이다.

若夫霪雨霏霏 連月不開 陰風怒號 濁浪排空 日星隱曜 山岳潛形 商旅不行 檣傾楫摧 薄暮冥冥 虎嘯猿啼 登斯樓也 則有去國懷鄉 憂讒畏譏 滿目蕭然 感極而悲者矣 至若春和景明 波瀾不驚 上下天光 一碧萬頃 沙鷗翔集 錦鱗游泳 岸芷汀蘭 郁郁青青 而或長煙一空 皓

月千里 浮光躍金 靜影沈璧 漁歌互答 此樂何極 登斯樓也 則有心曠
神怡 寵辱俱忘 把酒臨風 其喜洋洋者矣

    비 오고 파도치는 음산한 저녁 무렵에 이 누각에 오르는 천객 소인은 자신의 처지를 비관하여 슬퍼할 것이고, 물결이 잔잔한 따뜻한 봄날, 달 밝은 밤에 이 누각에 오르는 천객 소인은 술잔을 기울이며 모든 것을 잊고 기뻐할 것이라는 서술이다. 즉 두 가지 자연 경물의 묘사로부터 이를 바라보는 사람들의 슬픔과 기쁨이라는 두 가지 서로 다른 감회를 이끌어 내고 있다. 이 부분은 「악양루기」의 풍경 묘사에서 가장 빛나는 대목이다. 한문 원문으로 보면 4자구(四字句)를 연속적으로 구사하여 음악적이고도 시적(詩的)인 서정성이 돋보이는 묘사이다. 그리고 분량으로도 전체의 절반가량을 차지하여 이 부분이 「악양루기」의 핵심인 것처럼 보이기도 한다. 그러나 이것은 다음 부분의 서술을 위한 준비에 불과하다.

    아! 내가 옛 어진 사람들의 마음을 살펴보니 이 두 부류 사람들의 행위와 달랐으니 이는 어째서인가? (옛 어진 자는) 외물(外物) 때문에 기뻐하지도 않고 자기 일신상의 일 때문에 슬퍼하지도 않는다. 조정의 높은 자리에 있을 때는 백성들을 근심하고 먼 강호에 처할 때는 임금을 근심하였으니 이는 나아가도 근심하고 물러나도 근심한 것이다. 그러니 어느 때에 즐거워할 수 있겠는가? 반드시 말하기를 "천하 사람들이 근심하기에 앞서 근심하고 천하 사람들이 즐거워한 뒤에 즐거워하겠다"라 하리라.

    嗟夫 予嘗求古仁人之心 或異二者之爲 何哉 不以物喜 不以己悲
居廟堂之高 則憂其民 處江湖之遠 則憂其君 是進亦憂 退亦憂 然則

何時而樂耶 其必曰 先天下之憂而憂 後天下之樂而樂

　이 말은 기실 범중엄 자신의 인생관이지만 그것을 "옛 어진 사람"에 가탁해서 말하고 있다. 그렇게 함으로써 자신의 겸손함을 나타냄과 동시에 이 말에 무게를 더해주고 있다. 환경과 개인적 득실에 따라 천객 소인이 슬퍼하고 기뻐하는 것은 인지상정이다. 그러나 "옛 어진 사람"은 이보다 더 높은 이상과 포부를 지니고 있다는 말이다. 이로써 그는 좌천되어 불우한 환경에 처한 친구 등자경을 격려하고 또 자신을 편달하고 있다. 그리고 "아! 이러한 사람이 없다면 내 누구와 더불어 함께할 수 있으리오"라는 말로 끝맺음으로써 "옛 어진 사람"의 지취(志趣)를 본받겠다는 의지를 분명히 밝혔다. "천하 사람들이 근심하기에 앞서 근심하고 천하 사람들이 즐거워한 뒤에 즐거워한다"는 말은 후대 수많은 정치가들의 좌우명이 되었다.

　중국 호남성 동정호 가에 있는 악양루는 당초(唐初)에 건립되었는데, 당시 범중엄의 기문은 송나라 때 화재로 소실되었다. 그 후 청나라 때 악주현령(岳州縣令) 장응도(張凝道)가 당대의 명필 장조(張照)의 글씨를 받아 값비싼 자단목(紫檀木)으로 12폭 병풍을 만들어 악양루에 비치했다. 그런데 후에 부임한 신임 현령이 사임하면서 이 병풍을 몰래 배에 싣고 떠나버렸다. 그 대신 하씨(何氏)를 시켜 베껴 쓴 모조품을 남겨 놓았다. 그러나 공교롭게도 싣고 가던 배가 풍랑을 만나 침몰했는데 얼마 후 한 어부가 발견해서 보관하던 것을 오민수(吳敏樹)라는 사람이 은 120냥을 주고 매입했고 정부에서는 오민수의 자손으로부터 은 120냥으로 매입하여 악양루에 비치했다고 한다. 지금 악양루에는 1층과 2층에 두 개의 「악양루기」가 걸려 있는데 2층에 있는 것이 진짜이고 1층의 것은 모조품이다.

왕희지의 「난정집서」

　　왕희지(王羲之, 303~361)의 자(字)는 일소(逸), 호는 설원(雪園)으로 산동성 임기(臨沂) 출신인데 13, 4세경에 일가족이 남경으로 이주해 살았다. 남경은 사마예(司馬睿)가 세운 동진(東晉)의 수도였고 그의 종숙부인 왕도(王導)가 당시 재상으로 있었기 때문에 그는 비교적 풍요로운 삶을 누렸다. 그의 집안은 당시의 명문거족이었다.

　　그는 23세경에 첫 벼슬길에 나서서 여러 관직을 거치다가 41세경에는 모든 관직을 사임하고 칩거했다. 46세경에 다시 출사하여 48세경에는 우군장군(右軍將軍), 회계내사(會稽內史)에 임명되어 지금의 소흥을 맡아 다스리게 되었다. '회계'는 소흥의 옛 이름이다. 그래서 그를 '왕우군(王右軍)'으로 부르는데 우군장군은 직접 병사를 통솔하지는 않지만 상당히 높은 무관직이고 그가 역임한 벼슬 중에서 가장 높은 것이다.

　　그는 회계내사로 부임한 이듬해(353년)에 난정에서 계회(禊會)를 개최했다. 이 계회는 일찍이 주(周)나라 때부터 내려온 풍속으로 매년 3월 3일, 물가에 모여 몸의 때를 씻고 액운을 물리쳐 달라는 소원을 비는 행사이다. 이날의 행사는, '之' 자 모양의 물길 양쪽에 사람들이 앉아 있다가 위에서 띄워 보내는 술잔이 자기 앞에 이르면 술을 마시고 즉석에서 시를 짓는 형식으로 진행되었다. 만일 시를 짓지 못하면 커다란 술잔으로 벌주를 마셔야 한다. 이를 '곡수유상(曲水流

觴)'이라 한다. '구부러진 물길에 술잔을 띄운다'는 뜻이다.

　이날 행사에는 당대의 명사 42명이 모였는데 그중 왕희지, 사안(謝安), 손작(孫綽)을 비롯한 11인이 시 2수씩을 지었고 15인이 1수씩 지었으며 나머지 16인은 시를 짓지 못해 큰 사발로 벌주 3잔씩을 마셨다고 한다. 이렇게 해서 모인 37수의 시를 묶어 책으로 만들고 왕희지가 즉석에서 서문을 썼는데 이것이 '천하 제일행서'라 불리는 28행 324자의 「난정집서(蘭亭集序)」이다. 이 글은 후대에 「난정서」 또는 「난정기」로도 불리고 있다.

　문장의 첫머리는 계회를 개최한 시간과 장소를 밝히고 이어 주위의 경치를 서술하며 작자의 감회를 토로한다. 아름다운 환경과 화창한 날씨에 '곡수유상'하면서 "광대한 우주를 우러러보고 성대한 삼라만상을 굽어살피며 눈을 들어 마음껏 생각을 펼쳐 눈과 귀의 즐거움을 극진히 하기에 충분하여 참으로 즐길 만했다(仰觀宇宙之大 俯察品類之盛 所以游目騁懷 足以極視聽之娛 信可樂也)."고 말했다.

　3월 3일, 화창한 봄날에 아름다운 환경에서 뜻 맞는 친구들과 함께 술잔을 기울이며 시를 짓는 것이 어찌 즐겁지 않겠는가. 그래서 그는 "참으로 즐길 만하다(信可樂也)"고 말한 것이다. '信可樂也' 네 글자는 난정을 비롯한 왕희지의 유적 곳곳에 쓰여 있어 마치 「난정집서」를 대표하는 문구처럼 되어 버렸다. 그러나 왕희지가 말하려는 본뜻은 다른 데에 있다.

　이렇게 마음에 맞는 일을 만나면 "장차 늙음이 이르는 줄도 모르고(不知老之將至)" 즐거움을 누리다가도 흥이 다하면 권태를 느끼고, 과거의 즐거웠던 일이 짧은 순간에 이미 옛 자취가 되어버리고 만다. "더구나 수명이 길든 짧든 자연의 조화에 따라 끝내는 다 없어지는 법이라(況修短隨化 終期於盡)" 슬픈 감회가 일지 않을 수 없다고 말한다. 그래서 글 앞부분의 "참으로 즐길 만하다"라는 명랑한 정서가 뒷부분으로 가면 "어찌 애통하지 않겠는가(豈不痛哉)", "슬프도다(悲夫)"와 같은 영탄으로 바뀐다.

왕희지가 살던 시대는 극도로 혼란한 시기여서 대부분의 지식인들은 노장사상(老莊思想)에 빠져 현실을 멀리하고 산수(山水)를 유람하면서 일종의 허무주의에 젖어 있었다. 그의 집안도 예외가 아니었는데 이러한 노장사상을 비판한 것이 「난정집서」라는 평가가 일반적인 견해이다.

진실로 죽고 사는 것이 하나라고 한 것은 허망한 말이요, 팽조(彭祖)와 일찍 죽은 이가 똑같다는 것은 함부로 지어낸 말임을 알겠다. 후세 사람들이 지금의 우리를 보는 것 또한 지금 우리가 옛사람을 보는 것과 같을 것이니 슬프도다.
固知一死生爲虛誕 齊彭殤爲妄作 後之視今 亦猶今之視昔 悲夫

700세를 살았다는 팽조나 19세 이전에 죽은 사람이나 똑같다는 관점에서는 "죽고 사는 것이 하나"가 된다. 이것이 노장사상이다. 이런 관점에서 보면 삶에 큰 의미를 부여하기 어렵다. 삶이나 죽음이나 마찬가지이기 때문이다. 왕희지는 이 글에서 공자의 말을 인용하여 "죽고 사는 것 또한 큰 문제(死生亦大矣)"라 말했는데 "죽고 사는 것이 하나"가 아니라는 말이다. 인생이 유한하고 "끝내는 다 없어지기" 때문에 죽고 사는 것이 큰 문제가 되고 또 그렇기 때문에 생명의 소중함을 느껴 긍정적으로 삶을 영위할 수 있는 것이다. 「난정집서」는 이렇게 끝난다.

그러므로 여기 사람들을 순서대로 나열하여 그들이 지은 시를 기록한다. 비록 세대가 다르고 일이 다르나 감회를 일으킨 이치는 마찬가지이니 후세에 보는 사람도 이 글에 감회가 있을 것이다.

故列敍時人 錄其所述 雖世殊事異 所以興懷 其致一也 後之覽者 亦將有感於斯文

지금 우리가 옛사람을 보고 인생의 유한함을 느껴 오늘의 삶을 더욱 충실히 영위하려고 하듯이 후세 사람들도 지금의 우리를 보고 꼭 같은 생각을 갖도록 하기 위해서 이날의 모임을 기록하여 후세에 남긴다는 것이다. 요컨대 "죽고 사는 것이 하나"가 아니라 "죽고 사는 것이 큰 문제"라는 것을 후세에 알리려는 의도로 이 글을 쓴다는 것이다.

이 글은 내용도 내용이려니와 글씨가 천하의 명필이어서 이로 인하여 왕희지는 '서성(書聖)'의 반열에 올랐다. 그러나 지금 우리가 보는 「난정집서」는 왕희지의 진품이 아니라는 설이 있다. 이 글씨는 왕희지의 7대손 지영(智永) 스님에까지 전해오다가 지영이 작고하기 전 그의 제자 변재(辨才) 스님에게 전했는데, 왕희지의 글씨를 무척 좋아했던 당 태종이 교묘한 방법으로 이 글씨를 훔쳐왔고 태종이 죽을 때 무덤에 순장(殉葬)했기 때문에 세상에 나도는 「난정집서」는 모두 베껴 쓴 임모본(臨摸本)이라는 것이다. 이 밖에도 온갖 이야기가 전해오는데 그만큼 이 글씨의 가치가 높다는 반증일 것이다.

제3부

중국의 명승

중국의 4대 미인 서시의 고향

서시(西施), 왕소군(王昭君), 초선(貂蟬), 양귀비(楊貴妃)를 중국의 4대 미인이라고 한다. 이들에겐 각각 별명이 있다. 강의 물고기가 빨래하는 서시의 미모에 홀려 지느러미 흔드는 것을 잊어서 물밑으로 가라앉았다고 해서 서시를 '침어미인(沈魚美人: 물고기를 가라앉힌 미인)'이라 하고, 한나라 때 흉노와의 화친 조건으로 북쪽으로 끌려가는 말 위에서 비파를 타는 왕소군을 보다가 날아가는 기러기가 날갯짓하는 것을 잊어 땅에 떨어졌다고 해서 왕소군을 '낙안미인(落雁美人: 기러기를 떨어뜨린 미인)'이라 부른다. 초선이 밤중에 달을 쳐다보고 있는데 달 속의 항아(姮娥)가 자신의 미모가 초선에 미치지 못함을 부끄러워하여 구름 속으로 숨었다고 해서 초선을 '폐월미인(閉月美人: 달을 가둬버린 미인)'이라 부르고, 양귀비가 꽃구경을 하다가 꽃을 쓰다듬으니 꽃잎이 움츠렸다고 하는데 꽃이 그녀의 아름다움을 보고 부끄러워했다는 것이다. 이로부터 양귀비는 '수화미인(羞花美人: 꽃을 부끄럽게 한 미인)'으로 불렸다.

침어미인(沈魚美人) 서시

이들 중 으뜸으로 꼽히는 미인이 서시인데 그녀는 절강성 소흥 근교에 있는 제기시(諸暨市)의 저라산(苧蘿山) 아랫마을에 살았다.

본성명은 시이광(施夷光)이지만 마을의 서쪽에 살았기 때문에 서시라 불렀다. 아버지는 땔감을 팔고 어머니는 강에서 빨래를 하며 가난하게 살았다. 마을 뒤에 있는 저라산은 산이라기보다 높이 10여 미터에 불과한 언덕으로 모시풀[苧蘿]이 많이 자란다고 해서 붙여진 명칭이다. 어머니는 그곳에서 대량으로 생산되는 모시로 만든 천을 빨고 표백하는 일을 했을 것이라 추정된다. 서시도 어렸을 때부터 마을 앞의 강에서 어머니를 도와 빨래를 했다고 한다. 지금도 마을 앞에는 큰 강이 흐르고 있는데 이름이 '완강(浣江)'이다. '浣'은 '빨래한다'는 뜻이다.

이렇게 평범하게 생활하던 시골 처녀 서시에게 일생일대의 전기를 마련해준 인물이 범려(范蠡)였다. 오왕 부차(夫差)에게 패배하고 인질로 잡혀 굴욕적인 나날을 보낸 월왕 구천(句踐)은 가까스로 귀국하여 와신상담(臥薪嘗膽)하며 복수의 기회를 엿보던 중, 대부 문종(文種)의 건의를 받아들여 미인계를 쓰게 된다. 이 미인계를 집행하는 일을 범려가 맡았고 그는 미인을 구하기 위하여 전국을 다니다가 이 마을에서 빨래하는 서시를 발견했다.

당시 범려가 선발한 처녀가 몇 명인지 정확히 알 수 없지만 이들은 오나라로 보내지기 전에 집중적인 훈련을 받았는데 그중 가장 빼어난 미모를 지닌 서시와 정단(鄭旦)이 최종적으로 뽑혔다. 구천은 당시 월나라의 수도였던 지금의 소흥시 동북쪽에 미인궁을 지어 이들에게 비단옷을 입히고 곱게 화장을 시킨 후 걸음걸이, 궁정 예절, 춤, 노래 등을 익히게 했다. 서시는 15세 무렵 이곳에 들어와서 3년 동안 훈련을 받고 오나라에 보내졌다. 이들이 훈련을 받았던 미인궁은 지금 소흥시의 홀리데이 인 호텔 바로 앞에 복원되어 있다.

서시를 선물 받은 부차는 그녀를 위하여 고소대(姑蘇臺)라는 호화로운 전각을 짓고 밤낮없이 서시와 환락에 빠졌다. 이곳에서 그녀는 15년 동안 지내면서 빼어난 미모와 슬기로운 처신으로 부차의 마음을 사로잡는 데에 성공했다. 드디어 BC 473년 구천은 이 틈을 타서 오나라를 공격했다. 전쟁에 패하여 쫓기던 부차는 고소대로 도망하여 구천과 화친을 시도했으나 실패하자 스스로 목숨을 끊었다.

저라명주(苧蘿明珠) 서시전(西施殿)

그러므로 오나라 쪽에서 보면 서시는 나라를 망친 요물이었지만 월나라로서는 큰 공을 세운 영웅이 아닐 수 없다. 이러한 서시를 위하여 그 고장에서는 일찍부터 사당을 짓고 그녀의 공을 기렸다. 사당은 그 후 여러 차례 중수를 거듭하다가 1986년에 다시 전면적으로 재건하여 '서시전(西施殿)'이란 이름으로 오늘에 이르고 있다.

서시전에는 '저라명주(苧蘿明珠: 저라산의 밝은 구슬)', '절대가인(絶代佳人: 절세미인)' 등의 편액이 걸려있고 안으로 들어가면 높이 2.8m의 서시 좌상이 눈에 들어온다. 이 좌상은 매우 정교하게 만들어져서 보는 이의 감탄을 자아낼 만큼 아름답다. 그리고 서시상 위쪽에는 '하화신녀(荷花神女)'라 쓰인 편액이 걸려 있는데 '하화'는 연꽃이다. 진흙탕 속에서 아름다운 꽃을 피우는 연꽃처럼 서시도 비천한 민간 출신으로 높은 지위에 올랐음을 나타내기 위하여 이 고장 사람들이 그녀에게 '하화신녀'의 명칭을 부여한 것이다.

서시전 오른쪽 언덕의 고월대(古越臺)에는 '와신상담' 편액 밑에 구천, 범려, 문종 3인의 흉상이 있다. 서시와 이 세 사람이 불가분의 관계에 있기 때문이다. 고월대에서 오른쪽으로 가면 비랑(碑廊)이 나타나는데 여기에는 서시를 읊은 고금의 시문과 갖가지 모습의 서시가 수십 개의 오석에 새겨져 있다. 여기서 더 나아가면 서시의 일생을 수십 매의 그림과 설명문으로 전시하고 있는 서시장랑(西施長廊)이 나온다. 이밖에도 이광각(夷光閣), 침어지(沈魚池)가 있는데 '이광'은 서시의 본명으로 이광각은 그녀를 기념하기 위한 정자이고, 침어지는 그녀의 미모에 홀려 물고기가 가라앉았다는 이야기를 상징하는 연못이다.

범려, 서시를 데리고 떠나다

구천이 오나라를 정복한 후 서시는 어떻게 되었을까? 이후의 서시의 거취에 대해서는 세 가지 설이 있다. 첫째는 고향인 제기로 돌아와 살다가 물가에서 발을 헛디뎌 익사했다는 설이다. 둘째는 구천의 부인이 서시의 몸에 돌을 매달아 강에 빠뜨려 죽였다는 설이다. 구천이 회군할 때 서시를 같은 배에 태우고 돌아오면서 장차 서시를 후궁으로 삼으려 했는데 이를 알아차린 부인이 질투심에서 서시를 가리켜 "나라를 망하게 한 물건이니 남겨 두어서 무엇 하겠는가"라 하고 몰래 강에 빠뜨려 죽였다는 것이다. 셋째는 오나라가 망한 후 범려와 함께 멀리 떠났다는 설이다.

워낙 오래된 일이고 또 정사(正史)에 남긴 기록도 없기 때문에 어느 설이 옳은 것인지 확인할 길이 없지만 후대인들은 전설과 같은 세 번째 설을 믿으려 한다. 세 번째 설의 경우에도 범려가 서시를 데리고 떠난 동기에서 다시 의견이 나누어진다. 그 하나는 범려와 서시가 연인 사이였다는 것이다. 범려가 서시를 처음 만났을 때 이미 두 사람은 첫눈에 반하여 연인이 되었지만 국가를 위하는 일이라 범려가 서시를 오나라로 보내지 않을 수 없었다는 것이다. 이를 근거로 또 수많은 전설이 만들어져, 그들은 태호(太湖) 안의 오리호(五里湖)에서 배를 타고 멀리 떠나 지금의 의흥(宜興)에 정착하고 도자기를 빚어 유명한 자사기(紫砂器)의 시조가 되었다는 등의 이야기가 전해진다.

범려가 나라를 위한 충정에서 서시를 데리고 떠났다는 것이 또 하나의 동기이다. 즉 서시를 월나라에 그대로 두면 월왕 구천 또한 서시의 미모에 홀려 나라를 망칠 것이기에 서시를 데리고 멀리 떠났다는 것이다. 서시와 관련해서 만들어진 이런저런 이야기 자체가 워낙 흥미로워 수많은 버전이 생겨났고 이것이 후대 시인들의 시심(詩心)을 자극하여 많은 문학작품이 창작되었다. 이 중에서 우리나라 고려의 문호 이제현(李齊賢)이 쓴 「범려」가 단연 압권이다.

> 공을 논함에 어찌 강한 오나라 격파한 것뿐이리오
> 가장 큰 공은 오호(五湖)에서 배 띄운 것이라네
>
> 서시를 데리고 가지 않았더라면
> 월궁(越宮)에 또 하나의 고소대(姑蘇臺)가 생겼을 터
>
> 論功豈啻破强吳　最在扁舟泛五湖
> 不解載將西子去　越宮還有一姑蘇

서시를 데리고 떠남으로써 구천이 부차의 전철을 밟지 않게 한 것이 범려의 가장 큰 공이라는 것인데, 중국에서도 범려와 서시를 다룬 시가 수많이 써졌지만 이와 같은 착상을 한 시는 없었다.

서시와 관련하여 '동시효빈(東施效矉)'이라는 사자성어가 만들어졌다. '효빈'은 '찡그림을 본받는다'는 뜻으로, 동쪽 마을에 사는 못

생긴 여자 동시가 서쪽 마을의 미인 서시의 찡그림을 본받아 자기도 찡그린다는 것이다. 서시는 평소 가슴앓이로 인해 얼굴을 찡그렸는데 동시가 그걸 따라한다는 뜻으로 동시효빈은 '무턱대고 남을 모방한다'는 의미로 쓰인다. 서시는 원래 아름다워 찡그리는 것도 예뻤지만 동시의 찡그림은 결코 예쁘지 않은 것이다. 『장자』에 나오는 이 우화는 자신의 본분을 망각하고 무턱대고 남을 모방하려는 태도에 대한 경계이다.

중국 서법의 성지, 난정

절강성의 소흥(紹興)은 크고 화려한 도시는 아니지만 중국의 인문 정신을 살피는 데에는 보석 같은 도시이다. 수 천 년의 역사가 축적된 이 도시에는 수많은 유적들이 산재해 있다. 그중에서 빼놓을 수 없는 유적이 난정(蘭亭)이다.

소흥 근교의 난정은 왕희지의「난정집서」로 유명한 중국 서법(書法)의 성지이다. 왕희지는 소년 시절에 남경에 살다가 13, 4세경에 가족을 따라 이곳으로 이거해서 48세경에는 우군장군(右軍將軍), 회계내사(會稽內史)에 임명되어 소흥을 맡아 다스리게 되었다. 회계는 소흥의 옛 이름이다. 그는 회계로 부임한 이듬해(353년)에 난정계회(蘭亭禊會)를 개최하여 저 유명한「난정집서」를 썼다.

아지비정(鵞池碑亭), 난정비정(蘭亭碑亭) 그리고 곡수유상(曲水流觴)

난정 대문을 들어서면 '아지비(鵞池碑)'가 보인다. '鵞' 자는 왕희지의 글씨이고 '池' 자는 아들 왕헌지(王獻之)의 글씨라고 한다. 전하는 말에 의하면 왕희지가 '鵞' 자를 써놓았는데 조정의 칙사가 왔다는 전갈을 받고 급히 떠난 후 아들이 '池' 자를 이어 썼다는 것이다. 그래서 이 비석을 부자비(父子碑)라 부른다.

좀 더 들어가면 蘭亭 두 글자를 새긴 '난정비정(蘭亭碑亭)'이 나타난다. 이 비석은 강희 황제의 친필인데 문화대혁명 때 홍위병들에 의해 네 토막으로 깨어진 것을 다시 복원한 것이다. 그러나 손상이 심해서 '蘭' 자의 아랫부분과 '亭' 자의 윗부분이 결손되어 어색해 보인다.

난정비정 오른쪽에 '곡수유상처(曲水流觴處)'가 있다. 곡수유상이란 '꼬불꼬불한 물길에 술잔을 띄운다'는 뜻인데, 여기가 왕희지를 비롯한 42명의 인사들이 함께 계회를 열었던 곳이다. 우리나라 경주의 포석정과 비슷한 구조물이다. 이 모임은 옛날부터 내려온 풍속으로 매년 3월 3일 물가에 모여 몸의 때를 씻고 액운을 물리쳐 달라는 소원을 비는 행사이다. '之' 자 모양의 물길 양쪽에 사람들이 앉아 있고 위에서 술을 채운 술잔을 띄우는데 이 술잔이 자기 앞에 이르면 술잔의 술을 마시고 즉석에서 시를 지어야 한다. 만일 시를 짓지 못하면 벌주를 마시게 되어 있다.

이날 모인 42명 중에서 왕희지, 사안(謝安), 손작(孫綽)을 비롯한 11인이 시 2수씩 지었고 15인이 1수씩 지었으며 나머지 16인은 시를 짓지 못해 큰 사발로 벌주 3잔씩 마셨다고 한다. 이렇게 해서 모인 37수의 시를 묶어 책으로 만들고 왕희지가 즉석에서 서문을 썼는데 이것이 '천하 제일행서(天下第一行書)'라 불리는 28행 324자의「난정집서」이다. 지금도 음력 3월 3일을 '중국 난정 서법절'로 정해서 매년 국내외의 인사들이 모여 당시 왕희지가 주관했던 곡수유상을 재현하며 술을 마시고 시를 짓는다고 한다.

강희와 건륭의 친필이 새겨진 어비정(御碑亭)

곡수유상처 바로 앞에 '유상정(流觴亭)'이 있고 그 뒤에 '어비정(御碑亭)'이 있다. 높이 6.86m, 넓이 2.64㎡의 대형 비석의 앞면에는 강희 황제의 친필「난정집서」전문이 새겨져 있고 뒷면에는 강희의 손자 건륭황제의 자작시「난정즉사(蘭亭卽事)」가 역시 건륭의 친필로 새겨져 있다. 제왕의 기상이 서려 있다는 평을 받는 이 비석을 후인들은 '조손비(祖孫碑)'라 부른다.

어비정은 1693년에 건립되었는데 1956년 태풍으로 훼손된 것을 1983년에 다시 중건했다. 그러나 이 과정에서 비석 자체는 손상되지 않고 그대로 보존되었다. 특히 문화대혁명 기간에 홍위병에 의해 파괴되지 않은 데에는 이런 이야기가 전한다. 문화대혁명이 일어난 지 얼마 되지 않은 시기에 난정은 당시 유행했던 전염병 임시 방역소(防疫所)로 지정되어 의료진들이 진주해 있었다. 틀림없이 홍위병들이 비석을 파괴하러 올 것이라 예상한 의료진들은 비석을 보호하기 위해서 한 가지 꾀를 고안해내었다. 비석 전체에 석회를 칠하고 앞면에는 붉은색으로 모택동의 시「송온신(送瘟神)」을 쓰고 뒷면에는 모택동 어록에 있는 "절대로 계급투쟁을 잊어서는 안 된다(千萬不要忘記階級鬪爭)"는 구절을 써놓았다. 이를 본 홍위병들이 감히 비석에 접근하지 못했다고 한다.

열여덟 개의 항아리와 태자비(太子碑)

어비정 옆에 '태(太)' 자가 쓰인 비석이 서 있고 그 주위에 낯선 조형물이 설치되어 있다. 돌로 만든 열여덟 개의 항아리와 각각의 항아리 앞에 대리석 판이 하나씩 놓여 있는데 이것은 왕희지의 아들 왕헌지를 기념하기 위한 조형물이다. 왕헌지가 어렸을 때 글씨를 연습한 고사가 많은데 그중 이런 얘기가 전한다. 어느 날 왕헌지는 아버지에게 물었다. "글씨를 잘 쓰는 비결이 무엇입니까?" 왕희지는 마당에 있는 열여덟 개의 항아리를 가리키면서 말했다. "저 항아리 속의 물을 다 써서 연습하고 나면 그 비결을 알 수 있을 것이다." 이에 왕헌지는 항아리의 물로 먹을 갈아 연습을 했는데 세 개 항아리의 물을 소비한 후 '이쯤 하면 되었겠지'라는 교만한 마음이 생겨 몇 글자를 써서 아버지에게 보여드렸다. 이를 본 왕희지는 글자 중에서 '大' 자를 골라 점 하나를 찍어 '太' 자로 만들고는 이렇게 말했다. "너의 어머니에게 보여드려라." 이를 본 어머니의 반응은 어땠을까. "우리 아들이 세 개 항아리의 물을 써서 연습을 하더니 오직 점 하나만 아버지를 닮았구나." 이 말을 들은 왕헌지는 크게 뉘우치고 열여덟 개 항아리의 물이 다하도록 연습하여 후일 대성했다고 한다. 그래서 사람들은 왕희지를 '서성(書聖, 글씨의 성인)'이라 부르고 왕헌지를 '소서성(小書聖)'이라 부른다.

「난정집서」의 기구한 유랑

「난정집서」는 왕희지 자신도 가장 아끼던 작품으로 그의 사후에는 왕씨 집안의 보물로 전해지다가 7대손 지영(智永) 스님에 이르렀다. 지영 스님은 작고하기 전 이 보물을 제자인 변재(辨才) 스님에게 전했다. 당시 80여 세가 된 변재 스님도 글씨를 좋아해서 「난정집서」를 밤에만 몰래 꺼내어 임모하고는 대들보 속에 깊이 감추어 두었다.

한편 당태종 이세민(李世民)이 왕희지의 글씨를 무척 좋아해서 널리 그의 작품을 수집했는데 「난정서」를 입수하지 못하여 애를 태우고 있었다. 진본을 변재가 소장하고 있다는 것을 알고 여러 번 그를 불러 「난정서」를 보여줄 것을 요구했으나 그는 전란 통에 없어졌다고 둘러대었다.

그 후 당태종의 마음을 읽은 신하 소익(蕭翼)이 교묘한 방법으로 변재 스님에게 접근하여 몰래 훔쳐내는 데에 성공했다. 「난정집서」가 도둑맞은 사실을 안 변재는 혼절했다가 가까스로 깨어났는데 몇 개월 후 당태종은 변재에게 곡식 3,000석과 비단 3,000필을 내렸으나 그는 이것으로 3층탑을 건조하고 일 년 후에 세상을 떠났다고 한다.

태종이 죽은 후 그 아들 고종은 부친의 무덤인 소릉(昭陵)에 「난정집서」를 함께 순장했다는 이야기가 전한다. 이때 「난정집서」뿐만 아니라 태종이 가지고 있던 왕희지의 글을 모두 순장했다는 설도 있다. 그래서 현전하는 왕희지의 글씨는 진품이 하나도 없다는 설이 생겼다. 또 어떤 설에는 저명한 서법가 저수량(褚遂良)의 건의에 의해 순장했다고도 한다.

그러나 「난정서」를 둘러싼 괴담은 여기서 그치지 않는다. 당나라 말 오대(五代) 때 소릉이 후량(後梁)의 절도사 온도(溫韜)에 의해서 도굴당하여 다시 세상에 나왔다고도 하고, 고종이 자신의 무덤인 건릉에 묻었다는 이야기도 있다. 근래의 곽말약(郭沫若)은 색다른 주장을 했다. 여러 정황으로 봐서 진대(晉代)에는 모든 글을 예서(隸書)체로 썼는데 유독 「난정집서」만 해행(楷行)체로 썼을 리 없다고 하여 후대에 전하는 것은 모두 위작이라는 것이다. 더 나아가 그는 글씨뿐만 아니라 서문의 문장도 왕희지가 지은 것이 아니라고 했다. 그는 이것이 왕희지의 후손 지영(智永)의 소행이라고 추측했다.

이 밖에도 난정에는 왕희지의 사당인 '왕우군사(王右軍祠)'가 있고 '난정서법박물관' 등이 있어 다양한 볼거리를 제공하고 있다.

이백, 백거이, 소식의 자취를 간직한 여산

중국 강서성의 장강 남쪽에 위치한 여산(廬山)은 빼어난 경관으로 해서 자고로 수많은 문인 학자들이 드나든 명산이다. 동진(東晋) 이래 청대까지 약 500 여명 의 인사들이 이 산을 유람하고 4,000여 편의 시문을 남겼다고 한다. 최고봉인 한양봉은 1,473m로 그리 높지는 않지만 1996년 유네스코 세계자연유산 및 2004년 유네스코 지질공원으로 지정될 만큼 유명한 산이며 또 풍부한 인문학적 유산을 간직하고 있다. 이 중 몇 가지만 소개하기로 한다.

소동파의 '여산진면목(廬山眞面目)'

여산 서북쪽 기슭에 있는 서림사(西林寺)에는 북송의 문호 소동파의 유명한 시비(詩碑)가 있다. 소동파는 왕안석(王安石)과의 정치 투쟁에서 패배하고 황주로 좌천되어 사실상 6년간의 귀양살이를 마치고 다시 여주(汝州)의 단련 부사로 부임하는 도중 여산에 들러 약 10일간 머문 적이 있는데 이때 그는 서림사에서「서림사 벽에 쓰다」라는 시를 남겼다.

횡(橫)으로 보면 영(嶺)이 되고 측(側)으로 보면 봉(峰)이 되어
멀고 가까움, 높고 낮음이 각기 같지 않은데

여산의 진면목을 알지 못함은
몸이 다만 이 산중에 있기 때문일 터

橫看成嶺側成峰　遠近高低各不同
不識廬山眞面目　只緣身在此山中

　좌우로 높고 길게 늘어서 있는 것을 '영(嶺)'이라 하고, 수직으로 높게 솟아 있는 것을 '봉(峰)'이라 한다. 그러므로 여산은 보는 각도에 따라 영이 되기도 하고 봉이 되기도 한다는 말이다. 또한 여산의 높고 낮은 봉우리들이 혹은 멀리, 혹은 가까이 있기도 하다고 말함으로써 여산의 모습이 웅장하고 다양하다는 것을 표현하고 있다. 이렇게 여산의 여러 모습을 제시해놓고도 "여산의 진면목을 알지 못한다"고 한 것은 자신이 여산 안에 있기 때문이다.
　이 시는 단순한 서경시가 아니고 심오한 내용을 담은 철리시(哲理詩)라는 평가를 받는다. 그래서 여산을 노래한 수많은 시들 중에서도 단연 압권으로 꼽혀 여산시의 총결이라는 것이 후대인들의 일치된 견해이다. 이 시로부터 유래된 성어(成語) '여산 진면목'은 '여산의 참모습'이란 뜻인데 '사물의 진정한 모습' 또는 '사물의 진정한 모습은 쉽게 파악하기 어렵다'는 것을 비유하는 용어로 쓰인다. 지금 서림사 경내에는 이 시를 새긴 시비가 서있다.

'호계삼소(虎溪三笑)'의 현장, 동림사

　서림사 동쪽에 있는 동림사는 동진의 명승 혜원대사(慧遠大師)가 창건한 유서 깊은 사찰이다. 혜원대사는 이 사찰에서 84로 입적할 때까지 30년간 절 밖으로 나가지 않고 수행에 정진했다고 한다. 당시 동림사 앞으로 시냇물이 흐르고 있었는데 혜원이 손님을 배웅하려고 이 시내를 건너면 뒷산의 호랑이가 울었다고 한다. 사찰 밖으로 나가지 말라는 경고이다. 그래서 '호계'라는 이름이 붙여졌다.

혜원이 도연명과 육수정(陸修靜)의 방문을 받은 어느 날, 이들을 배웅하다가 고상한 담론에 취한 나머지 자신도 모르게 호계를 넘어 버렸다. 그러자 뒷산의 호랑이가 울었고 세 사람은 서로 바라보며 크게 웃었다. 이로부터 '호계 삼소'라는 성어가 생겨났는데 '호계에서 세 사람이 웃었다'는 뜻이다. 혜원은 승려이고 도연명은 유학자이고 육수정은 도사(道士)이다. 그러므로 이 고사는 이 시기 유, 불, 도 삼교의 융합을 암시하는 하나의 사례라 하겠다. 동림사는 혜원이 열여덟 명의 인사들과 함께 '백련결사(白蓮結社)'를 결성한 곳으로도 유명하다.

'비류직하 삼천 척(飛流直下三千尺)', 이백 시 「망여산폭포」

'여산의 아름다움은 산 남쪽에 있고, 산 남쪽의 아름다움은 수봉(秀峰)을 꼽는다'는 말이 있다. '수봉'은 특정한 봉우리 이름이 아니고, 여산 남쪽의 여러 봉우리들을 총칭하는 말인데 이 봉우리들의 경치가 '빼어나다[秀]'고 해서 붙여진 명칭이다. 이 중에서 유명한 것이 이백의 시로 인해 널리 알려진 여산 폭포이다. 이 폭포의 정식 명칭은 수봉 폭포 또는 개선폭포(開先瀑布)지만 이백은 그냥 여산 폭포라 불렀다. 그는 26세 때 처음 여산을 방문하여 이 폭포를 보고 저 유명한 시 「망여산폭포(望廬山瀑布)」를 지었다.

향로봉에 해 비쳐 붉은 안개 이는데
저 멀리 폭포가 앞 내인 양 걸려 있네

삼천 척을 곧장 날아 아래로 떨어지니
은하수가 하늘에서 떨어진 게 아닌지

日照香爐生紫烟　遙看瀑布挂前川
飛流直下三千尺　疑是銀河落九天

　　이백 시 특유의 과장법이 유감없이 드러난 작품이다. '삼천 척'을 환산하면 990m가 되는데 실제로 길이를 재어볼 수는 없었지만 위에서 아래쪽의 웅덩이까지 족히 수백 미터는 되어 보였다. 이백은 일생에 3번 여산을 찾았는데 26세에 처음 방문한 이래 56세에는 부인과 함께 와서 초당을 짓고 이곳에서 여생을 보내려고 했으나 뜻을 이루지 못했고 죽기 2년 전에 다시 여산을 찾았다. 그만큼 그는 여산을 사랑하여 수많은 시를 남겼다.
　　폭포를 보기 위해서는 리프트를 타는 것이 가장 좋은데 편도에만 35분가량이 소요된다. 리프트 위에서 보이는 주위 경관이 볼만하고 또 중간에 내려 칼을 찬 이백 소상 옆에서 폭포를 배경으로 사진도 찍을 수 있다. 종점에서 내려 약 10분간 걸어 올라가면 폭포를 근접거리에서 볼 수 있는 관폭정(觀瀑亭)에 이를 수 있다.

백거이(白居易)의 시 「대림사 도화(大林寺桃花)」

　　당나라 시인 백거이는 이곳 강주(江州)에 좌천되어 사실상의 유배 생활을 하며 여기서 불후의 명작인 「비파행(琵琶行)」을 지었다.

강주는 지금의 구강시(九江市)이다. 한편 그는 근처에 있는 여산에 자주 올라 울적한 심정을 달랬는데, 여산의 빼어난 경관에 매료되어 그곳에 초당을 짓고 여생을 보낼 계획을 세우기도 했다. 한 번은 친구들과 여산을 유람하고 산 중턱에 있는 대림사에 숙박하면서 이런 시를 지었다.

　　인간 세상 사월엔 꽃들 모두 졌는데
　　산사(山寺)의 복사꽃은 이제 막 한창일세

　　가버린 봄, 찾을 길 없어 늘 한스러웠는데
　　이곳으로 옮겨 온 줄 모르고 있었네

　　人間四月芳菲盡　山寺桃花始盛開
　　長恨春歸無覓處　不知轉入此中來

　봄은 온갖 꽃이 피어나는 찬란한 계절이다. 그러나 이 아름다운 봄은 우리 곁에 오래 머물지 않는다. 그래서 봄의 끝자락엔 늘 아쉬움이 남는다. 이와 같이 화려하게 왔다가 너무나 빨리 가버리는 봄에 대한 아쉬움을 노래한 시가 많지만 이 중에서 백거이의 시가 단연 으뜸으로 꼽힌다.
　그가 대림사를 찾은 것은 4월 9일인데 그때 산 밑의 "인간 세상"에는 봄이 가버리고 꽃들은 모두 지고 없었다. 그런데 대림사 뜰에는 봄의 상징인 복사꽃이 활짝 피어있는 것이 아닌가! 가버린 봄을 아쉬워하고 있던 그가 너무나 반가운 나머지 이 시를 쓴 것이다 "가버린 봄"이 "이곳으로 옮겨온 줄 모르고 있었다"고 말함으로써 억지로라도 봄을 붙잡아 두고 싶은 심경을 표현한 것이다.

지금 대림사는 없어졌지만 이 시는 바위에 새겨져 이곳을 찾는 사람들을 맞이하고 있다. 뿐만 아니라 이 일대를 '화경공원(花徑公園)'으로 조성하고 백거이 초당도 복원해 놓았다. '화경'은 '꽃길'이란 뜻이다. 초당 앞에 새워진 백거이 소상(塑像)도 볼만하다.

여산은 산 자체만으로도 빼어난 경관을 자랑하는 산이지만 소동파와 이백과 백거이의 시가 없었다면 그냥 '아름다운 산'으로만 남았을 터이나 이들의 시로 인하여 더욱 풍부한 인문학적 함의를 지니게 되었다.

시선(詩仙) 이백의 자취를 찾아서

중국 역사에서 시문학을 가장 화려하게 꽃피웠던 시기는 당나라였다. 당나라는 초당, 성당, 중당, 만당의 4시기로 구분되는데 이 중에서 성당(盛唐)의 시를 가장 높이 평가한다. 이 성당의 시를 대표하는 시인이 이백, 두보, 왕유이다. 왕유(王維)는 독실한 불교 신자였기 때문에 '시불(詩佛)'로 불리고, 유학을 신봉한 두보(杜甫)는 '시성(詩聖)'으로 불렸으며, 만년에 도교 쪽으로 기운 이백(李白)을 사람들은 '시선(詩仙)'이라 불렀다.

이백은 중국 천지를 유람했기 때문에 곳곳에 자취가 남아 있지만 그에 관한 유적이 가장 많이 남아있는 곳이 안휘성(安徽省)이다. 그가 가장 존경했던 시인 사조(謝朓, 464~499)가 안휘성의 선성(宣城)에 좌천되어 벼슬살이를 했으며 선성 북쪽 당도(當塗)의 청산(靑山)에 별장을 짓고 자주 왔었기 때문에 이백은 이 일대를 자주 찾았다. 이백 자신도 당도에서 마지막 숨을 거두었고 그의 무덤도 그곳에 있다.

이백의 기상과 패기

안휘성 마안산시(馬鞍山市)의 채석기(采石磯)에 이백 기념관이 있다. 기념관의 주 건물은 태백루(太白樓)인데 원래의 명칭은 적선루(謫仙樓)였다. '적선'은 '귀양온 신선'이란 뜻이다. 전하는 말에 의하면 이백이 30세 때 처음 장안에 와서 원로대신 하지장(賀知章)에게 자신이 쓴 시 「촉도난(蜀道難)」을 보여주자 감탄한 나머지 "이 사람은 이 세상에 귀양 온 신선이다"라고 말한 데에서 붙여진 이백의 별칭이다.

기념관에는 이백과 관련된 여러 가지 전시물이 있다. 남목(枏木)으로 만든 이백상(李白像)을 비롯하여 그의 일생을 요약한 기록, 그가 쓴 시들, 후대인들의 그림, 이백의 친필이라고 전하는 글씨 등을 다채롭게 전시하고 있다. 또한 모택동이 쓴 이백의 시 「장진주(將進酒)」를 새긴 거대한 대리석 시벽(詩壁)이 있고 그 앞에는 42세 때 첫 벼슬을 받고 장안으로 떠나며 가족들과 이별하는 장면을 주제로 한 동상도 만들어 놓았다. 24세에 고향인 촉(蜀)을 떠나 청운의 뜻을 품고 중원으로 나온 지 18년 만에 첫 벼슬을 한 것이다. 그리고 이것이 그의 처음이자 마지막 벼슬이었다.

기념관의 전시물 중에서 재미있는 것은 이백, 고역사(高力士), 양국충(楊國忠) 등의 밀랍 인형이다. 이 밀랍 인형이 만들어진 배경은 이렇다. 이백이 장안에서 한림대조(翰林待詔)란 조그마한 벼슬을 하고 있던 어느 날 서역의 토번국(吐蕃國, 지금의 티베트)으로부터 사신이 왔다. 토번국은 주변의 나라들 중에서 가장 강한 나라로 당나라를 끊임없이 괴롭히고 있었는데 사신이 가지고 온 국왕의 친서가 티베트어로 되어 있어 아무도 읽을 수가 없었다. 이백이면 읽을 수 있겠다 싶어 급히 불려간 그가 내용을 보니 당나라 영토의 일부를 토번에 할양하고 매년 미녀와 금은보화를 바치라는 터무니없는 요구가 적혀 있었다.

그는 일단 황제를 안심시키고 먼저 술을 달라고 요청했다. 거나하게 취한 이백은 답서(答書)를 쓰기 전에 고역사로 하여금 신발을 벗기게 했다. 고역사는 환관으로 당시 황제 못지않은 권력을 휘두르던 자인데 사태가 급한지라 황제는 이백의 요청을 들어주었다. 고역사로선 일생일대의 치욕이었다. 간신히 신발을 벗은 이백은 또 양국충으로 하여금 먹을 갈게 했다. 양국충 또한 양귀비의 사촌 오빠로 무소불위의 권력자였지만 황제의 명령에 의하여 먹을 갈지 않을 수 없었다. 이백은 당시 국정을 농단하고 있던 두 사람을 공개적으로 조롱한 것이다. 신발을 벗긴 고역사를 향해 "고 장군, 나는 하늘에서 귀양 온 신선이요. 당신이 내 신발을 벗겼으니 당신의 두 손에 신선의 기운이 가득 묻어 있을 터, 장차 부귀영화를 누릴 것이오"라 하여 고역사를 놀리기도 했다.

이 장면을 밀랍 인형으로 재현해 놓은 것이다. 이 이야기는 상당 부분 후인들이 지어내었을 터이지만 이백의 기상을 잘 보여주는 사건임에 틀림없다. 이백은 두 사람을 마음껏 조롱했으나 이 사건으로 인하여 고역사, 양국충의 모함을 받아 2년 남짓한 벼슬살이를 접고 정처 없는 방랑의 길에 올랐다.

달을 잡으려 강에 뛰어들다

이백 기념관 뒷산이 취라산(翠螺山)인데 여기에도 이백의 유적이 많다. 우선 기념관에서 산 쪽으로 올라가면 곧 연벽대(連璧臺)가 나타난다. 착월대(捉月臺)라고도 하는 연벽대는 커다란 바위인데 이백이 여기서 강 속에 비친 달을 잡으려고 뛰어내려 죽었다는 곳이다. 물론 이것은 사실이 아니다. 이백은 장안에서 쫓겨난 후 실의(失意)의 나날을 보내다가 죽기 1년 전에 마안산시 남쪽의 당도(當塗)를 찾았다. 그가 만년에 이곳을 찾은 것은, 당시 당도의 현령(縣令)으로 있던 종숙(從叔) 이양빙(李陽冰)에게 고단한 몸을 의탁하려는 의도도 있었지만 일생 동안 존경해 마지않던 사조의 숨결이 서린 이곳에서 생을 마감하고 싶어서였다. 그는 이곳에서 병사했는데 사인은 '부협질(腐脇疾)'로 알려져 있다. 부협질은 폐와 옆구리 사이에 고름이 쌓이고 바깥쪽으로 썩어가서 구멍이 생기는 병이다.

이렇게 병사한 이백을 둘러싸고 후에 '달을 잡으려 물에 뛰어들었다'는 전설이 만들어진 것이다. 너무나 달을 사랑했던 시인 이백에 걸맞은 전설이다. 전설은 여기서 끝나지 않고, 물에 빠진 이백을 강 속의 고래가 등에 태우고 하늘로 올라갔다는 이야기까지 보태어졌다. 원래 이 세상에 귀양 온 신선이었으니 고래를 타고 다시 하늘로 올라가 원래의 모습대로 신선이 되었을 법도 하다. 이런저런 전설이 만들어진 것은, 천재적인 시인 이백의 허망한 죽음을 사실로 받아들이고 싶지 않은 후대인들이 만들어낸 신화일 것이다.

연벽대는 채석기의 장강(長江) 변에 있는데 지금 연벽대에서 내려다보이는 장강은 그리 맑지가 않다. 달이 뜬 밤에 연벽대에 서보지는 않았지만 아마 달이 떴더라도 물속에 달이 비치지는 않을 것이란 생각이 든다. 그만큼 장강 즉 양자강의 물이 흐리기 때문에 이백이 오늘날 살아있다면 달을 잡으려 뛰어들지는 않을 것이다.

이백의 의관총(衣冠塚)

이백의 신화가 만들어낸 또 하나의 조형물이 취라산 중턱에 있는 이백의 의관총이다. 의관총이란 이백의 옷을 묻었다는 무덤이다. 이백의 무덤은 앞에서 언급한 대로 당도의 청산에 있는데 이곳엔 그의 옷만 묻었다는 것이다. 지금의 의관총은 다른 곳에 있던 것을 1972년에 이곳으로 이장했다고 한다. 무덤 앞에는 '당시인이백의관총(唐詩人李白衣冠塚)'이라 쓰여 있다.

그리고 의관총에서 좀 떨어진 아래쪽에 1987년에 만들어진 높이 3.7m의 이백 비천상(飛天像)이 있다. 도포 자락을 휘날리며 두 팔을 위로 벌리고 날아오르는 모습인데, 마치 하늘로 날아오르는 형상 같기도 하고 달을 잡으려 물속으로 뛰어드는 형상 같기도 하다. 현대적 감각을 살리면서도 이백의 특징을 잘 나타낸 작품이다. 이 비천상의 기단에는 이백이 마지막으로 쓴 시「대붕가(大鵬歌)」가 새겨져 있다.

청산(青山) 이백 묘

당도에 있는 청산(青山) 이백 묘원은 현재 '이백 문화원'이라는 이름으로 개방되고 있다. 이백 묘는 원래 채석기 근처의 용산(龍山)에 있던 것을 817 이곳으로 옮긴 이래 13차례의 중수를 거쳤고 지금의 묘는 1979년에 마지막으로 중수한 것이다. 재미있는 것은, 묘 앞 '당명현이태백지묘(唐名賢李太白之墓)'라 쓰인 비석 위에 지붕 모양의 덮개가 있고 그 위에 만들어 놓은 엽전 모양의 조형물이다. 이 조형물은 '저세상에서는 이 돈으로 좋아하는 술을 마음껏 사먹고 더욱 좋은 시를 쓰라는' 당도 인민들의 염원이 담긴 것이라 한다.

여기에는 '거배요월상(擧杯邀月像: 술잔을 들어 달을 맞이하다)'이란 이름의 이백의 소상(塑像)이 우리를 맞이한다. 그리고 이백의 시 100수를 오석(烏石)에 새겨 전시하고 있는 태백비림(太白碑林)도 볼만하다. 또 여기에는 이백의 사당인 태백사(太白祠)도 있다. 이밖에도 청련서원(青蓮書院), 십영정(十咏亭) 등 이백과 관련된 유적이 많다.

세계 문화유산 명 효릉

육조고도(六朝古都) 남경

　강소성의 성도인 남경(南京)은 오(吳), 동진(東晉), 송(宋), 제(齊), 양(梁), 진(陳)의 여섯 왕조가 도읍한 곳이라 하여 '육조고도(六朝古都)'라 불린다. 이후에도 1368년에 주원장이 명나라를 건국한 후 이곳을 도읍지로 정했고, 1853년에는 홍수전(洪秀全)의 태평천국군이 남경을 점령한 후 도읍지로 정하고 천경(天京)으로 개칭했다. 1911년의 신해혁명으로 청조(淸朝)를 무너뜨리고 중화민국 임시정부가 성립된 곳도 남경이며, 1927년에 장개석의 국민당 정부가 도읍을 정한 곳도 남경이다. 이렇게 보면 남경은 '육조고도'가 아니라 '십조고도(十朝古都)'가 되는 셈이다.

　남경이 역대 왕조의 도읍지가 된 것은 여러 가지 지정학적 여건이 뛰어나기 때문이다. 이곳은 자고로 왕기(王氣)가 서린 곳이라 하여 예부터 중시되어 일찍이 제갈량(諸葛亮)도 남경을 '제왕의 집'이라 말한 바 있다. 손문(孫文)도 남경을 두고 "이곳은 높은 산이 있고 깊은 강이 있으며 넓은 들이 있다. 이 세 가지 자연조건이 한곳에 모여 있으니 세계의 대도시 중에서 진실로 이렇게 좋은 곳은 찾기 어렵다"라 평가했다.

명나라 개국 황제 주원장(朱元璋)

육조고도 남경에서 가장 유명한 곳이 명태조 주원장의 묘 효릉(孝陵)이다. 주원장은 가난한 농민의 아들로 태어나 어린 시절을 불우하게 보냈다. 한때는 호구지책으로 황각사(皇覺寺)에서 중노릇까지 하다가 반원(反元) 지도자 곽자흥(郭子興)이 이끄는 홍건군(紅巾軍)에 들어가서 탁월한 군사 전략가로서의 자질을 인정받아 곽자흥이 죽은 후에는 실질적인 영도자가 되었다.

당시는 원나라 말기여서 각지에서 반란군이 일어났는데 이 반란군의 우두머리 중에서 주원장, 진우량(陳友諒), 장사성(張士誠)이 가장 강력한 세력을 형성하고 있었다. 주원장은 주위에 우수한 보좌진을 규합하고 강력한 라이벌인 진우량, 장사성을 차례로 격파하고 1368년 1월 4일에 명나라 황제에 등극했다.

그는 1381년부터 남경의 자금산(紫金山) 남쪽에 자신의 묘역을 조성하기 시작했는데 그 이듬해에 마황후(馬皇后)가 죽자 먼저 이곳에 매장하고 마황후에게 '효자(孝慈)'라는 시호를 내리는 한편, 능을 효릉(孝陵)이라 명명했다. 1383년에 능의 중심 건물이 완성되었는데 그가 직접 지휘한 이 공사에 10만 명의 인원이 동원되었다고 한다. 그리고 주원장은 1398년 자신이 조성한 무덤에서 영원히 잠들었다. 그때 비빈과 궁녀 40여 명이 함께 순장되었다는 말이 전하기도 한다.

넓은 묘역에는 당시에 소나무 10만 그루를 심고 사슴 1천 마리를 방사했으며 5천여 군사가 밤낮으로 순찰하며 호위했다고 한다. 주원장이 죽은 후에도 부속건물 등이 계속 조성되어 1413년 3대 황제인 영락제(永樂帝)가 성덕비(聖德碑)를 세움으로써 공사가 끝났으니 착공한 지 32년 만에 완공된 것이다. 효릉은 2003년에 유네스코 세계문화유산으로 지정되었다.

신도(神道)의 석상(石像)들

입구의 하마방(下馬坊)으로부터 대금문(大金門), 비루(碑樓), 신도(神道), 문무방문(文武方門)을 지나 대석교(大石橋)를 건너면 효릉의 마지막 건물 방성(方城)이 나온다. 방성은 두께가 31m나 되는 견고한 성인데 이 성에 나있는 터널 같은 통로를 뚫고 올라가면 주원장과 마황후의 무덤이 나온다. 무덤은 직경 400m, 둘레 1,000m, 높이 7m의 담장으로 둘러싸여 있는데 이를 보성(寶城)이라 한다. 옛날엔 일반인의 출입이 엄격히 통제된 성역이었으나 유네스코 세계문화유산으로 등록된 후에는 유람객들의 편의를 위해서 무덤으로 올라가는 계단을 만들어 놓았다.

보성 정면에 "이 산은 명태조의 묘이다(此山明太祖之墓)"라는 글자가 새겨져 있는데 이 일곱 글자가 새겨진 연유는 이렇다. '주원장이 정말 이곳에 묻혔을까?'라는 의문이 이전부터 제기되어 왔다. 민간 전설에 의하면 주원장의 장례식 날 남경성의 13개 성문에서 동시에 관이 운구되었다고 한다. 백성들의 눈을 속이기 위함이었다. 그래서 주원장의 시신은 남경의 조천궁(朝天宮)에 안장되었다는 설도 있고, 명나라가 북경에 천도한 후 북경 근교의 만세산(萬歲山)에 이장했다는 설도 있고, 평소 의심이 많았던 주원장이 도굴을 염려하여 효릉에 가짜 무덤을 만들었다는 설도 있었다. 그러나 막대한 비용을 들여 거국적으로 조성한 묘역이 가짜일 수 없다고 생각한 후대의 어떤 사람이 이곳이 진짜 주원장의 묘임을 알리기 위하여 이 일곱 글자를 새겼다는 것이다.

효릉에서 가장 볼만한 것이 600여 미터에 걸친 신도 양쪽에 설치해 놓은 동물 석상(石像)이다. 여기에는 사자, 해태, 낙타, 코끼리, 기린, 말의 석상이 각각 네 개씩 놓여 있는데 두 마리씩 마주보고 있다. 특이한 것은 네 마리의 석상 중 두 마리는 서있고 두 마리는 앉아있다. 이들 동물 석상의 크기는 각기 다른데 제일 큰 코끼리 석상은 높이 3.47m, 길이 4.21m, 무게가 80톤에 달한다고 한다. 명나라를 건국한 제왕의 권위를 과시하기 위한 건조물이다. 동물 석상이 끝나는 곳에서 오른쪽으로 꺾인 신도에는 문신과 무장의 석상이 이어진다. 이 문무 석상의 특이한 점은 문신과 무장 모두 반은 수염이 있고 반은 수염이 없다는 것이다. 아마 수염의 유무로 늙은이와 젊은이를 구분한 듯 보였다.

또 하나 볼만한 것은 '치룡당송비(治隆唐宋碑)'이다. 이것은 청나라 강희제(康熙帝)가 1699년 이곳을 참배하고 세운 비석으로 '치룡당송'은 '(명나라의) 치적이 당나라 송나라보다 더 융성했다'는 뜻이다. 강희제, 건륭제는 여러 차례 효릉을 참배했는데 만주족의 청나라가 한족을 무마하려는 통치술의 일환이었을 것이다. 실제로 강희제가 '치룡당송' 네 글자를 쓰면서 명나라를 높이 평가했을 때 수만 명의 주민들이 감격하여 눈물을 흘렸다고 한다. 이를 보면 강희제는 실로 노련한 통치자임에 틀림없다.

비운의 황태자 주표(朱標)가 묻힌 동릉(東陵)

효릉 동쪽에 동릉이 있는데 여기에는 주원장 일가의 기구한 사연이 얽혀 있다. 주원장은 일찍이 맏아들 주표(朱標)를 황태자로 봉하고 황제 수업을 시켰다. 주표는 어머니 마황후를 닮아 성품이 인자해서, 주원장이 황권을 공고히 하기 위하여 무자비한 살육을 저지를 때에도 어머니와 함께 이를 극력 만류했다고 한다. 그러나 그는 병약하여 황제에 즉위하지 못한 채 36세의 나이로 세상을 떠났다. 주원장은 그를 동릉에 장사지내고 의문태자(懿文太子)의 시호를 내렸다. 이어 주원장은 주표의 아들 주윤문(朱允炆)으로 하여금 뒤를 잇게 했으니 이가 제2대 황제인 건문제(建文帝)이다. 건문제는 즉위 후 부친 주표를 효강황제(孝康皇帝)로 추존하고 흥종(興宗)의 시호를 내렸다.

황제의 아들은 '왕(王)'이란 칭호를 받는다. 주원장은 생전에 여러 아들을 각지의 왕으로 봉하여 권력을 나누어 주었다. 그런데 건문제가 일부 신하들의 말을 듣고 이 삼촌들의 왕위를 삭탈해 버렸다. 이것이 화근이었다. 주원장의 넷째 아들인 연왕(燕王) 주체(朱棣)가 신변의 위험을 느끼고 반란을 일으켜 건문제를 축출하고 황위에 오르니 이가 곧 영락제(永樂帝)이다. 영락제는 효강제로 추존되었던 주표를 다시 의문 태자로 강등시키고 주표의 자손들을 모두 살육했다. 숙부가 조카를 축출한 것이 마치 우리나라의 세조가 단종을 몰아낸 형국과 비슷했다. 예나 지금이나 권력의 세계는 무자비한 것이다. 세조가 반인륜적인 행적에도 불구하고 그 나름의 업적을 남겼듯이 영락제도 여러 가지 치적을 통하여 명나라의 기틀을 다졌다는 점에서 두 사람은 닮은 점이 많다.

주표가 묻힌 동릉은 돌보는 이 없이 600년 이상을 거의 폐허가 되다시피 방치되다가 1999년 대대적인 발굴 조사를 통하여 지금과 같이 복원되어 효릉과 함께 세계문화유산으로 등재되었다.

비파정과 심양루

백거이(白居易) 「비파행(琵琶行)」의 산실

강서성(江西省) 구강시(九江市)에 있는 비파정(琵琶亭)은 당나라 시인 백거이의 명작「비파행(琵琶行)」을 기념하기 위해 세워진 정자이다. 「비파행」은 「장한가(長恨歌)」와 더불어 백거이의 대표작일 뿐만 아니라 중국 문학 최고의 걸작으로 꼽히는 장편 서사시이다.

중앙에서 벼슬살이를 하고 있던 백거이는 반대파의 모함으로 이곳 강주사마(江州司馬)로 좌천되어 사살상의 유배 생활을 하게 된다. 강주는 구강의 옛 이름이다. 「비파행」은 강주사마로 좌천된 이듬해에 쓴 작품으로 그 내용은 이렇다. 어느 가을 밤 그는 손님을 전송하기 위하여 강가로 왔다가 비파 타는 소리를 듣는다. 보통 솜씨가 아님을 알고 가까이 가보니 한 여인이 배 안에서 홀로 비파를 타고 있었다. 곡이 끝나자 여인의 기구한 사연을 청해 듣는다.

그녀는 본래 장안의 이름난 기생으로 화려한 한 시절을 보냈으나 늙어서 이곳의 한 상인에게 시집왔다. 부량(浮梁, 지금의 경덕진)으로 차(茶)를 사러 간 남편이 돌아오기를 기다리며 외로움을 달래기 위해 배 안에서 비파를 탄다는 사연이었다. 백거이는 그녀가 이곳에 좌천된 자신의 처지와 비슷하다는 생각이 들어 그녀를 위하여 이 시를 썼다고 한다.

이 시는 616자에 달하는 장편으로 서사(敍事)와 서정(抒情)이 조화를 이룬 걸작인데 특히 여인이 타는 비파 소리를 묘사한 구절은 백거이의 문학적 재능을 유감없이 보여준다. 그중 한 부분을 인용해 본다.

굵은 줄 소리는 소낙비 같고
가는 줄 작은 소린 속삼임 같아

큰 소리 작은 소리 섞어서 타니
큰 구슬 작은 구슬 옥쟁반에 떨어지네

꾀꼬리 노랫소리 꽃 아래서 매끄럽고
얼음 아래 샘물이 목매어 흐느끼네

얼음물 차가워 줄이 엉켜 끊어지니
끊어져 통하잖아 소리 잠시 멈추는데

깊은 시름 따로 있어 남모를 한(恨) 생겨나니
이때의 침묵이 소리보다 나은데

갑자기 은병 깨져 물이 쏟아 나오니
기마병 돌출하여 칼과 창이 울린다

大弦嘈嘈如急雨　小弦切切如私語
嘈嘈切切錯雜彈　大珠小珠落玉盤
間關鶯語花底滑　幽咽泉流冰下灘
冰泉冷澁弦凝絶　凝絶不通聲暫歇
別有幽愁暗恨生　此時無聲勝有聲
銀瓶乍破水漿迸　鐵騎突出刀槍鳴

절묘한 비유법을 사용하여 비파의 다양한 음색을 놀랍게 묘사해 놓았다. 특히 "큰 구슬 작은 구슬 옥 쟁반에 떨어지네"라는 구절은 상해에 있는 동방명주탑(東方明珠塔)을 설계하는 데 기본 모티프가 되었다고 한다. 실제로 동방명주탑의 외형은 위에서 아래로 떨어지는 크고 작은 구슬 모양의 조형물로 장식되어 있다.

비파정 입구에는 모택동이 쓴 「비파행」 전문이 커다란 바위에 새겨져 있다. 사회주의자인 모택동이 보기에 이 작품은 사회주의 리얼리즘과는 거리가 먼 시(詩)였을 것이고 또 그가 한가한 사람도 아니었을 터인데 이곳에까지 들러서 616자에 달하는 장편 시를 직접 붓으로 쓴 것이다. 일국의 지도자라면 이 정도의 인문학적 소양을 가져야 되지 않을까 하는 생각이 들었다. 안으로 들어가면 백거이의 소상과 비파정이 있다.

비파정은 당나라 때 세워졌으나 여러 번 파괴되고 중건되었다. 마지막으로 1853년 병란으로 파괴된 것을 1989년 중건해서 지금에 이른다. 현재의 비파정은 원래의 위치가 아닌 구강장강대교(九江長江大橋) 남단 부근에 있는데 주위 경관은 썩 좋은 편이 아니었다. 그러나 인문학에 관심이 있는 사람이라면 한 번쯤 둘러볼 만한 장소임에 틀림없다.

『수호지(水滸志)』 주인공 송강(宋江)의 무대

구강시에는 비파정 말고도 또 하나의 볼거리가 있으니 바로 심양루(潯陽樓)이다. 장강(長江) 변에 위치한 이곳은 경치가 좋아 예부터 명사들이 술과 차를 마시며 풍류를 즐기던 유흥의 장소였다. 그러나 지금은 『수호지』에 나오는 송강의 활동무대로 더 유명하다. 1989년에 중건된 현재의 심양루 역시 『수호지』와 송강을 주제로 내부가 설계되어 있다.

『수호지』의 송강 관련 내용은 이렇다. 송강은 장삼과 간통한 아내 염파석을 죽인 죄로 얼굴에 금인(金印)이 찍힌 채 강주(江州)로 유배된다. 이곳에서 그는 후일 양산박(梁山泊) 108호한(好漢)의 구성원이 되는 대종(戴宗)과 흑선풍(黑旋風) 이규(李逵)를 만난다. 양산박은 『수호지』에 나오는 108호한들의 본부가 있는 산채(山寨)로 지금의 산동성에 있다. 어느 날 송강은 혼자 심양루에서 술을 마시고 취한 나머지 다음과 같은 시를 벽에다 쓴다.

어려서 일찍이 경사(經史)를 읽었으며
장성하여 권모(權謀) 또한 가지게 되어

마치도 맹호가 거친 언덕에 엎드려
발톱, 이빨 감추며 참고 있는 형세인데

불행히 두 뺨에 금인이 찍혀
강주에 유배되니 이를 어이 견디랴

후일 만약 원수를 갚게 된다면
심양강 어귀를 피로 물들이리라

自幼曾攻經史　　長成亦有權謀
恰如猛虎臥荒丘　　潛伏爪牙忍受
不幸刺文双頰　　那堪配在江州
他年若得報冤仇　　血染潯陽江口

시를 써놓고 술을 몇 잔 더 마시고는 흥에 겨워 춤을 추다가 다시 붓을 들어 절구 한 수를 덧붙였다.

마음은 산동에 있으나 몸은 오(吳) 땅에 있어
강호를 떠돌며 부질없이 한숨짓네

후일 만약 높은 뜻을 이룰 수 있다면야
황소(黃巢)도 대장부 아님을 비웃어 주리라

心在山東身在吳　飄蓬江海謾嗟吁
他時若遂凌雲志　敢笑黃巢不丈夫

이것이 이른바 저 유명한 '반시(反詩)'로, 취중에 자신의 기개와 포부를 밝힌 것인데 은연중에 반역의 의지가 드러난 것이다. "심양강 어구를 피로 물들이리라" "황소도 대장부 아님을 비웃어 주리라" 등의 구절이 특히 그렇다. 황소는 당나라 말 반란군의 우두머리이다. 그는 한때 낙양을 점령하고 장안에 진입하여 희종(僖宗)을 몰아내고 황제의 자리에 오르기도 했을 만큼 그 세력이 대단했다. 그런 황소도 대장부가 아니라고 할 정도로 송강의 취흥이 거나했던 것이다.

그런데 이 시가 우연히 간교한 황문병(黃文炳)의 눈에 띄게 되고 그의 집요한 추궁으로 인하여 송강과 대종은 반역죄로 몰려 형장에 선다. 그러나 두 사람이 형장의 이슬로 사라질 마지막 순간에, 산채의 두령들과 흑선풍의 활약에 힘입어 탈출에 성공하고 후일 송강은 양산박의 수령이 된다.

심양루에서 눈에 띄는 것은 대형 도자기 작품이다. 1층 벽면에, "송강이 강주로 유배되다" "송강이 심양루에서 반시를 쓰다" "황문병

이 송강을 해칠 계획을 세우다" "양산박의 호걸들이 형장을 덮치다"라는 제목 밑에 각각 주제에 걸맞은 그림이 도자기 판에 그려져 있다. 이 모든 그림은 모두 경덕진(景德鎭)에서 제작되었다고 한다.

그리고 '충의당(忠義堂)'이라는 편액 밑에 도자기로 만든 108명의 호걸들의 조각상이 진열되어 있다. 그림이 아닌 도자기로 만든 조각품으로 호걸들의 성명과 별호까지 일일이 표기해 놓았는데 각자의 성격과 특징에 따라 자세도 다양하게 만들었다. 이 역시 경덕진에서 제작된 것인데 국가적 보물이라고 한다. 과연 세계적인 도자기 도시 경덕진의 힘을 느낄 수 있었다.

1950년대 중국에서 『수호지』는 농민기의(農民起義)를 찬양한 작품으로 높이 평가되었으나, "송강은 단지 탐관오리를 반대했을 뿐 황제를 반대하지는 않았다. 그러므로 나중에 관군에 투항함으로써 수정주의 노선을 걸었다"는 요지의 모택동의 언급이 있은 이후로는 대체로 부정적으로 평가되고 있다.

남경의 젖줄 진회하

진회하(秦淮河)는 총 길이가 110km로 남경의 '어머니 강'으로 불린다. 이 강은 육조(六朝) 300여 년간의 문화를 꽃피웠던 남경의 젖줄이다. 진회하는 남경성 동남쪽에서 외진회, 내진회로 나뉘고 내진회는 또 두 갈래로 나뉘는데 이 중 남쪽으로 흐르는 갈래가 역대 문인들이 극찬해 마지않았던 이른바 '십리진회(十里秦淮)'이다. 이곳은 육조시대에 번성했다가 수당(隋唐)시대에는 빛을 보지 못했지만 명청시대에 이르러 극도의 화려함을 누렸던 지역이다. 지금도 여기는 남경에서 가장 번화한 곳으로 꼽힌다.

따라서 이 지역엔 역사적 유적이 많이 남아있다. 공자를 모시고 제사를 지내는 부자묘(夫子廟)가 있고 옆에는 중국 최대의 과거 시험장이었던 공원(貢院)이 있다. 그리고 동진(東晉) 시기 고관대작들의 저택이 모여 있던 오의항(烏衣巷)도 여기에 있었다. 이곳은 옛날 오(吳)나라 때 금위군 중의 오의영(烏衣營)이 있던 곳인데 사병들이 모두 '烏衣' 즉 검은 제복을 입었기 때문에 붙여진 이름이라고 한다. 오의항에 살았던 대표적인 귀족이 왕도(王導)와 사안(謝安)으로 '왕사(王謝)'는 후대에 고관대작의 대명사로 쓰였다. 현재 오의항에는 왕도 사안 기념관이 조성되어 있어서 그 옛날 영화로움의 편린을 엿볼 수 있다.

유우석(劉禹錫)의 시 「오의항(烏衣巷)」

부자묘 앞의 문덕교(文德橋)를 건너면 '오의항' 세 글자가 쓰인 문루(門樓)가 보이고 문루 서쪽 담벼락에 당나라 시인 유우석의 시 「오의항」이 모택동의 글씨로 새겨져 있다. 왕도와 사안이 살던 때로부터 400여 년 이상의 세월이 흐른 후 이곳을 찾은 시인의 감회를 읊은 걸작이다.

주작교 가에는 들풀과 들꽃
오의항 입구엔 석양이 비껴 있네

그 옛날 왕사(王謝) 댁에 오던 제비가
지금은 평범한 백성 집에 날아드네

朱雀橋邊野草花　烏衣巷口夕陽斜
舊時王謝堂前燕　飛入尋常百姓家

주작교(朱雀橋)는 옛날 오의항으로 들어가는 입구였다. 그때는 사람과 수레로 붐볐을 터이지만 지금은 들풀과 들꽃만 피어있고, 오의항 입구엔 석양이 비껴 있다고 묘사함으로써 쇠락한 분위기를 자아낸다. 3·4구가 압권이다. 해마다 제비는 왕도와 사안의 집에 날아오지만 지금 그들의 집은 평범한 백성들의 집으로 바뀌었다는 것이다. 제비를 통하여 옛날과 지금을 연결하며 역사의 변천과 인생의 무상을 노래하고 있다. 이 시가 너무나 유명하기에 모택동이 여기 들렸을 때 특유의 모택동체로 일필휘지한 것이다.

두목(杜牧)의 시 「박진회(泊秦淮)」

유우석이 이곳에서 「오의항」을 쓴 몇십 년 후에 역시 당나라 시인 두목(杜牧, 803~852)이 또 이곳 진회하를 방문하고 하룻밤을 묵으면서 인구에 회자되는 걸작을 남겼다.

찬물에 안개 끼고 사장(沙場)엔 달빛 가득
진회 술집 근처에서 하룻밤을 묵는데

술집 아가씨 망국(亡國)의 한을 모르는지
강 건너서 아직도 후정화(後庭花)를 부르네

烟籠寒水月籠沙　夜泊秦淮近酒家
商女不知亡國恨　隔江猶唱後庭花

두목이 이곳을 방문했을 때 육조의 옛 모습은 폐허가 되고 말았지만 진회 강변은 여전히 고관대작들이 환락을 즐기는 유흥지였던 모양이다. 강 건너 유흥지에서 들려오는 노래 소리가 '후정화'였다. '후정화'는 '옥수후정화(玉樹後庭花)'를 가리키는데 진(陳)나라 마지막 황제인 진숙보(陳叔寶)가 지었다는 노래이다. 그는 궁녀들에게 이 노래를 부르게 하면서 환락을 일삼다가 수(隋)나라 의해서 멸망되었다. 그래서 이 노래를 '망국의 노래'라 일컫는다.

그것도 모르고 술 파는 아가씨들이 이 노래를 부른다는 것이다. 시인은 이 시에서 망국의 노래인 후정화를 부르는 철없는 술집 아가씨를 탓하는 것처럼 보이지만, 사실은 이미 국세가 기울어진 당나라 말기의 스산한 분위기를 간접적으로 암시하고 있는 것이다.

진회 기생 이향군(李香君)

　명말 청초(明末淸初)의 진회하 주변은 환락이 넘치는 유흥장이었다. 강변에는 무수한 술집, 찻집들이 즐비하게 들어서 휘황찬란한 등불을 밝히고 노랫소리가 밤새도록 끊이지 않았다고 한다. 유흥지에 기생이 없어서는 안 되는 일이어서 아름다운 기녀들이 유객(遊客)의 발길을 붙들었는데 이 기녀들의 거처를 하방(河房)이라고 부른다. 특히 강 건너편 공원(貢院)의 젊은 과거 응시생들과 하방 기녀들과의 로맨스도 심심찮게 일어났음은 짐작하고도 남음이 있다.

　이곳의 기녀들 중에는 상당한 식견을 갖춘 이들도 많았는데 그 가운데 유명한 기생 여덟 명을 '진회팔염(秦淮八艶)'이라 부른다. 마상란(馬湘蘭), 이향군(李香君), 유여시(柳如是), 진원원(陳圓圓)을 비롯한 여덟 명의 명기(名妓)들은 한결같이 사랑하는 남자를 위하여 끝까지 정절을 지켰거나, 명말 청초의 급박한 상황에서 조국 명나라를 위하여 남자 못지않은 용기를 발휘한 여성들이다.

　이들은 당시 명망 있는 사대부의 첩이 되어 낭군으로 하여금 청나라 군대에 대항하여 투쟁하도록 격려하기도 하고, 낭군이 청나라에 항복하여 벼슬을 하자 스스로 절에 들어가 비구니가 되기도 했다. 이들은 우리나라의 의기(義妓) 논개(論介)와 같은 여장부들이었다. 이 중에서 널리 알려진 인물이 이향군이다. 그녀의 이야기는 공자의 64대손인 청나라 희곡 작가 공상임(孔尙任)이 쓴 「도화선(桃花扇)」에 의해서 세상에 알려졌다.

　희곡 「도화선」의 내용은 이렇다. 명나라 말 조정에는 명나라를 지키려는 동림당파(東林黨派)와 부패한 환관들이 중심이 된 반동림당파가 대립하고 있었다. 이들을 엄당(閹黨)이라 부른다. 그즈음 이자성(李自成)이 이끄는 농민 반란군이 세력이 커지자 엄당의 주요 인물인 완대성(阮大鋮)이 남경으로 피신했는데 그 때 남경에는 동림당의 후신을 자처하는 복사(復社)가 활동하고 있었다. 복사의 인사들로부터 따돌림을 당하던 완대성은 복사의 후방역(侯方域)에게 이향군을 뇌물로 바치며 복사의 인물들에게 다리를 놓아달라고 부탁한다. 이렇게 만난 후방역과 이향군은 깊은 애정을 나누었지만 정의감이 강한 이향군은 후방역으로 하여금 완대성의 요청을 거절하게 한다. 이에 앙심을 품은 완대성이 후방역을 살해하려 했고 이들은 피신한다.

1644년 이자성이 북경에 진주하고 숭정 황제가 자결하면서 명나라는 멸망을 맞는다. 그리고 왕실의 잔여 세력이 남경에 남명(南明) 정권을 세운다. 남명 정권 수립에 공을 세워 세력을 얻은 완대성은 후방역을 투옥시키고 이향군을 당시의 실력자인 전앙(田仰)의 첩으로 들이려고 했다. 그러나 이향군은 땅에 머리를 찧으며 이를 거부했고, 흐르는 피가 사방에 낭자하게 뿌려졌다. 이때 후방역이 그녀에게 주었던 부채에 핏방울이 튀었는데 이를 바탕으로 후에 화가 양용우(楊龍友)가 이 핏방울을 꽃잎 삼아 부채에 도화(桃花)를 그렸다. 이것이 '도화선(桃花扇)'이다. 도화 즉 복숭아꽃을 그린 부채라는 뜻이다.

그 후 궁중에 감금되었던 이향군은 가까스로 탈출하여 서하산(棲霞山)에 피신했고, 후방역은 출옥하여 청나라에 항복하고 벼슬을 얻었다. 후에 서하산에서 두 사람이 만났으나 이향군은 명을 배반하고 청에 항복한 후방역과의 인연을 끊고는 삭발하고 중이 되었다. 참으로 보기 드문 의기(義妓)라 하겠다.

공상임이 쓴 희곡「도화선」은 비슷한 시기에 홍승(洪昇)이 쓴 「장생전(長生殿)」과 함께 청대 2대 희곡으로 손꼽히는 명작이다. 지금 진회 강변에는 이향군이 거처했던 집 미향루(媚香樓)가 보존되어 있다. 여기에는 그녀가 쓰던 물품들이 진열되어 있어 그녀의 거룩한 넋을 기리고 있다.

소흥, 와신상담과 토사구팽의 현장

소흥은 절강성에 있는 도시로 항주에서 버스로 1시간 거리의 가까운 곳이다. 소흥은 고대의 우왕(禹王)으로부터 현대의 노신(魯迅)에 이르기까지 수많은 인물이 활동한 곳이고 역사적 문물도 풍부하여 '담장 없는 박물관'이라 불린다. 여기에는 헤아릴 수 없이 많은 인문학적 유적이 산재해 있지만 이 글에서는 우리에게 익숙한 와신상담(臥薪嘗膽)과 토사구팽(兎死狗烹)에 관련된 유적을 소개하기로 한다.

와신상담

이 두 사자성어의 유래를 알기 위해서는 중국 고대사를 살펴볼 필요가 있다. 중국 춘추시대에 장강 이남에 두 개의 부족이 웅거하고 있었으니 지금의 강소성 소주를 중심으로 한 오(吳)나라와 절강성 소흥을 중심으로 한 월(越)나라가 그것이다. 이 두 나라는 서로 국경을 접하고 있어서 끊임없이 전쟁을 벌였다. 그래서 오월동주(吳越同舟)란 말도 생겼다. 양국은 일진일퇴를 거듭하다가 한번은 월왕 구천(句踐)이 오왕 부차(夫差)에게 결정적인 패배를 당했다. 그는 병사 5천 명을 이끌고 근처의 회계산(會稽山)으로 피신했으나 결국은 치욕적인 조건으로 화친을 맺었다.

화친의 조건으로 구천 부부와 신하인 범려는 오나라에 인질로 잡혀 2년 동안 온갖 고초를 겪었다. 그는 오나라의 석실(石室)에서 생활하며 풀을 베어 말을 사육하는 일을 맡았고 부인은 물을 길어 말똥을 청소하는 등의 궂은일을 했다. 또한 부차가 행차할 때면 말고삐를 잡고 마부 노릇을 해야만 했다. 일국의 제왕이었던 그가 이렇게 천한 일을 감수한 것은 후일을 도모하기 위해서였다. 어느 때는 부차가 심한 설사병을 앓아 고생을 하자 그의 변을 입으로 맛보고 병을 진단해 주기도 했다. 그런 노력의 결과 부차의 의심을 피할 수 있었고 2년 후에는 귀국을 허락받았다. 귀국을 허락한 부차는 구천이 재기할 수 없으리라고 판단했던 것이다.

가까스로 귀국한 구천은 비상한 각오로 복수할 계획을 세웠다. 그는 장작더미 위에 누워 자기도 하고[臥薪], 거처하는 방에 짐승의 쓸개를 매달아 놓고 누워서 쓸개를 올려다보며 "너는 회계의 치욕을 잊었느냐"라 말하고 음식을 먹을 때에도 쓸개를 핥았다고 한다[嘗膽]. 이것이 이른바 '와신상담(臥薪嘗膽)'의 고사인데 문헌에 따라 약간의 차이가 있다. 이렇게 구천은 절치부심하며 복수를 다짐했을 뿐만 아니라 탁월한 신하인 범려와 문종(文種)의 건의를 받아들여 20년에 걸친 장기 프로젝트를 세웠다. 이를 위해서 그는 자신이 직접 농사를 지었으며 부인은 몸소 길쌈을 했다. 그는 육식을 하지 않고 겹옷을 입지 않았다. 또한 사방의 어진 인재들을 초빙하여 후하게 대접했으며 가난한 자를 돕고 죽은 자를 위문하는 등 백성들과 고락을 함께했다고 한다.

드디어 그는 BC 473년에 오나라를 침공하여 멸망시켰다. 전쟁에 패한 부차는 스스로 목숨을 끊었다. 이후 구천은 북으로 진격하여 영토를 크게 넓히고 제환공(齊桓公), 진문공(晉文公), 초장왕(楚莊

王), 진목공(秦穆公)과 함께 '춘추오패(春秋五霸)'의 반열에 올랐다.

한 편의 드라마 같은 이야기의 주인공은 구천이지만 주인공 못지 않은 역할을 수행한 조연이 범려와 문종이라는 두 신하였다. 범려는 2년간의 인질 생활을 함께 하며 구천으로 하여금 복수의 의지가 꺾이지 않도록 세심하게 보살폈으며 이 기간에 문종은 월나라의 국정을 맡아 원대한 계획의 초석을 마련했다. 그러나 이후 두 사람은 서로 다른 길을 걸었다.

토사구팽

오나라를 멸망시킨 후 범려는 상장군이 되었지만 구천에게 물러날 뜻을 전했다. 이른바 '공성신퇴(功成身退: 공을 이루고 나서 자리에서 물러난다)'의 모범을 보인 것이다. 그러나 그가 물러나겠다고 결심한 진짜 이유는 다른 데 있었다. 그가 보기에 구천의 사람됨이 '어려움을 같이할 수는 있어도 즐거움을 같이할 수는 없는' 인물이었던 것이다. 범려의 의사를 전달 받은 구천은 범려를 만류하면서 "나는 나라의 절반을 그대에게 주려고 한다. 나의 청을 거절한다면 나는 그대와 그대의 가족을 죽일 것이다"라 하여 반 협박조로 그를 회유하려 했지만 범려의 마음을 되돌릴 수는 없었다.

결국 범려는 간단한 보물을 챙겨 가족과 함께 배를 타고 멀리 떠나버렸다. 범려가 떠난 후 구천은 회계산을 범려의 영지로 하사하고 궁전에 범려의 동상을 만들어 신하들로 하여금 아침저녁으로 그 앞에서 절을 하도록 했다는 이야기가 전한다.

'사기'의 기록에 의하면 범려는 제(齊)나라에 도착하여 성과 이름을 바꾸고 열심히 농사를 지어 큰 재산을 모았고 그가 현명하다는 소문이 나서 제나라의 상국(相國)이 되었다고 한다. 그러나 그는 부와 명예를 오랫동안 지니고 있는 것이 좋지 않은 일이라 여겨 재산을 친구와 마을 사람들에게 나누어 주고 멀리 도(陶) 땅으로 갔는데 그곳에서 그는 스스로 '도주공(陶朱公)'이라 칭하며 농사를 짓고 가축을 기르고 장사를 하여 또다시 큰 재산을 모았다. 이후 '도주공'은 중국 부자의 대명사가 되었고 급기야 범려는 중국의 '4대 재신(四大財神)'의 반열에 올라 추앙을 받았다.

한편 문종은 범려와 달리 몰락의 길을 걸었다. 역시 '사기'의 기록에 의하면 범려가 제나라에 도착하여 문종에게 다음과 같은 편지를 보냈다고 한다.

> 나는 새가 다 잡히면 활 잘 쏘는 자는 숨어버리고 교활한 토끼가 죽으면[狡兎死] 사냥개는 삶아지는 법이오[走狗烹]. 월왕 구천은 목이 길고 입이 새처럼 뾰족하니 어려움을 같이할 수는 있어도 즐거움을 같이할 수는 없소. 그대는 왜 월나라를 떠나지 않는 것이오?

이것이 유명한 '토사구팽(兎死狗烹)'의 성어가 만들어진 유래이다. 문종은 이 편지를 읽고 병을 핑계로 조정에 들어가지 않았다. 그러던 중 어떤 사람이 그가 반란을 일으키려 한다고 참소하자 구천은 그에게 칼을 내렸다. 스스로 목숨을 끊으라는 것이다. 월나라의 부흥을 위하여 큰 공을 세운 자신을 설마 죽이지는 않을 것이라 여겼으나 일이 이렇게 되자 문종은 범려의 충고를 따르지 않은 것을 후회하며 자결하고 말았다. 예나 지금이나 정치는 비정한 것이어서 권력을 탐하는 정치판에서는 언제 어디서든 '토사구팽'이 일어나고 있는 걸 보니 범려의 선견지명이 놀라울 따름이다.

소흥 서북쪽에 있는 부산(府山) 기슭에 월왕대(越王臺)와 월왕전(越王殿)이 있다. 월왕대는 구천이 회계산의 치욕을 씻기 위하여 천하의 인재를 초빙하여 묶게 하면서 자문을 구한 곳이다. 조상이 소흥에 살았던 주은래 총리가 1939년 성묘차 왔을 때 월왕대에 올라 소흥 시민들에게 '구천의 불굴의 정신을 본받아 항일 전쟁에서 승리하자'는 요지의 연설을 했다고 한다. 그만큼 이곳 사람들은 와신상담하면서 국력을 키운 구천을 높이 평가하고 있다.

월왕대에서 더 안쪽으로 들어가면 월왕전이 나타나는데 세 개의 대형 오석(烏石)에 구천, 범려, 문종의 상반신이 선각(線刻) 되어 있고 양쪽 벽에는 '와신상담도'와 '복국설치도(復國雪恥圖: 나라를 회복하여 치욕을 씻다)'란 제목의 대형 벽화가 걸려 있다.

산 위로 올라가면 문종의 묘가 나온다. 생전의 그의 업적에 비하면 무덤이 초라하다는 느낌이 든다. 산 정상에는 비익루(飛翼樓)가 웅장하게 서있다. 이 누각은 구천이 오나라에서 돌아온 후 범려를 시켜 세운 4층 건물인데 오나라의 동정을 관찰하려는 군사적 목적으로 세운 것이다. 누각 전면에 '고월제일루(古越第一樓)'란 편액이 걸려있다.

한 동이의 술이 나라를 일으켰다

소흥이 월나라의 수도였기 때문에 곳곳에 구천과 관련된 유적과 조형물이 있는데 그중에서 볼 만한 것이 감호(鑑湖) 안의 작은 섬 호로취도(葫蘆醉島)에 설치된 거대한 조각군이다. 이 조각의 모티프는 이렇다. 20년의 준비 끝에 구천이 오나라를 정벌하기 위하여 출정하는 날 어떤 노인이 술 한 동이를 구천에게 바쳤다고 한다. 구천은

이 술을 혼자 마실 수 없어서 궁리 끝에 술을 강물에 흘려보내 주위에 있는 군사들이 한 모금씩이나마 함께 마시게 했다. 이에 사기가 오른 군사들이 오나라를 격파했다는 이야기가 전하는데 이 이야기를 조각화한 것이다. 장군복을 입은 구천이 술동이를 거꾸로 쏟아붓고 하천 가에는 병사들이 엎드려 강물을 떠 마시는 모습을 매우 잘 만들어 놓았다. 그리고 물이 고이는 연못 벽에는 '호주흥방(壺酒興邦)' 네 글자가 크게 새겨져 있다. '한 동이의 술이 나라를 일으켰다'는 뜻이다. 또 소흥 시내에는 실제로 구천이 술을 쏟았다는 하천이 있다. 그 이름이 '투료하'로 '술을 던져 쏟은 하천'이라는 뜻이다.

애국시인 육유와 당완의 애정비가

절강성 소흥(紹興) 시내에 있는 심원(沈園)은 남송(南宋, 1127~1279) 때 심씨 성을 가진 부호의 개인저택으로 처음의 면적은 5만여 ㎡에 달하는 엄청난 규모였을 것으로 추정된다. 그 후 원(元)·명(明)·청(淸)대를 거치면서 황폐해져 1949년 신중국이 성립한 당시엔 원래의 20분의 1 정도만 남아 심씨의 후손인 심흥인(沈興仁) 부부가 살고 있었다고 한다.

중국 정부는 1985년부터 대대적인 발굴, 복원 작업에 착수하여 1994년에 주요 건물들이 복원되고 2001년에는 남쪽에 육유기념관(陸游紀念館)을 건립함으로써 지금의 모습이 완성되었다.

육유와 심원(沈園)

새롭게 재정비된 심원은 남송의 애국시인 육유(陸游, 1125~1210)를 중심으로 꾸며놓았다. 그는 이곳 소흥 출신일 뿐만 아니라 심원과도 깊은 인연이 있기 때문이다. 육유의 호는 방옹(放翁), 자는 무관(務觀)으로 송나라의 명문 집안에서 태어났다. 그가 탄생한 지 2년 후에(1127) 금(金)나라가 수도 개봉을 함락함으로써 북송은 멸망하고 남쪽으로 천도한 고종(高宗)에 의해 남송 정권이 성립되었다.

육유는 29세에 과거시험에 1등을 했으나 당시 권력가인 진회(秦

檜)의 방해로 취소되었다. 진회는 금나라와의 화친을 주장한 주화파(主和派)로 명장 악비(岳飛)를 죽게 한 인물이다. 그는 자기의 손자가 시험에 2등이 된 것에 불만을 품고 고시관을 협박하여 육유의 합격을 취소시킨 것이다. 육유는 1158년(34세) 진회가 죽은 후에야 벼슬길에 나갈 수가 있었다.

이후 여러 관직을 거치며 그는 줄곧 금나라와 싸워서 중원을 회복할 것을 주장했다. 이 때문에 주화파들의 공격을 받아 여러 번 파직을 당하기도 했다. 그러나 그의 북벌(北伐) 의지는 죽을 때까지 변하지 않았다. 그가 마지막으로 파직당한 지 13년 만인 1202년(78세)에는 조정에서 그에게 비서감(祕書監)의 벼슬을 내렸으나 그 이듬해 4월에 사직하고 고향에 내려가 지내다가 1210년 향년 85세로 세상을 떠났다.

그는 1만여 수의 시를 남긴 위대한 시인이었을 뿐만 아니라 조국에 대한 애국 충절로 인하여 우리나라의 선현들이 그의 시를 가장 많이 읽었고 운자(韻字)를 따서 지은 차운시(次韻詩)를 많이 남기기도 했다.

육유와 당완

심원의 여러 유적들 중에서 관람객들의 주목을 가장 많이 받는 것은 '채두봉 시벽(釵頭鳳詩壁)'인데 여기에는 다음과 같은 슬프고도 아름다운 이야기가 전한다. 육유는 20세에 모친의 주선으로 외사촌누이인 당완(唐琬)과 결혼했다. 두 사람은 금슬이 좋았으나 모친이 며느리를 미워했다. 이유는 아들이 결혼 후에 학업을 개을리했다는 것이다. 무척 사랑하는 사이임에도 불구하고 모친의 성화에 못 이겨 결국 결혼한 지 2년 만에 헤어지고 말았다. 그 후 육유는 왕씨(王氏)와, 당완은 조사정(趙士程)과 재혼했다.

육유는 27세 되던 해 어느 날 홀로 심원을 찾았다. 당완과 자주 왔었던 이곳에서 그녀와의 옛 추억을 반추하고 싶었을 것이다. 그런데 두 사람의 마음이 서로 통했던 것일까, 마침 당완도 남편과 함께 심원에 왔다. 멀리서 육유를 알아본 당완은 남편의 동의를 얻어 술과 안주를 가지고 와서 손수 술을 따랐다. 이에 말할 수 없는 감회에 젖은 육유는 즉석에서 심원 담벽에 사(詞) 한 수를 썼다. 이것이 유명한 「채두봉」이다.

불그레 고운 손, 황등주 따르는데
성 가득 봄빛이요 담장엔 버드나무
동풍이 심술궂어 즐거운 정 엷어졌네
가슴에 수심 품고 헤어진 지 몇 년인가
잘못됐어, 잘못됐어, 잘못됐어

紅酥手 黃滕酒 滿城春色宮牆柳
東風惡 歡情薄 一懷愁緒 幾年離索
錯錯錯

봄빛은 예 같으나 사람은 야위어
눈물 흔적 비단 수건 붉게 적시네
복사꽃 떨어지고 못가 누각 고요한데
산을 두고 한 맹세 남아있으나 편지 한 장 못 부치니
말아라, 말아라, 말아라

春如舊 人空瘦 淚痕紅浥鮫綃透
桃花落 閒池閣 山盟雖在 錦書難託
莫莫莫

   이를 본 당완도 주체할 수 없는 감회에 젖어 답사(答詞)를 지었다. 이렇게 만난 지 4년 후에 당완은 세상을 떠났다고 한다. 지금 심원에 있는 시벽(詩壁)에는 오른쪽에 육유의 사(詞), 왼쪽에 당완의 사가 나란히 새겨져 있다. 물론 960여 년 전에 쓴 글씨가 남아있을 리 없고 현재의 시벽은 1978년에 육유의 글씨를 집자(集字)해서 복원한 것이라고 한다.

죽을 때까지 변치 않은 사랑

   육유는 이후에도 당완과의 추억이 서린 심원을 여러 번 방문하여 많은 시를 남겼다. 그중에서 당완이 죽은 지 40여 년 만에 75세의 육유가 다시 찾은 심원에서 쓴 「심원 2수」는 지금도 읽는 사람의 가슴을 뜨겁게 적셔준다. 제2수를 소개한다.

꿈 깨어지고 향기 사라진 지 사십여 년에
심원의 버들도 늙어 버들개지 안 날리네

이 몸도 머지않아 회계산의 흙 되련만
아직도 옛 자취 찾아 눈물 흘린다

夢斷香消四十年　沈園柳老不吹綿
此身行作稽山土　猶弔遺蹤一泫然

만년의 육유는 매년 봄이 오면 심원을 찾아 당완을 그리며 시를 남겼다. 81세 때 쓴 시에서 "옥골(玉骨)은 구천의 흙이 된 지 오래인데/ 먹 흔적은 아직도 벽 먼지에 갇혀 있네"라 말한 것으로 보아 그때까지도 담 벽에 쓴 그의 글씨가 남아있었던 모양이다. 그는 서거하기 1년 전에도 병든 몸을 이끌고 심원을 찾아 당완을 추억하는 시를 남겼다. 한 남자가 죽은 여자를 60년이 지나도록 이토록 애절하게 그리워한 것은 동서고금을 통틀어 유례를 찾기 어려울 것이다. 참으로 열부(烈夫)라 할 만하다. 심원을 복원하면서 이곳을 육유를 위한 공간으로 재구성한 이유를 알 듯하다.

무관당(務觀堂)과 안풍당(安豊堂)

심원은 크게 고적구(古迹區), 동원, 남원의 세 부분으로 나누어지는데, 고적구에는 문매함(問梅檻), 팔영루(八咏樓), 육조정(六朝井), 고학헌(孤鶴軒), 채두봉 시벽, 송정정(宋井亭) 등이 있고 동원에는 문정석(問情石), 광사재(廣耜齋), 금대(琴臺), 작교(鵲橋) 등이 있다. 남원의 무관당(務觀堂)은 육유의 사당이고 안풍당(安豊堂)은 육유 사적 진열관이다. 안풍당에는 육유의 사적을 애국장지(愛國壯志), 애향적자(愛鄕赤子), 애정비가(愛情悲歌)의 세 부분으로 나누어 전시하고 있다. 여기서 눈에 띠는 것은 그가 임종 때 아들에게 남긴 시이다.

죽고 나면 만사가 헛된 줄 알지만
구주(九州)가 하나 됨을 못 본 것이 슬플 뿐

우리 군사 북으로 중원 평정하는 날엔
제사 때 아비에게 잊지 말고 알려라

死去元知萬事空　但悲不見九州同
王師北定中原日　家祭無忘告乃翁

이렇듯 육유는 죽는 날까지 나라를 걱정한 애국 시인이었다. 이 시는 안풍당 안 육유의 흉상 뒤에 모택동의 필체로 새겨져 있다. 모택동이 여기까지 와서 이 시를 써놓은 것이다.

심원 출구를 통하여 밖으로 나오면 단운석(斷雲石)이 우리를 맞는다. 중간이 갈라진 계란 모양의 바위인데 오른쪽에 '단(斷)' 자가, 왼쪽에 '운(雲)' 자가 새겨져 있다. 글자 그대로의 뜻은 '끊어진 구름' 이지만 '斷雲'은 중국어음이 같은 '斷緣(단연, 인연이 끊어지다)'과 서로 뜻이 통한다. 그러므로 중간이 갈라진 이 바위는 육유와 당완의 인연이 끊어진 것을 상징하고 있다.

심원의 야외무대 연리원(連理園)에서는 매일 밤 '몽회심원(夢回沈園)'이라는 제목의 공연이 이루어지는데 여기에서도 육유와 당완의 이야기가 펼쳐진다.

고결한 선비 도연명의 고향

중국으로 여행을 떠나는 사람들은 제각기 바라는 바가 있을 것이다. 사업차 가는 사람도 있을 것이고 자연 풍광을 감상하려는 사람도 있을 것이고 인문학적 유산을 답사하기 위해서 가는 사람도 있을 것이다. 그중 인문기행을 목적으로 하는 사람에게 빼놓을 수 없는 것이 중국의 인물 탐방이다. 중국은 수천 년 동안 수많은 인물들이 역사의 무대에서 활동했고 이들이 중국 문명을 이끌고 형성했다. 또 이들은 같은 한자문화권에 속해있는 우리나라의 정신사에도 지대한 영향을 미쳤다. 그러므로 이들의 사상과 업적을 살펴보는 것이 중국 문화의 본질을 파악하는 지름길이 된다. 이들 인물 중에서 우리나라 선비들이 가장 존경했던 도연명을 강서성(江西省) 구강시(九江市)에 있는 도연명 기념관으로 찾아가 본다.

도연명은 누구인가?

도연명(陶淵明, 365~472)은 지금의 강서성 구강시 시상현(柴桑縣) 율리(栗里)에서 몰락한 관료 집안에서 태어났다. 그의 증조부는 동진(東晉)의 개국공신인 도간(陶侃)이고 조부도 무창태수(武昌太守)를 지낸 명문이었으나 부친 대에 가세가 몰락하여 평생을 빈곤하게 지냈다. 29세에 청운의 뜻을 품고 첫 벼슬길에 나섰으나 곧 사직했고 36세에도 관직을 얻었지만 얼마 후 사직했다. 40세에는 당시 진군장군(鎭軍將軍) 유유(劉裕)의 참군(參軍)으로 다시 관직에 나아갔다가 또 사직했다. 그는 유유가 당시의 어지러운 정국을 바로잡아 줄 것이라 기대했지만 그 기대가 어긋나자 사직한 것이다. 그가 이렇게 출사와 사직을 반복한 것은 위진 남북조시대의 혼탁한 정치현실이 그의 이상과 맞지 않았기 때문이다.

그럼에도 불구하고 그는 41세 때 주위의 추천으로 팽택현령(彭澤縣令)에 부임했는데 그것은 순전히 생계를 유지하기 위함이었다. 그러나 부임한 지 80일 만에 벼슬을 박차고 고향으로 돌아갔다. 첫 벼슬길에 나선 지 13년 만이었다. 전하는 말에 의하면 그때 젊은 감독관이 시찰을 나왔는데 예복을 갖추어 입고 공손하게 접대하라는 지시를 따를 수 없어서 "내가 어찌 다섯 말의 곡식 때문에 촌구석의 어린애를 향해 허리를 굽히겠는가"라는 말을 남기고 떠났다고 한다. 이번이 네 번째 사직이고 이후 여러 차례 부름을 받았으나 끝내 관직에 나아가지 않고 고향마을에서 자연을 벗하고 살았다. 특히 420년(56세)에 유유가 동진의 황제를 죽이고 스스로 황제에 오른 후에는 책력(冊曆)도 보지 않고 칩거하며 세상과 등진 생활을 했다고 한다.

마음을 몸의 노예 되게 했으니

그가 팽택현령을 사직하고 고향으로 떠나기 직전의 심경을 밝힌 작품이 유명한「귀거래사(歸去來辭)」이다. 작품은 이렇게 시작된다.

돌아가자, 전원이 장차 황폐해지려 하니 어찌 돌아가지 않으리오. 이미 스스로 마음을 몸의 노예 되게 했으니 어찌 탄식하고 홀로 슬퍼하기만 하리오. 지나간 일은 바로잡을 수 없음을 깨달았고 앞으로 올 일은 따를 수 있음을 알았노라. 실로 길을 잃었으나 멀리 벗어나지는 않았으니 지금이 옳고 지난날은 잘못이었음을 깨닫노라.

그가 관직을 사퇴한 주된 이유는 윗글에서 밝혔듯이, 벼슬하는 동안 "스스로 마음을 몸의 노예가 되게 했기(自以心爲形役)" 때문이다. 이 말은 '먹고 살기 위해서 본성을 거슬렀다'는 뜻이다. 그는 고향으로 돌아와서 쓴「전원에 돌아와 살다(歸田園居)」제1수에서 "티끌 그물 속에 잘못 떨어져/ 십삼 년을 보냈네 … 오랫동안 새장 속에 갇혀 있다가/ 이제 다시 자연으로 돌아왔도다"라 노래했다. 그는 관직생활 한 것을 "티끌 그물 속에 잘못 떨어진" 것이라 말했고 그런 자신을 "새장 속에 갇혀 있는" 새에 비유했다. 그러므로 새장을 벗어난 새처럼 마음을 몸의 노예로부터 해방시키고 자유의 몸이 되어 전원으로 돌아간 것이다.

국화꽃 따다가 남산을 바라보다

이렇게 전원으로 돌아온 그는 더없이 행복한 나날을 보냈다. 이후 여러 번의 출사(出仕) 권유가 있었지만 모두 거절하고 63세로 일생을 마칠 때까지 20년 이상을 전원에 은거하면서 많은 시를 남겼다. 그리하여 그는 중국 문학사에서 전원시의 높은 봉우리를 이루어 후대 시인들에게 지대한 영향을 미쳤다. 그의 대표작이라 할 수 있는 「음주(飮酒) 20수」중 제5수를 읽어본다.

사람 사는 세상에 띠집을 지었어도
말이나 수레가 시끄럽게 하지 않네

"묻노니 그대는 어찌 그럴 수 있는가?"
"마음이 멀어지면 땅도 절로 외지다오"

동쪽 울타리 밑에서 국화를 따다가
유연히 남산을 바라보노라

산 기운 밤낮으로 아름다워서
나는 새들 서로 더불어 돌아온다네

이 가운데 참된 뜻 들어 있는데
말하고자 하여도 말을 잊어버렸네

結廬在人境　而無車馬喧
問君何能爾　心遠地自偏
采菊東籬下　悠然見南山
山氣日夕佳　飛鳥相與還
此中有眞意　欲辨已忘言

　자연과 합일된 도연명의 심경이 담담하게 그려져 있다. 자연과 더불어 살아가는 은거 생활 속에 인생의 "참된 뜻(眞意)"이 들어 있다는 것을 깨닫지만 그것은 말로는 전달할 수 없는 높은 경지임을 나타낸다. "동쪽 울타리 밑에서 국화를 따다가/ 유연히 남산을 바라보노라"라는 구절은 이 높은 경지를 터득한 자의 자세를 가리킨다. 그래서 이 구절은 후대의 선비들이 본받아야 할 고결한 품성을 나타내는 자세로 받아들여졌다.

도연명 기념관

기념관에 들어가면 먼저 '채국도(采菊圖: 국화를 따다)'라는 대형 그림이 눈에 띠는데 그림 오른쪽 상단에 앞서 소개한 「음주」 제5수가 쓰여 있다. 역시 이 시가 도연명을 대표하는 작품임을 말해준다. 그리고 도연명의 일생을 다섯 부분으로 나누어 그림과 사진과 도표로 전시하고 있다.

기념관 옆에는 도연명의 사당인 도정절사(陶靖節祠)가 있다. '정절(靖節)'은 도연명 사후에 그의 친구인 안연지(顔延之)가 개인적으로 부여한 시호(諡號)인데 후대인들이 이 칭호를 즐겨 사용했다. 사당 안에는 2m가량의 도연명 소상(塑像)이 있고 여러 개의 편액과 주련(柱聯)이 걸려있다. 그리고 그의 대표작인 「오류선생전(五柳先生傳)」「귀거래사」「도화원기(桃花源記)」가 석각되어 있다. 사당 앞에 있는 정자 귀래정(歸來亭)은 「귀거래사」에서 이름을 따온 것이다. 이밖에도 그가 붓을 씻었다는 세묵지(洗墨池)가 있고 동리채국기지(東籬采菊基地-동쪽 울타리 국화를 따던 곳)까지 만들어 놓아서 도연명 생전의 풍모를 그려볼 수 있다.

사당에서 왼쪽으로 20여 미터를 가면 도연명 묘소가 있다. 필자가 이곳을 방문했을 때 참배를 하고 한국 소주를 한 잔 올렸다. 그가 평소에 술을 무척 좋아했다는 것을 알기 때문이다. 아마 인류가 탄생한 이래로 도연명만큼 술을 좋아했던 사람도 드물 것이다. 망우물(忘憂物: 근심을 잊게 하는 물건), 배중물(杯中物: 잔 속의 물건) 등 술의 별칭을 만든 사람도 그였다. 그는 죽기 직전에 자신의 죽음을 가상한 일종의 조시(弔詩)라 할 수 있는 「의만가사(擬挽歌辭)」를 지었는데 그 속에서 "다만 한스러운 것은, 살아 있을 때/ 술 실컷 마시지 못한 것이네"라고 한 만큼 술을 좋아했다.

강남시산 경정산

경정산(敬亭山)은 안휘성 선성시(宣城市) 근교에 있는 산으로 해발 317m의 높지 않은 산이다. 원래의 명칭은 소정산(昭亭山)이었는데, 위(魏)를 멸하고 진(晉)을 건국한 사마염(司馬炎)이 그 아버지 사마소(司馬昭)의 '昭' 자를 피해서 '敬'으로 개칭하여 경정산이 된 것이다. 이 산은 높고 웅장하지는 않지만 수많은 시인 묵객들이 이 산을 찾아 이곳을 읊은 시문이 1천여 편이나 되어 후세에 '강남시산(江南詩山)'의 명칭을 얻게 되었다. 실제로 경정산 입구 광장에는 이곳을 유람한 백거이(白居易), 두목(杜牧), 한유(韓愈), 유우석(劉禹錫), 매요신(梅堯臣), 탕현조(湯顯祖) 등의 부조상이 조각되어 있다.

이백과 경정산

경정산이 이처럼 유명해진 것은 산의 빼어난 풍광 때문이기도 하지만 그보다 이백의 영향이 결정적이었다. 이백은 전후 일곱 차례나 경정산을 올라 많은 시를 남겼다. 그가 경정산을 자주 찾은 것은 남제(南齊, 479~502)의 뛰어난 시인 사조(謝朓)의 자취가 남아있었기 때문이었다. 사조는 명문 귀족 출신이지만 정치적으로 모함을 받아 이곳 선성(宣城)의 태수로 좌천되어 있으면서 경정산에 자주 올랐다고 한다. 선성시에는 사조가 집무실로 사용했던 사조루(謝朓樓)가 복원되어 있다. 사조는 결국 36세의 젊은 나이에 옥사하고 말았는데 이백은 평소에 사조를 매우 존경하여 그를 그리는 시를 50여 수나 남겼다.

이백이 경정산을 주제로 쓴 시 중에서 가장 유명한 작품이 그의 대표작 중의 하나인「독좌경정산(獨坐敬亭山)」이다. 이 시는 이백의 나이 53세 때의 작품으로, 장안에서의 짧은 벼슬생활을 청산하고 정처 없는 유랑 길에 오른 지 10년째 되는 해이다. 그는 장안에서 벼슬할 때 이미 냉혹한 정치현실을 실감했고 뼈저린 좌절을 겪었다. 또한 장안을 떠나 10여 년 동안 유랑생활을 하면서 인정세태의 차가움에 직면해야만 했다. 그러는 동안 현실에 대한 환멸과 인간에 대한 실망으로 그는 짙은 고독에 휩싸여 있었다. 이 시는 장안을 떠난 지 10여 년이 되는 어느 날 경정산에 홀로 올라 이러한 자신의 심회를 노래한 것이다. 아마도 그리운 사조의 숨결을 느껴보기 위해서 이 산을 찾았을 것이다. 이제 이 시를 자세히 감상해 보기로 한다.

「독좌 경정산」

뭇 새들 높이 날아 다 없어지고
외로운 구름 홀로 한가롭게 가버렸네

서로 봐도 양쪽 모두 싫지 않은 건
오직 저 경정산이 있을 뿐이네

衆鳥高飛盡　孤雲獨去閒
相看兩不厭　只有敬亭山

시인은 울적한 심정을 달래기 위하여 산에 오른다. 산에는 새들이 지저귀고 머리 위에는 구름이 떠 있다. 인간에 실망한 그에게 새와 구름은 그나마 위안이 되었다. 새와 구름은 그를 헐뜯지도 그를 배반하지도 않았다. 새 소리는 귀를 즐겁게 해주었고 구름은 눈을 즐겁게 해주었다. 그러나 저녁 무렵이 되자 새들도 둥지로 날아가 버리고 구름도 유유히 흩어져 보이지 않는다. 하루 종일 정을 붙이고 지냈던 새와 구름이 사라진 산속은 적막하기 짝이 없었다. 다시 고독이 엄습해 왔다. '새들과 구름, 너마저 나를 버리고 떠나는구나.'

그러나 그림자처럼 그를 따라다니는 고독과 외로움 속에서도 그는 고독 속에 주저앉지 않는다. 새도 떠나고 구름도 떠났지만 산은 떠나지 않고 의연히 남아 있기 때문이다. 새나 구름과 달리 산은 그의 고독과 번뇌를 이해하고 위로해 주는 듯했다. 그래서 떠나지 않고 남아있는 것이다. 그는 산을 바라보고 산도 그를 바라본다. 아무리 보아도 싫지 않다. 그도 싫지 않고 산도 싫어하지 않는다. 유정(有情)한 인간이 사는 세상은 무정한데, 원래 무정(無情)한 산은 도리어 유정하다. 그래서 다정한 벗처럼 "서로 바라보면서" 산과 그는 일체가 된다. 산이 곧 그이고 그가 곧 산이다. 마지막 구의 "오직 저 경정산이 있을 뿐이네"라고 했을 때의 경정산은 이백 자신이다. 여기에는, 자기를 알아주지 않는 불합리한 현실에 대한 그의 도전적 오기와 비타협적 기상이 서려 있다. 의연하게 변치 않고 버티고 있는 저 산처럼, 누가 뭐라 해도 뜻을 굽히지 않고 자신의 이상을 추구하겠다는 의지의 표현이다. 실제로 이백은 장안을 떠나 유랑생활을 하면서도 자신의 정치적 이상을 실현해 보겠다는 꿈을 버리지 않고 있었다.

태백 독좌루(太白獨坐樓)

20자 밖에 안 되는 이 짧은 시로 인하여 경정산이 천하의 명산이 되었다. 실로 시 한 편의 힘이 이토록 컸던 것이다. 경정산으로 오르는 길옆에는, 이백의 시「독좌경정산」을 비롯하여 이곳을 노래한 그의 다른 시들과 '강남시산(江南詩山)', '시산승경(詩山勝景)' 등을 새긴 수십 개의 바위가 서 있고, '고소정(古昭亭)'이라 쓰인 패방도 보인다. 이 산의 옛 이름이 '소정산(昭亭山)'임을 알리는 표지이다.

산 중턱쯤에 이르면 '이백독좌루(李白獨坐樓)'가 나타난다. '이백이 홀로 앉아 있었던 집'이란 뜻으로 이곳에서 그 유명한 시를 지었다는 것이다. 이백 사후 후인들이 이백과 그의 시「독좌경정산」을 기념하기 위한 누각을 지어 옹취루(擁翠樓), 태백정(太白亭)으로 불렀다는 기록이 있다. 지금 건물의 외벽 아래쪽에 붙어 있는 표석에 의하면, 현 위치에 청말에 초당(草堂)을 지어 태백루라 했는데 1931년 산사태로 무너진 것을 이듬해 보수했으나 1937년 일본군의 포화로 파괴되었고 1987년 그 자리에 다시 건물을 지어 '이백독좌루'로 개칭했다고 한다. 이 이름은 물론 이백 시의 제목에서 따왔겠지만 어쩐지 좀 어색하다는 느낌이 들었다.

이백과 옥진공주(玉眞公主)

경정산에서 또 하나 눈에 띄는 것은 옥진공주의 묘이다. 묘 앞에는 옥진공주의 소상이 서있고 비석도 있다. 옥진공주는 양귀비와의 로맨스로 유명한 당나라 현종(玄宗)의 누이동생인데 이백보다 9세 연상이다. 비문(碑文)의 내용은 이렇다. 공주는 젊어서 여도사(女道士)가 된 후 천하의 명산을 유람하다가 이백을 알게 되었고 그를 현종에게 적극 추천하여 대조한림(待詔翰林)의 벼슬을 내리게 했다. 이백이 모함을 당하여 장안을 떠나자 공주는 울적한 마음에 공주의 칭호를 박탈해 달라고 요청했다. 안사(安史)의 난이 끝난 후에 이백이 경정산에 은거하고 있다는 소식을 듣고 공주는 이 산으로 들어와 수도하다가 마지막 숨을 거두었다. 이백의 시「독좌경정산」은 경정산의 아름다움을 찬미함과 동시에 옥진공주에 대한 깊은 애정을 나타낸 것이라는 내용이다.

이백과 옥진공주의 관계에 대해서는 이백 연구자들 사이에서도 학설이 분분하다. 공주가 일찍이 도사가 되었다는 것은 사실이고 이백이 30세인 730년에 처음 장안에 들어왔을 때 섬서성 종남산(終南山)에 있는 공주의 별장에 우거했던 것도 사실이다. 공주가 이백을 비롯한 왕유(王維), 고적(高適) 등 당대의 문사들을 후원했고 이백이 공주의 별장에서 지은 시도 남아있다.

이백이 42세(742년)에 벼슬에 임명된 배경에 대해서도 도사 오균(吳筠)의 추천설과 옥진공주의 추천설로 견해가 갈린다. 공주가 마지막으로 수도한 곳도 경정산이란 설과 하남성의 왕옥산(王屋山)이라는 설로 나뉜다. 또 경정산이라 하더라도 공주가 이백을 만나기 위하여 경정산으로 갔다는 설과 이백이 공주가 있는 경정산으로 갔다는 설로 나뉜다. 두 사람의 애정관계에 대해서도 견해가 일정하지 않다.

어느 쪽 학설이 옳은지 나로서는 알 길이 없다. 이백과 옥진공주 말고도 허다한 역사적 사실이나 전설적 이야기를 서로 자기 고장과 관련된 것이라 주장하는 사례는 수없이 많다. 이럴 경우에는 먼저 차지하는 쪽이 임자다. 이백과 옥진공주 이야기도 이백의 시「독좌경정산」을 매개로 하여 선성시가 선점해 버린 것 같다. 그러나 이「독좌경정산」시를 옥진공주와 연관 지어 해석하는 것은 무리라는 것이 나의 생각이다.

중국의 4대 누각 악양루

호남성 북쪽에 바다와 같은 호수 동정호(洞庭湖)가 있다. 기록에 의하면 애초의 동정호는 둘레가 5백 리나 되어 "해와 달이 그 속에서 뜨고 진다"는 말이 있을 만큼 넓은 호수이다. 한때는 중국 제1의 담수호였으나 세월이 흐르면서 토사가 쌓여 지금은 제1위의 자리를 강서성의 파양호(鄱陽湖)에 내주었지만 여전히 큰 호수임에 틀림없다.

동정호는 풍광이 아름답고 또 여러 가지 전설이 깃든 호수 안의 섬 군산도(君山島) 등 볼거리가 많지만 동정호의 백미(白眉)는 단연 호숫가에 있는 악양루(岳陽樓)이다. 악양루는 등왕각(滕王閣), 황학루(黃鶴樓), 봉래각(蓬萊閣)과 함께 중국의 4대 누각의 하나인데 누각 그 자체로도 아름답지만 무엇보다 악양루를 유명하게 만든 것은 범중엄(范仲淹)의 「악양루기(岳陽樓記)」이다.

「악양루기」의 내력과 내용

범중엄은 자(字)가 희문(希文)으로 북송의 걸출한 사상가이며 청렴한 정치가이자 뛰어난 문학가였다. 그는 부패한 조정을 바로잡기 위해 과감한 개혁안을 제안하여 혁신정치에 앞장섰다. 한때는 부재상(副宰相)급에 해당하는 참지정사(參知政事)의 지위에까지 올랐으나 강직한 직언으로 당시 재상을 비판하다가 1045년에 등주(鄧州)로 좌천되었다.

한편 범중엄과 같은 해에 과거에 급제하여 그와 뜻을 같이한 혁신파 인물 등자경(滕子京)이 1044년에 파릉(巴陵, 지금의 악양)으로 좌천되었는데 그곳에 있는 악양루를 중수하고 1046년 등주에 있는 친구 범중엄에게 기문(記文)을 부탁했다. 이 기문을 요청할 때 등자경은 악양루의 연혁과 환경, 기후, 건축의 특징 등과 함께 「악양루만추도(岳陽樓晚秋圖)」라는 그림을 보냈다. 그러므로 범중엄은 악양루에 직접 가보지 않고 관련 자료만을 바탕으로 「악양루기」를 쓴 것이다. 그럼에도 불구하고 「악양루기」가 천고의 명문으로 애송된 것은, 이 글이 악양루와 동정호의 사실적인 풍경 묘사보다는 악양루를 빌미로 한 작자의 의론(議論)에 중점이 두어졌기 때문이다.

그는 먼저 악양루의 큰 경치를 간략하게 기술한 다음에 악양루에 올라 동정호를 바라보는 "천객 소인(遷客騷人: 좌천된 사람과 시인)"이 느끼는 두 종류의 감회를 묘사한다. 즉 비오고 파도치는 음산한 저녁 무렵에 이 누각에 오르는 천객 소인은 자신의 처지를 비관하여 슬퍼할 것이고, 물결이 잔잔한 따뜻한 봄날, 달 밝은 밤에 이 누각에 오르는 천객 소인은 술잔을 기울이며 모든 것을 잊고 기뻐할 것이라는 서술이다. 이 부분은 「악양루기」의 풍경 묘사에서 가장 빛나는 대목으로 시적(詩的)인 서정성이 돋보이는 묘사이다. 그러나 다음과 같은 후반부의 기술이 「악양루기」의 핵심이다.

> 아! 내가 옛 어진 사람들의 마음을 살펴보니 이 두 부류 사람들의 행위와 달랐으니 이는 어째서인가? (옛 어진 자는) 외물(外物) 때문에 기뻐하지도 않고 자기 일신상의 일 때문에 슬퍼하지도 않는다. 조정의 높은 자리에 있을 때는 백성들을 근심하고 먼 강호에 처할 때는 임금을

근심하였으니 이는 나아가도 근심하고 물러나도 근심한 것이다. 그러니 어느 때에 즐거워할 수 있겠는가? 반드시 말하기를 "천하 사람들이 근심하기에 앞서 근심하고 천하 사람들이 즐거워한 뒤에 즐거워하겠다"라 하리라.

환경과 개인적 득실에 따라 천객 소인이 슬퍼하고 기뻐하는 것은 인지상정이다. 그러나 "옛 어진 사람"은 이보다 더 높은 이상과 포부를 지니고 있다는 말이다. 이로써 그는 좌천되어 불우한 환경에 처한 친구 등자경을 격려하고 또 자신을 편달하고 있다. 그리고 "아! 이러한 사람이 없다면 내 누구와 더불어 함께할 수 있으리오"라는 말로 끝맺음으로써 "옛 어진 사람"의 지취(志趣)를 본받겠다는 의지를 분명히 밝혔다. "천하 사람들이 근심하기에 앞서 근심하고 천하 사람들이 즐거워한 뒤에 즐거워한다(先天下之憂而憂 後天下之樂而樂)"는 말은 후대 수많은 정치가들의 좌우명이 되었다. '선우후락(先憂後樂)'이라는 사자성어가 여기서 유래되었다. 박원순 서울 시장도 이 구절을 좋아하여 기회 있을 때마다 인용하곤 했다.

「악양루기」 고사(故事)

당초(唐初)에 건립된 악양루는 여러 번 중수(重修)를 거듭하다가 등자경이 다시 중수하기에 이르렀는데 당시 범중엄이 쓴 기문은 송나라 때 화재로 소실되었다. 그 후 청나라 때 악주현령(岳州縣令) 장응도(張凝道)가 당대의 명필 장조(張照)의 글씨를 받아 값비싼 자단목(紫檀木)으로 12폭 병풍을 만들어 악양루에 비치했다. 그런데 후에 부임한 신임 현령이 사임하면서 이 병풍을 몰래 배에 싣고 떠나버렸다. 그 대신 하씨(何氏)를 시켜 베껴 쓴 모조품을 남겨 놓았다. 그러나 공교롭게도 싣고 가던 배가 풍랑을 만나 침몰했는데 얼마 후 한 어부가 발견해서 보관하던 것을 오민수(吳敏樹)라는 사람이 은 120냥을 주고 매입했고 정부에서는 오민수의 자손으로부터 은 120냥으로 매입하여 악양루에 비치했다고 한다. 지금 악양루에는 1층과 2층에 두 개의 「악양루기」가 걸려 있는데 2층에 있는 것이 장조의 글씨이고 1층의 것은 모조품이다.

두보(杜甫)의 시 「등악양루(登岳陽樓)」

애국시인 두보는 44세(755년) 때 일어난 안녹산의 난으로 여러 곳을 전전하다가 48세 되던 해 12월에 가족을 이끌고 사천성 성도(成都)로 가서 초당을 짓고 살았다. 768년(57세) 1월에는 다시 가족과 함께 장강(양자강)을 따라 내려가면서 선상생활(船上生活)을 했다. 그 해 말에 악양루 아래에 정박하고 장사(長沙)를 왕래하며 지내던 중 770년(59세) 배 안에서 객사했다. 그가 악양루 아래 정박했을 때 처음으로 악양루에 올라 감회를 읊은 시가 그의 대표작 중의 하나인 「등악양루(登岳陽樓)」이다.

동정호 있단 말 옛날에 들었건만
오늘에야 악양루에 오르게 됐네

오(吳)나라 초(楚)나라는 동남으로 갈라졌고
하늘과 땅은 밤낮으로 떠있네

친한 벗에겐 소식 한 자 없고

늙고 병든 이 몸엔 외로운 배 한 척

관산(關山) 북쪽엔 아직도 오랑캐 말

난간에 기대니 눈물 콧물 흐르네

昔聞洞庭水　今上岳陽樓
吳楚東南坼　乾坤日夜浮
親朋無一字　老病有孤舟
戎馬關山北　憑軒涕泗流

　　제2연에서 "오나라 초나라는 동남으로 갈라졌고/ 하늘과 땅은 밤낮으로 떠있네"라 하여 단 10글자로 동정호의 광활함을 묘사한 솜씨가 놀랍고, 개인의 슬픔을 국가의 슬픔으로 승화시킨 그의 애국정신을 유감없이 나타낸 걸작으로 평가되는 작품이다.
　　악양루 3층에는 모택동이 쓴 이 시가 판각(板刻)되어 걸려있다. 모택동이 이 시를 모필로 쓴 경위에 대해서는 여러 가지 설이 있는데, 그가 호남성을 시찰하다가 악양 기차역을 지날 때 문득 생각이 나서 기차 안에서 즉흥적으로 썼다는 것이 하나의 설이다.
　　그런데 모택동은 제3연 "老病有孤舟"의 '病' 자를 '去' 자로 써놓았다. '病'을 '去'로 썼다고 해서 문맥이 통하지 않는 것이 아니고 작시법(作詩法)의 평측(平仄)을 어긴 것도 아니다. 이를 두고도 이론이 분분한데 어쨌든 활달한 모택동체의 이 글씨로 인하여 악양루의 명성이 더욱 높아진 것이 사실이다. 모택동의 이 글씨는 1985년 악양루를 중수할 때 기존에 있던 여동빈(呂洞賓) 소상을 철거하고 대신 설치한 것이다.

소교묘

악양루 주변에는 매선정(梅仙亭), 삼취정(三醉亭), 회보정(懷甫亭), 소교묘(小喬墓) 등의 유적이 있는데 이 중 소교묘가 눈길을 끈다. 오(吳)나라의 손책(孫策)이 안휘성을 공격하고 그곳에서 교공(喬公)의 두 딸을 얻어 큰딸 대교(大喬)는 자기가 차지하고 작은딸 소교를 주유(周瑜)에게 주었다. 두 자매를 '이교(二喬)'라 부른다. 이 일대가 주유의 군사령부가 있던 곳이기 때문에 소교의 묘가 여기 있게 된 것으로 생각된다. 묘 입구에 소동파(蘇東坡)의 글씨로 "멀리 당년의 공근(公瑾: 주유의 자)을 생각해 보니 소교가 처음 시집갔을 때 영웅의 자태가 빼어났을 터"라는 글귀가 돌에 새겨져 있다.

이교와 관련하여 이런 이야기가 전한다. 제갈량이 오나라와 연합하여 조조를 공격할 계획을 세우고 주유와 담판하던 중에 말하기를 "조조의 제일 소원은 천하를 평정하여 황제가 되는 것이고 두 번째 소원은 이교를 얻는 것이라 하니 장군께서 이교를 조조에게 바치면 천하가 태평해질 것이오"라 했다는 것이다. 물론 농담으로 한 말이겠지만 이교는 그토록 빼어난 미인이었다고 한다.

제4부
중국의 교훈 - 명심보감 초

연재를 시작하며

'명심보감(明心寶鑑)'이란 '마음을 밝히는 데에 거울삼을 수 있는 모범이 될만한 글'이란 뜻이다. 그러므로 이 책에는 한 개인이 도덕적으로 훌륭하게 살아가기 위하여 요구되는 윤리규범과 행동강령이 항목별로 기술되어 있다.

내용은 모두 중국의 고전에서 발췌한 것으로, 교훈적인 훈계나 옛 어른들의 일화로 엮어져 있다. 따라서 이 책은 독창적인 저술이 아니고 일종의 편저(編著)에 해당한다.

『명심보감』의 편자는 지금까지 고려 충렬왕 때의 추적(秋適)으로 알려져 왔으나, 이우성(李佑成) 교수의 고증에 의하여 중국 명나라의 범입본(范立本)이 편자라는 사실이 밝혀졌다. 또한 현재 시중에 유행하는 『명심보감』은 원본의 삼분의 일 분량으로 축약된 것임도 밝혀졌다. 원본 『명심보감』의 출간 시기는 1454년으로 되어 있다.

시중의 유행본은 19편 247조로 되어 있지만 이 책의 원본은 20편 788조로 구성되어 있다. 언제부터인지 모르지만 『명심보감』은 우리나라에서 초학자들의 교본으로 널리 사용되었으며 지금도 많은 사람들의 관심을 끌고 있다. 그 주된 내용은 봉건적인 윤리 규범을 설교하는 것이다. 그러므로 현대의 독자가 이 책을 읽을 때에는 일정한 비판적 안목을 가질 필요가 있다. 『명심보감』이라고 해서 그 내용이 모두 현재적 유효성을 가지는 것은 아니기 때문이다.

모든 고전이 다 그렇듯이 이 책도 그 당시의 시대적인 한계를 뚜렷이 반영하고 있다. 예를 들어, 이 책의 곳곳에 나오는 충(忠)과 효(孝)의 강조는 일정한 여과(濾過)를 거쳐 받아들여야 할 것이다. 당시의 봉건적 이데올로기로 보아서는 당연한 일이었겠지만, 맹목적이고 가부장제(家父長制)적인 사고를 여과 없이 그대로 계승할 필요는 없다고 본다. 또 한 가지 어쩔 수 없는 일이기는 하지만 이 책에는 숙명적인 인생관이 짙게 배어 있다.

> 어리석고 귀먹고 고질병이 있고 벙어리라도 집은 호화롭고 부자로 살 수 있으며, 지혜가 있고 총명한 재질을 가진 사람도 도리어 빈궁하게 사는 수가 있다. 이로 보면 사람의 모든 일은 생년월일시(生年月日時)의 사주팔자에 미리 정해진 것이니, 따지면 모두 운명에 있는 것이고 사람의 재능에 있는 것이 아니다   - 순명(順命)

이와 같은 운명론적 사고는 소극적인 생활 태도를 조장할 뿐만 아니라 모든 책임을 개인에게 귀속시키려는 사고와 맥을 같이한다. 그러므로 이 책을 읽을 때 어디까지나 오늘의 관점에서 대할 필요가 있다.

이와 관련하여 『명심보감』에는 도가(道家)의 색채가 강하게 드러나 있다. 우리나라에서 유행한 축약본에는 도가 관련 조목이 대부분 빠져 있지만, 도가철학에 대한 깊은 이해 없이 읽을 경우 자칫하면 허무주의에 물들기 쉽다.

이러한 한계에도 불구하고 이 책은 인간의 본질적인 속성에 대한 예리한 통찰을 담고 있어 시대를 뛰어넘는 현재성을 지니고 있는 구절도 많다. 또한 이 책은 고도로 산업화된 사회에서 자칫 소홀하기 쉬운 자신에 대한 성찰의 계기를 마련해 주기도 한다. 본「성균회보(成均會報)」에는『명심보감』중에서 현재를 기준으로 하여 읽을만한 가치가 있는 부분만을 발췌하여 소개할 것이다.

1998년 6월

> 공자가 말하기를 "신체와 모발과 살은 부모로부터 받았으니 감히 훼손하고 상하지 않는 것이 효의 시작이요, 출세하여 이름을 후세에 드날려 부모를 드러나게 하는 것이 효의 마지막이다.
> 子曰 身體髮膚 受之父母 不敢毁傷 孝之始也 立身行道 揚名於後世 以顯父母 孝之終也
> － 효행(孝行)

봉건시대의 효는 부모에 대한 자식의 일방적인 의무만 강조했다. "아비는 자식의 하늘이다(父子之天)"라는 말로 알 수 있는 바와 같이 자식은 부모를 하늘처럼 섬겨야 했다. 하늘을 거역할 수 없듯이 부모는 거역할 수 없는 존재였다. 그러나 오늘날 자식에게 무조건적이고 일방적인 복종만 강요하는 부모는 없을 것이다. 부모는 다만 자식이 잘되기를 바랄 뿐이다. 자식이 잘되면 부모의 마음은 즐겁다. 이렇게 부모의 마음을 즐겁게 해드리는 것이 효도이다.

어떻게 하면 부모의 마음을 즐겁게 해드릴 수 있을까? 여러 가지 방법이 있겠지만 가장 중요한 것은 건강한 신체를 유지하는 일이다. 자기 몸을 훼손하거나 상하게 하지 않고 건강하게 사는 것이야말로 으뜸가는 효도이다. 오토바이를 타다가 사고를 낸다거나 남과 싸워서 상처를 입는다면 그는 효자가 아니다. 술을 너무 마셔서 건강을 해치는 자도 효자가 아니다. 자식이 건강하면 부모의 마음은 즐거운 것이다.

여기에다 출세하여 이름을 후세에 드날린다면 금상첨화(錦上添花)격으로 더 큰 효도를 하는 것이다. 그렇게 되면 부모를 드러나게 되고 부모는 더 없이 즐거워진다. 신문보도에 의하면 현역 국회의원의 아들인 모 가수가 마약을 복용하여 구속되었다고 하는데 그는 이 중으로 불효를 저지른 셈이다. 마약으로 건강을 해친 것이 첫째 불효요, 부모를 드러내기는커녕 부모를 매장시켰으니 둘째 불효이다.

이렇게 본다면 효도는 부모를 즐겁게 해드림과 동시에 자신을 위하는 길이기도 하다. 건강하고 출세하는 것은 일차적으로 자신을 위하는 일이다. 부모를 드러내기 위하여 출세하는 것이 아니라 출세하면 부모가 저절로 드러나는 것이 아니겠는가?

> 문중자가 말하기를 "시집가고 장가드는 데 재물을 논하는 것은 오랑캐나 하는 짓이다."
>
> 文中子曰 婚娶而論財 夷虜之道也   - 치가(治家)

> 사마온공이 말하기를 "무릇 혼인을 의논함에 있어 마땅히 먼저 그 사위와 며느리의 성품과 행실 및 가정의 법도가 어떠한가를 살펴야 하지, 그 부귀만을 흠모하지 말아야 한다"라 했다.
>
> 司馬溫公曰 凡議婚姻 當先察其婿與婦之性行 及家法如何 勿苟慕其富貴   - 치가(治家)

    문중자(文中子)는 중국 수(隋)나라 때의 학자 왕통(王通, 584~617)이고 사마온공(司馬溫公)은 송(宋)나라 때의 정치가 사마광(司馬光, 1019~1086)이다. 지금으로부터 1,400여 년 전과 1,000여 년 전에 살았던 두 사람이 비슷한 말을 한 것을 보면 시집가고 장가드는 데에 재물이 개입되는 것은 예나 지금이나 마찬가지인 모양이다.

    우리는 오늘날 이렇게 재물을 매개로 하여 이루어지는 혼인의 예를 수 없이 보고 있다. 결혼 지참금이 적다고 며느리를 구박한 시어머니는 주위에서 흔히 볼 수 있는 일이다. 유망 직종의 남자에게 시집가는 여자가 열쇠를 세 개 마련하는 것 또한 우리가 익히 보고 들은 일이다. 이런 지경에 이르면 결혼은, 새로운 사람을 맞이하여 인격적으로 결합하는 거룩한 의식이 아니라 재물을 두고 거래하는 상행위(商行爲)가 되어 버린다. 결혼이 어찌 상행위의 거래 대상이 될 수 있겠는가! 그래서 문중자는 이러한 형태를 "오랑캐나 하는 짓"이라고 매도한 것이다.

당시의 관념으로 볼 때 오랑캐는 짐승이나 다름없는 존재로 여겨졌다. 상거래처럼 행해지는 혼인을 인간의 탈을 쓰고는 차마 할 수 없는 일이라 생각했던 것이다. 그런데 오늘날 오랑캐나 하는 짓을 아무런 부끄러움 없이 태연하게 저지르는 사람들이 있다. 이들은 과연 인간인가, 짐승인가? 인간이 스스로 인간이기를 거부하는 사회에서 살고 있다는 생각을 하면 끔찍한 느낌이 든다.

> 노공왕(魯共王)이 말하기를 "덕으로써 남을 이기면 강하고, 재물로써 남을 이기면 흉악하고, 힘으로써 남을 이기면 망한다"라 했다.
> 魯共王曰 以德勝人則强 以財勝人則凶 以力勝人則亡
>
> - 정기(正己)

세상에는 세 가지 유형의 사람들이 있다. 덕이 남보다 높은 사람이 있고, 재물이 남보다 많은 사람이 있고, 힘이 남보다 센 사람이 있다. 힘이 센 사람이란 육체적인 완력이 세기도 하지만 무력이나 권력을 가진 자를 두루 포괄하는 말이다.

이 세 가지 유형의 사람들은 각각 덕으로써 남을 제압하고 재물로써 남을 제압하고 힘으로써 남을 제압한다. 이 경우 어느 쪽이 진정한 강자이며 어느 쪽이 최후의 승리자인가? 말할 것도 없이 덕으로써 이기는 것이 참다운 승리라는 것이다.

재물 즉 돈을 많이 가진 사람은 일시적으로 남을 이길 수 있지만 진정한 승리자가 될 수는 없다. 이런 사람들은 돈 버는 일 자체가 인생의 목표이기 때문에 그 이외의 것에 대해서는 가치를 부여하지 않는다.

돈 많은 사람들이 부부간에, 형제간에, 부자간에 싸움을 벌이는 것을 흔히 볼 수 있는데 이것은 인륜(人倫)의 화목보다 돈의 가치를 더 중시하기 때문이다. 이들은 돈의 논리에 따라 움직이는 돈의 노예인 셈이다. 세상에 태어나 할 일도 많은데 돈을 주인으로 섬기는 노예가 될 수는 없지 않겠는가.

힘으로 남을 이기려는 자들의 종말이 어떠하다는 것은 역사가 증명해 주는 사실이다. 총과 칼의 힘을 앞세워 남을 제압한 자들이

나, 권력의 힘을 이용하여 사람들에게 군림한 자들의 말로를 우리는 똑똑히 보아왔다. 그래서 "힘으로 남을 이기면 망한다"고 한 것이다.

얼핏 보아서 인간의 역사는 돈과 힘이 지배한 것 같지만 그것은 일시적인 현상이고 진정한 강자, 최후의 지배자는 덕이 있는 사람이다. 그러나 돈이 없으면 살 수 없고 힘이 없으면 억울한 피해를 보게 마련인 현대사회에서는, 훌륭한 덕성(德性)을 지닌 자가 돈과 힘을 아울러 가질 수 있다면 더욱 좋은 일이 아니겠는가.

> 엄한 아버지는 효도하는 아들을 길러내고, 엄한 어머니는 좋은 딸을 길러낸다. 귀여운 자식에게는 매를 많이 때리고 미운 자식에게는 먹을 것을 많이 주어라.
> 嚴父出孝子 嚴母出巧女 憐兒多與棒 憎兒多與食 － 훈자(訓子)

자식을 엄하게 길러야 한다는 말이다. 엄하게 기른다는 것은 상과 벌을 분명히 하는 것이다. 착한 일을 하면 칭찬을 하고 잘못된 일을 하면 벌을 주어야 한다. 칭찬할 때는 칭찬하더라도 매를 들어야 할 때는 매를 드는 것이 엄한 교육이다. 자식이 사랑스러울수록 더욱 엄하게 길러야 하는 것이니, 엄하게 기르는 것이 곧 자식을 사랑하는 길이다.

요사이 젊은 부모들은 그렇지 않아 보인다. 음식점이나 열차 등 공공장소에서 남에게 피해를 줄 정도로 떠들고 돌아다니는 자식들을 보고도 야단 한 번 치지 않는다. 공중목욕탕 안에서 물장구를 치며 옆 사람에게 물을 튀겨도 제지하지 않는다. 참다못해 옆 사람이 아이에게 주의를 주면 그 부모는 "왜 아이의 기를 죽이느냐"며 도리어 화를 낸다. 이런 부모 밑에서 자란 아이들이 공공질서를 지키는 민주 시민으로 성장할 리 없고 장담은 못 하지만 아마 부모에게 효도하지도 않을 것이다.

딸자식의 양육도 마찬가지이다. 대학을 졸업할 때까지 손에 물도 묻히지 않게 키운 딸이 솜씨 좋은 여자가 될 수 없다. 하기는 된장, 고추장은 물론이고 김치까지 사서 먹고, 집에서 바느질할 일도 없이 사니 솜씨가 좋을 필요가 없을는지 모르겠다. 그러나 이것은 단지 솜씨에 국한되지 않고, 이런 식으로 자란 딸이 나중에 여자로서 마땅히 해야 할 일까지 방기(放棄)할 가능성이 있다는 데에 문제가 있다.

　미국에서는 부모가 자기 자식에게 매를 들어도 법에 저촉된다고 한다. 물론 "귀여운 자식에게는 매를 많이 때려라"고 할 때의 '매'가 반드시 신체적인 압력을 가하는 수단을 뜻하는 것은 아니다. 포괄적으로 벌을 준다는 상징적인 의미의 '매'다. 그러나 진짜로 매를 들고 때리는 일을 결코 배제하지 않는데 이 경우 귀여운 자식에게 매를 드는 동양인들의 속 깊은 마음을 미국 사람들이 어찌 알겠는가.

> 『한서(漢書)』에 이르기를 "황금이 상자에 가득해도 자식에게 경서(經書) 한 권 가르쳐주는 것만 못하고, 자식에게 천금(千金)을 주는 것이 자식에게 한 가지 재주를 가르치는 것만 못하다"라 했다.
> 漢書云 黃金滿籯 不如敎子一經 賜子千金 不如敎子一藝
>
> － 훈자(訓子)

 자식을 잘 가르쳐 훌륭한 인물로 성장시키는 것은 모든 부모들의 소망이자 의무이기도 하다. 이 세상의 어느 부모인들 자기 자식이 훌륭하게 되기를 바라지 않겠는가. 문제는 훌륭하게 되도록 양육하는 방법이다.
 『한서』에서는 "경서(經書) 한 권과 한 가지 재주"를 가르치는 것이 중요하다고 했다. 경서 한 권을 가르친다는 것은 사람으로서 행해야 할 올바른 도리를 가르치는 것이고 한 가지 재주를 가르친다는 것은 자식의 적성을 파악해서 그에 알맞은 재주를 발휘하도록 가르침으로써 스스로의 생활을 잘 영위할 수 있게 해준다는 뜻이다. 이렇게 하는 것이 부모 된 자의 의무이다.
 그런데 오늘 이 땅의 부모들은 과연 자신의 의무를 이행하고 있는가? 혹시 상자에 황금을 가득 채우는 일에 열중한 나머지 자식 가르치는 일에 소홀한 것은 아닌가? 그래서 황금을 가득 채우는 일로 자신의 의무를 대신하려는 것은 아닌가? 초등학생에게 10만 원권 수표를 용돈으로 준다든가, 자식이 대학에 입학하면 고급 승용차를 선물한다든가, 수천만 원을 들여 고액 과외를 시키는 것으로 부모의 의무를 이행했다고 말하기 어려울 것이다.
 자식에게 거액의 재산을 물려주는 것 또한 부질없는 짓이다. 많은 재산을 물려받은 자식은 굳건한 자립심을 가지기 어렵다. 학교 교육과 사회교육도 중요하지만 일차적인 교육은 가정에서 부모가 담당해야 한다. 이 일차적인 가정교육이 잘못될 때 '오렌지족', '야타족'과 같은 패륜아가 생기기 쉬운 것이다.

> 술과 여색(女色)과 재물과 혈기(血氣)라는 네 개의 담장 안 방에 수많은 어진 이와 어리석은 이가 살고 있다. 만일 세상 사람이 이곳을 뛰쳐나올 수 있다면 그것은 신선의 죽지 않는 처방이다.
> 酒色財氣 四堵墻 多少賢愚在內廂 若有世人跳得出 便是神仙不死方
>
> - 성심(省心)

인간은 술과 여색과 재물과 혈기로 쌓아놓은 네 개의 담장 안에 갇혀있는 존재이다. 한편에서는 술이 손짓하고 또 한편에서는 여색이 유혹한다. 고개를 돌리면 재물에 욕심이 생기고 또 다른 쪽에서는 혈기가 인간을 충동질한다. 여기에는 어진 이와 어리석은 이의 구분이 없다.

미국의 클린턴 대통령은 여색의 유혹을 이기지 못하여 곤욕을 치르고 있다. 또한 우리나라의 국회의원들은 재물에 눈이 어두워 마치 먹이를 탐하는 짐승과 같이 날뛰고 있다. 술과 혈기도 여색이나 재물과 같이 인간을 옭아매는 무서운 힘을 지지고 있다. 어리석은 자들이야 말할 것도 없지만 현명하다고 공인된 자들까지 이 울타리를 벗어나지 못하고 있는 것을 보면 이 네 개의 담장이 과연 높고 견고한 것임에 틀림없다.

이렇게 높고 견고한 담장을 뛰쳐나올 수 있다면 그는 바로 신선이다. 그러나 신선이 어찌 실재(實在)하는 존재이겠는가? 설령 실재하는 존재라 하더라도 이 네 가지를 초월하여 사는 삶에는 인간의 피가 통하지 않을 것이다. 인간의 피가 흐르지 않은 상태에서 죽지 않고 영원히 살아본들 그것이 어떤 의미를 가질 수 있겠는가?

『명심보감』의 이 말은 네 가지를 초월하여 신선이 되라는 것이 아니고, 술과 여색과 재물과 혈기에 지나치게 빠져들지 말라는 경고일 것이다. 사실 인간은 이 네 가지가 없으면 살 수가 없다. 탐닉하지 않고 이 네 가지를 적절하게 누리는 것이야말로 인간적인 삶을 한층 풍요롭게 영위하는 길일 것이다.

> 『경행록(景行錄)』에 이르기를 "정치를 하는 요체는 공정함과 청렴함이요, 집안을 이루는 도리는 검소함과 부지런함이다"라 했다.
> 景行錄云 爲政之要 曰公與淸 成家之道 曰儉與勤   - 입교(立敎)

『경행록』은 중국 원(元)나라 때의 학자 사필(史弼)이 편찬한 도덕 교육서이다. 공정과 청렴은 정치하는 사람들이 지켜야 할 알파요 오메가이다. 공정과 청렴은 표리관계에 있다. 공정하게 일을 처리하려면 청렴이 전제되어야 하고, 청렴은 공정한 일 처리를 통해서 그 실체가 드러난다.

다산(茶山) 정약용(丁若鏞)은 '선비의 청렴은 처녀의 순결과 같다'고 했다. 당시의 윤리 관념으로는 처녀가 순결을 잃으면 처녀로서의 가치를 상실한다고 여겼다. 마찬가지로 선비가 청렴하지 않으면 선비로서의 자격이 없다는 말이다. 여기서 선비란 벼슬하는 지식인을 가리킨다.

오늘날 이 땅의 정치가는 어떠한가? 모두가 예외 없이 순결을 잃은 처녀와 같다. 정권이 바뀌면 으레 새로 정권을 잡은 측에서 이전 정권의 담당자들을 공정과 청렴의 기준에 의하여 심판하게 되는데 이것은 정치가들이 너나없이 공정하지 못하고 청렴하지 않았다는 것을 말해준다. 이런 악순환의 무한반복이 우리 현대 정치사의 한 단면이다.

이렇게 공정하지 않고 청렴하지 않은 정치인들을 국민들은 믿고 따르지 않는다. "정자(精子)와 국회의원의 공통점은 인간이 될 확률이 백만분의 일이라는 데에 있다"는 극히 냉소적인 농담이 생긴 걸 보면 정치인들에 대한 우리 국민들의 불신이 극에 달했음을 알 수 있다.

한 집안에서 생활신조로 삼아야 할 것은 검소와 근면이다. 검소하지 않으면 사치와 낭비를 일삼게 되고, 근면하지 않으면 게을러진다. 식구들이 게으르고 낭비하는 집안이 융성할 리 없다. 목욕탕에서 수도꼭지를 열어놓은 채 몸을 씻는다든가 필요 없이 전등을 켜둔다든가 휴지를 물 쓰듯 사용하는 등의 행위는 작은 일이지만 낭비의 첫걸음이다. 멀쩡한 가전제품이나 가구들을 내다 버리고 새것을 구입하는 일 또한 낭비라 하지 않을 수 없다. 어른이나 아이 할 것 없이 휴대폰은 왜 그렇게 자주 바꾸는지 ….

그런데 검소함과 부지런함은 그 자체로서도 미덕(美德)이 되지만 검소와 근면은 우리에게 또 다른 이익을 가져다준다. 『명심보감』의 같은 「입교」편에는 "부지런함은 부(富)의 근원이고 검소함은 부의 원천이다"라는 대목이 나온다. 검소하고 부지런함으로써만 부유해질 수 있다는 말이다.

한 집안이 검소하고 부지런하여 부유해지면 한 나라도 따라서 부유해질 것이다. 여기에다 정치하는 사람들이 공정하고 청렴하다면 부러울 것 없는 나라가 되지 않겠는가.

> 사마온공(司馬溫公)이 말하기를 "자식을 기르면서 가르치지 않는 것은 아버지의 잘못이요, 학생을 훈도하면서 엄하게 하지 않는 것은 스승의 게으름이다.
> 司馬溫公曰 養子不敎 父之過 訓導不嚴 師之惰   - 훈자(訓子)

> 여형공(呂滎公)이 말하기를 "안으로 어진 아버지와 형이 없고, 밖으로 엄한 스승과 벗이 없는데도 성공할 수 있는 자는 드물다.
> 呂滎公曰 內無賢父兄 外無嚴師友 而能有成者鮮矣   - 훈자(訓子)

사마온공은 사마광(司馬光)이고 여형공은 여희철(呂希哲)로 두 분 다 중국 송나라 때의 정치가이자 학자이다. 두 사람 모두 '엄한 스승'을 강조하고 있다. 이 두 사람의 경우에서뿐만 아니라 전통적인 교육방법은 한결같이 엄하게 가르치는 것을 중시해 왔다.

우리나라 풍속화에 서당도(書堂圖)란 것이 있다. 여기에서 우리는 늙은 훈장이 회초리를 들고 어린 학동에게 벌을 주는 모습을 흔히 볼 수 있다. 아마 이 학동은 스승의 말씀을 어겼거나 외우기, 글쓰기 등의 과제를 이행하지 못했기 때문에 종아리를 걷고 매를 맞는 것이라 생각한다. 그렇다. 이것이 전통교육의 한 단면이다.

학생이 잘못을 저질렀을 때 선생은 꾸중이든 회초리든 엄한 벌을 내렸고 학생은 이를 당연한 것으로 받아들였다. 그리고 벌의 종류를 선택하는 것은 전적으로 선생의 재량에 맡겨졌다. 학부모도 '제발 매로 때려서라도 우리 아이를 잘 가르쳐 주십시오' 하고 선생의 인격을 믿고 자식을 맡겼다.

지금 우리 사회의 교육 현실은 어떠한가? 걸핏하면 학생이 선생을 경찰에 신고하고 학부모가 교사를 폭행하기까지 한다. 자율학습 시간에 장기를 두다가 선생에게 뺨 한 대 맞았다고 해서 학생이 당장 경찰에 신고하기도 한다. 물론 도덕성이 결핍된 자격 미달의 선생도 있을 것이다. 그러나 대부분의 선생은 학생으로부터 고발을 당할 정도로 부도덕하지는 않다고 생각한다. 사소한 일로 학생이 선생을 경찰에 신고하는 것은 분명히 정상적인 현상이 아니다. 하기야 뱀을 잡아먹는 개구리가 출현하는 세상이니 이런 비정상적인 일이 교육현장에서도 일어나는 것인가?

체벌 금지를 법제화한 마당에서 한 가지 분명한 사실이 있다. 학생들에게 엄하지 않은 선생은 절대 체벌을 가하지 않고, 게으르고 불성실한 선생도 절대 체벌을 가하지 않는다는 점이다. 학창시절에 매를 들고 엄하게 훈육하셨던 선생님이 지금도 그리워지고 고맙게 생각되는 것은 아마 필자만의 느낌은 아닐 것이다.

> 한순간의 혈기를 참으면 백 일 동안의 근심을 면하게 된다.
> 忍一時之氣 免百日之憂　　　　　　　　　　　- 계성(戒性)
>
> 참고 또 참고 경계하고 또 경계하라. 참지 않고 경계하지 않으면 작은 일도 커지게 된다.
> 得忍且忍 得戒且戒 不忍不戒 小事成大　　　- 계성(戒性)

　　우리가 살아가다 보면 대인관계에서 서로 얼굴을 붉히며 큰소리로 말다툼하는 일을 흔히 경험한다. 그러다가 급기야는 화가 나서 몸싸움까지 벌이기도 한다. 그러나 싸움이 끝나고 나면 남는 것은 상처뿐이다. 신체적인 상처는 말할 것도 없고 마음의 상처가 더 깊이 남는다. 한순간의 혈기를 참지 못해서 일어나는 일이다.

　　동서고금을 막론하고 한결같이 인내의 미덕을 강조하는 걸 보면 참는다는 것이 인간의 생활에서 얼마나 중요한가를 알 수 있다. 또 참는다는 것이 결코 쉽지 않은 일이라는 것도 짐작할 수 있다. 그렇기 때문에 선인들이 거듭해서 인내의 미덕을 강조하는 것이기도 하다.

　　그런데 현대인들은 이 인내의 미덕을 점차 잃어가고 있다. 자동차 운전자들의 행태를 보면 금방 느낄 수 있다. 신호등의 노란불만 켜져도 빨리 출발하지 않는다고 뒤차의 경적이 요란하다. 어디 그뿐인가. 공중전화에서 앞사람이 통화를 길게 한다고 뒷사람이 칼로 찔러 죽인 일도 있었다. 젊은 부부의 이혼이 증가하는 것도 인내심 부족에서 그 원인의 일단을 찾을 수 있을 것이다. 식당에서 주문한 음식이 빨리 나오지 않는다고 종업원과 말다툼을 벌이는 일 역시 인내심이 부족한 탓이리라.

모든 것이 스피드화한 현대사회의 구조가 인간의 심성을 더욱 조급하게 몰고 가는 것 같다. 이런 상황에서 짜릿한 속도감을 즐기는 폭주족이 생기는 것이다. 그런 폭주족에게 참을성을 기대하기는 어려운 일이다. 그러나 인간인 이상 참고 기다릴 줄 아는 미덕을 길러야 하지 않겠는가? 짐승들은 참을 줄 모른다. 외부의 자극에 용수철처럼 즉각적으로 반응하는 것이 짐승들의 세계다. 그러니 참을 줄 아는 것이야말로 인간이 인간다울 수 있는 가장 큰 미덕이 아닐 수 없다.

사마온공(司馬溫公) 가훈에 "돈을 모아서 자손에게 물려주어도 자손이 이 돈을 반드시 다 지키지는 못할 것이요, 책을 모아서 자손에게 물려주어도 자손이 이 책을 반드시 다 읽지는 못할 것이니, 남모르는 가운데 음덕(陰德)을 쌓아서 자손을 위한 계책을 세우느니만 못하다"라 했다.
司馬溫公家訓 積金以遺子孫 未必子孫能盡守 積書以遺子孫 未必子孫能盡讀 不如積陰德於冥冥之中 以爲子孫之計也

- 계선(繼善)

　　사람들은 저마다 인생의 목표가 있고 이 목표에 따라서 살아가는 방법이 각기 다르다. 인생의 목표와 살아가는 방법은 나 자신과 자식들과 남들이라는 3자의 역학관계에 의하여 결정되는 경우가 많다. 어떤 사람은 자식이나 남들에 대한 배려 없이 오직 자기 자신만을 위해서 살아간다. 또 어떤 사람은 자신을 희생하는 한이 있어도 자식을 위하는 것이 옳은 삶의 방식이라고 생각한다. 그런가 하면 자신과 자식들보다는 남을 위해서 살아가는 사람도 있다.

　　이 중에서 어느 것이 바른 자세인가를 단언하기는 어렵다. 그것은 각자의 처지와 개성 그리고 가치관에 따라서 다를 것이기 때문이다. 그러나 한 가지 분명한 사실은, 나와 자식들과 남들의 이익을 동시에 충족시킬 수 있다면 그것이 가장 이상적인 삶의 형태라는 점이다. '사마온공 가훈'은 이 이상적인 삶의 형태를 우리에게 일깨워주고 있다.

　　나도 만족하고 자식들에게도 혜택이 돌아가고 남들에게도 도움이 되는 삶의 형태는 어떤 것일까? 바로 음덕(陰德)을 쌓는 일이라는 것이다. 음덕이란, 세상에 알려지지 않은 자기만 아는 선행(善行)을 말한다. 말하자면 숨은 덕행이다. 남모르는 사이에 선행을 하면 선행을 했다는 만족감으로 행복감을 느낄 것이다.

그리고 선행이란 기본적으로 타인을 위해서 하는 행위이기 때문에 남들에게 도움을 주게 된다. 뿐만 아니라 그 혜택이 자손들에게도 돌아간다고 하니 이보다 더 훌륭한 삶은 없을 것이다. 그래서 "음덕을 지닌 자는 하늘이 반드시 복으로써 보답한다(有陰德者 天必報以福)"는 말이 나온 것이리라.

『사기(史記)』에 말하기를 "하늘에 제사 지내고 사당에 제사 지내는 데에 술이 아니면 흠향하지 않고, 임금과 신하, 친구 사이에도 술이 아니면 의로움이 생기지 않으며, 싸움을 하고 서로 화해하는 것도 술이 아니면 권하지 못한다. 그러므로 술을 마셔서 성공하는 수도 있고 실패하는 수도 있으니 함부로 마셔서는 안 된다"라 했다. 史記曰 郊天禮廟 非酒不享 君臣朋友 非酒不義 鬪爭相和 非酒不勸 故酒有成敗 而不可泛飮之
- 성심(省心)

    인간이 먹는 음식 중에서 술만큼 논란이 분분한 기호품은 없을 것이다. 동양 사회에서는 예부터 술의 미덕을 찬양해 왔다. 일찍이 『한서(漢書)』「식화지(食貨志)」에는 "무릇 소금은 음식물의 우두머리이고 술은 백약(百藥)의 으뜸이자 아름다운 모임의 좋은 친구이며 쇠는 농사의 근본이다"라 기록되어 있다.

    술은 임금과 신하 사이의 의리를 두텁게 하고 친구 간의 우정을 돈독히 한다. 제사를 비롯한 각종 의식에 술이 반드시 있어야 하는 것을 보아도 인간 생활에서 차지하는 술의 비중을 짐작할 수 있다. 술은 인간의 역사와 더불어 있어 왔고 언제나 인간과 희로애락을 함께해왔다.

    그래서 고금의 시인들은 술을 한없이 예찬했다. 도연명(陶淵明)은 20수나 되는 「음주(飮酒)」 시를 남겼고, 이백(李白)은 「월하독작(月下獨酌)」, 「장진주(將進酒)」 등의 시를 써서 술을 찬미했다. 이들은 진정으로 술을 사랑한 사람들이다.

    그러나 『사기(史記)』에서는 술을 함부로 마셔서는 안 된다고 했다. 신입생 환영회에서 냉면 그릇에 따른 소주를 한 번에 마시게 하여 목숨을 잃게 한다거나 술에 취하여 친구를 연못에 빠뜨려 죽게 해서는 안 된다는 말이다. 이것은 술을 사랑하는 것이 아니라 술을 학대하는 행위이다. 사랑하는 대상을 학대하는 법은 없다.

그렇지만 술병에 부착된 '지나친 음주는 간경화나 간암을 일으키며 운전이나 작업 중 사고 발생률을 높입니다'라는 경고문을 보면 그 말이 틀린 것이라 생각하지는 않지만 인간의 다정한 벗인 술을 범죄시하는 것 같아 씁쓸한 마음을 금할 수 없다. 차라리 '술을 사랑하는 사람은 술을 학대하지 않습니다'와 같은 경고문이 아닌 권고문으로 바꾸는 것이 어떨는지.

> 유회(劉會)가 말하기를 "말이 이치에 맞지 않으면 말하지 않는 것만 못하다"라 하였다.
> 劉會曰 言不中理 不如不言 　　　　　　　　　　- 언어(言語)
>
> 엄군평(嚴君平)이 말하기를 "입과 혀는 재앙과 우환을 불러들이는 문이요, 몸을 망치는 도끼이다"라 했다.
> 君平曰 口舌者 禍患之門 滅身之斧也 　　　　　- 언어(言語)
>
> 사람을 이롭게 하는 말은 따뜻하기가 솜과 같고, 사람을 해치는 말은 날카롭기가 가시와 같다.
> 利人之言 煖如綿絲 傷人之語 利如荊棘 　　　　- 언어(言語)

「언어」편의 구절들은 말을 삼가라는 교훈이다. 즉 함부로 말을 해서는 안 된다는 충고이다. 동서고금을 막론하고 입을 잘못 놀려 곤경에 처하고 패가망신하는 경우가 허다하다. 때로는 말 때문에 목숨을 잃기까지 한다.

그런데 최근 조금도 삼가지 않고 함부로 말을 해서 화제가 되고 있는 인물이 있다. 그는 『공자가 죽어야 나라가 산다』는 책을 써서 우리나라의 병리 현상을 예리하게 분석하고 있다. 어떤 대목에서는 섬뜩한 느낌이 들 정도로 비범한 통찰력을 보여주기도 한다.

그는 또한 남다른 말재주와 글솜씨를 지니고 있다. 이것이 화근이었다. 자신의 재주와 솜씨를 믿고 무책임한 말을 거침없이 뱉어내고 있다. 우선 『공자가 죽어야 나라가 산다』는 책 제목이 그렇고, "효도가 사람 잡는다"는 말이나 "조선의 왕들은 교활한 사대부들이

고용한 살인 청부업자나 다름없다"는 따위의 말들이 그렇다.

그에 의하면 우리나라는 "공자 바이러스"에 의하여 서서히 부식되고 붕괴되는 나라이다. 한일 강제병합도 유교 때문이고 6.25 전쟁도 유교 때문에 일어났으며 IMF 사태도 유교에 그 원죄가 있다는 것이다. 심지어 우리나라 학생들이 영어 회화를 잘못하는 것도 유교 때문이라고 한다. 그는 전생(前生)에 유교와 무슨 원한이 있었는지 유교라는 말만 들어도 닭살이 돋는 사람이다.

유교에는 공(功)도 있고 과(過)도 있다. 그가 아무리 공은 없고 과만 있다고 떠들어도 그 공이 없어지는 것은 아니다. 다만 공은 접어두고 과만 지적할 수도 있는데 지적하는 방식이 문제이다. "사람을 이롭게 하는 말은 따뜻하기가 솜과 같다"고 했는데 그의 말은 따뜻하기는커녕 "날카롭기가 가시와 같다" 그러니 그의 말은 "사람을 해치는 말"일 수밖에 없다. 제발 그 말이 그 자신의 "몸을 망치는 도끼"가 되지 않기를 바랄 뿐이다.

공자가 말하기를 "자기의 몸가짐이 바르면 명령하지 않아도 (백성이) 행하고, 자기의 몸가짐이 바르지 못하면 비록 명령하더라도 (백성이) 따르지 않는다"라 했다.
子曰 其身正 不令而行 其身不正 雖令不從　　- 치정(治政)

공자가 말하기를 "곧은 사람을 기용하여 굽은 사람 위에 놓으면 백성들이 복종하고, 굽은 사람을 기용하여 곧은 사람 위에 놓으면 백성들이 복종하지 않는다"라 했다.
子曰 擧直諸枉 則民服 擧枉諸直 則民不服　　- 치정(治政)

여기 인용된 공자의 말은 정치 지도자가 어떠한 자세를 가져야 하는가를 가르쳐 준다. 정치 지도자가 가져야 할 바람직한 자세는, 몸가짐을 바르게 해야 하고 곧은 사람을 기용하라는 것이다. 그렇게 하면 백성들이 따르고 복종한다는 것이다. 어떻게 보면 너무나 평범한 이 교훈을 다시금 되새기는 것은 오늘날 우리의 정치 현실이 너무나 혼탁하기 때문이다.

우리는 어느 때부터인가 '정치적'이란 말을 좋지 않은 뜻으로 사용해 오고 있다. '정치적으로 해결한다', '정치적 결단의 문제이다'라는 등의 진술 속에는, 원칙과 정도(正道)가 아닌 편법과 뒷거래에 의하여 일을 처리한다는 음험한 의미가 내포되어 있다. 이것이 오늘의 정치 현상을 단적으로 말해준다. 왜 '정치적'이란 용어가 이렇게 사용되어야 하는가?

공자는 "정치란 바른 것이다(政者正也)"라 말한 바 있다. 그런데 오늘 이 땅의 정치는 '바른 것'과는 너무나 거리가 멀다. 거짓말을 잘하고 술수(術數)에 능하고 지역감정을 최대한 부추겨야 유능한 정치 지도자가 된다. 또 '정치적인' 목적으로 '굽은 사람'을 기용할 수 있어야 정치적 역량이 있는 지도자가 된다. 이런 행태를 바르다고 말할 수는 없다.

지금 진짜 '곧은 사람'은 정치판에 끼이지 못하고 끼일 생각도 안 한다. 혹 곧은 사람이 정치에 발을 들여 놓는 경우에도 곧 '굽은 사람'이 되어 버리고 만다. 이런 지경이니 백성들이 복종하지 않는 것은 당연한 일이다. 여의도 상설무대에서 하릴없이 세금만 축내고 있는 정치가들은 한 번쯤 공자의 말에 귀를 기울여 볼지어다.

"공자가 죽어야 나라가 산다"고 뇌까린 자도 있지만 공자의 가르침 중에는 영원히 죽지 않는 말도 있는 것이다.

> 은혜와 의리를 널리 베풀어라, 인생길 어느 곳인들 서로 만나지 않겠는가. 원수와 원한을 맺지 말아라, 좁은 길에서 만나게 되면 회피하기 어렵다.
> 恩義廣施 人生何處 不相逢 讎冤莫結 路逢狹處 難廻避
>
> - 계선(繼善)

얼핏 보면 평범한 처세의 방법을 제시한 것 같지만 단순한 처세술을 넘어서 이 구절은 은혜를 베풀고 의리를 지키면서 살라는 적극적인 삶의 자세를 가르치고 있다.

사람은 살아가면서 어느 때 어느 곳에서 서로 만날는지 알 수 없다. 평소에 은혜를 베풀고 의리를 지키면서 살아온 사람은 언제 어디서 누구를 만나든 두려워할 필요가 없다. 그러나 타인과 원한을 맺은 사람은 평생을 불안하게 살기 마련이다. 그 원한의 당사자와 한 번은 만나게 되어 있고 또 '원수는 외나무다리에서 만난다'는 속담처럼 반드시 피할 수 없는 좁은 길에서 만나기 때문이다.

생각해 보라. 죄도 없이 대공분실(對共分室)에 끌려가 통닭처럼 알몸으로 매달려 온갖 고문을 당한 사람이 자기에게 고문을 가한 자에게 원한을 맺지 않을 수 있겠는가? 고문은 인간이 인간에게 가하는 가장 악질적인 행위이다. 고문은 인간을 짐승으로 만든다. 인간을 짐승으로 만들겠다는 자는 짐승보다 못한 자이다. 짐승들은 상대를 물어 죽일지언정 고문할 줄은 모른다. 그러니 짐승보다 못할 밖에 없다.

속칭 '고문 기술자' 이근안, 그는 수없이 많은 원한을 맺고 살아온 자이다. 언젠가는 그 대가가 자신에게 돌아오리라는 것을 알았다면 그토록 가혹한 고문을 하지 않았을 것이다. 불행히도 그는 그걸 몰랐다. 그걸 몰랐다는 것은 그가 인간의 탈을 쓴 짐승이라는 증거이고 나아가 짐승보다 못한 자라는 증거인 셈이다. 어디 이근안뿐이겠는가.

아직도 숨어서 살고 있을 무수한 고문자들은 평생을 그렇게 살 수밖에 없을 것이다. 이것이 어디 인간이 할 짓인가? 한평생 은혜를 베풀며 살아도 모자랄 판인데 남들과 원한을 맺으며 살 필요가 있겠는가. 세상은 넓고 할 일도 많은데 어디 할 짓이 없어서 고문기술자가 된단 말인가.

> 앞으로 오는 일을 알고자 하면 먼저 지나간 일을 살필 것이다.
> 欲知未來 先察已往　　　　　　　　　　　　　　- 성심(省心)

> 공자가 말하기를 "밝은 거울은 그것으로써 형체를 살피는 것이고, 지나간 옛 일은 그것으로써 현재를 아는 것이다"라 했다.
> 子曰 明鏡所以察形 往古所以知今　　　　　　　- 성심(省心)

　　"지나간 옛 일"을 알아야 현재도 알 수 있고 미래도 알 수 있다는 말이다. 지나간 옛 일은 곧 역사이다. 그러므로 역사를 알아야 현재와 미래를 알 수 있다는 것이다. 역사는 현재를 비추는 거울이다. 그래서 우리는 자신의 모습을 알기 위해서 역사라는 거울에 비추어 보는 것이다. 역사의 거울에는 현재의 모습이 적나라하게 나타난다.
　　역사의 무대에 등장한 수많은 인물들 중에는 그야말로 역사 속에 묻혀버린 자들도 있고 오늘까지 살아서 우리의 추앙을 받는 자들도 있다. 왜 어떤 자들은 역사 속에 묻혔으며 또 왜 어떤 자들은 지금까지 살아있는가를 살피면 현재의 우리의 위치를 알 수 있다. 우리가 역사를 알아야 하는 이유가 여기에 있다. 무분별하고 충동적인 현재의 행동을 조절하고 반성케 하는 계기를 역사 속에서 찾아야 한다는 것이다.
　　대통령의 경우만 해도 그렇다. 역대 대통령은 누구나 역사에 남을 대통령이 되고 싶어 한다. 역사에 남을 대통령이란 후세에까지 살아남아서 후세인의 존경을 받는 대통령일 것이다. 그러자면 자신을 역사의 거울에 비추어 보아야 한다. 어느 시대 어느 왕은 어떤 일을 해서 어떤 평가를 받았는지, 전임 대통령들의 국가 경영이 민생과 국익에 어떤 도움을 주었는지를 꼼꼼히 살펴야 한다. 이렇게 함으로써 자신이 지금 무엇을 어떻게 해야 하는가에 대한 교훈을 얻을 수 있다.

물론 시대에 따라 정치적 환경과 조건에 따라 과거와 현재의 행동양태가 같을 수는 없을 것이다. 그러나 한 가지 분명한 사실이 있다. 절대권력을 가진 대통령이 자신의 이익을 뒤로하고, 자신이 속한 당(黨)과 출신 지역의 이해관계를 초월하여 민족과 국가 위에 군림하지 않고 민족과 국가를 위하여 진심으로 봉사할 때 비로소 역사에 남는 대통령이 된다는 점이다. 이런 사실을 역사가 증명한다는 것을 아는 대통령은 역사에 남을 대통령일 것이다.

『동몽훈(童蒙訓)』에 이르기를 "벼슬하면서 지켜야 할 법이 오직 세 가지가 있으니 청렴함과 신중함과 부지런함이다. 이 세 가지를 알면 몸 가질 바를 안다고 할 것이다.
童蒙訓曰 當官之法 唯有三事 曰淸曰愼曰勤 知此三者 知所以持身矣
- 치정(治政)

태공(太公)이 말하기를 "부지런함은 값으로 헤아릴 수 없는 보배요, 신중함은 몸을 보호하는 부적이다"라 했다.
太公曰 勤爲無價之寶 愼是護身之符
- 정기(正己)

    벼슬하는 사람이 지켜야 할 세 가지 계율을 제시하고 있는데 청렴함, 신중함, 부지런함이 그것이다. 벼슬하는 사람이란 오늘의 개념으로 보자면 정부 각 부서의 공무원일 터인데 여기에 공직에 종사한다는 의미에서 국회의원도 이에 포함시키고자 한다.
    이 중에서 국회의원들이 지금 전전긍긍하고 있다. 2,000년 총선시민연대가 발표한 공천 부적격자 명단 때문이다. 얼마 전 실시한 어느 여론조사에 의하면 가장 부패한 집단 1위를 국회의원이 당당히 차지했다. 국회의원은 법을 만드는 사람들인데 이들이 가장 부패한 집단으로 국민의 눈에 비친 것이다. 그래서 '국회의원은 교도소 담장 위를 걸어가는 자'라는 말도 생겼다. 이러한 국회의원들을 더 이상 방치할 수 없어서 국민들이 들고 일어난 것이다.
    국회의원들이 부패했다는 것은 청렴하지 못하다는 말이다. 다산(茶山) 정약용(丁若鏞)은 『목민심서』에서 "수령이 청렴하지 않으면 백성들은 그를 도적으로 지목하여 마을을 지날 때에는 욕하는 소리가 비등할 것이다"라고 말했다. 부패하고 청렴하지 못한 국회의원도 바로 이 도적이나 다름없다.

 이른바 국보위(國保衛)에 참여해서 군사정권을 도운 자들이나 중앙정보부에서 죄 없는 사람들을 괴롭힌 자들은 '신중함'이 결여된 부류이다. 이들은 자기 "몸을 보호하는 부적"을 스스로 버린 것이다. 그래서 지금 시민단체의 공격으로부터 자신을 보호할 수 없는 처지에 놓였다. 부지런하지 않은 자들도 있다. 이들은 국회의원으로서 마땅히 수행해야 할 의정활동에는 부지런하지 못하면서 정파 간의 싸움이나 돈 모으는 데에만 부지런하다. 이들은 거짓말 하는 데에도 누구 못지않게 부지런하다. 국민의 대표라는 명패를 걸고 수많은 특권을 누리며 무소불위(無所不爲)의 작태를 부려온 '일부' 국회의원들은 이번 기회에 국민의 준엄한 심판을 받아야 할 것이다.

> 공자가 말하기를 "부모가 살아계시면 먼 곳으로 가지 않으며 가더라도 반드시 가는 곳을 밝혀야 한다.
> 子曰 父母在 不遠遊 遊必有方　　　　　　　　- 효행(孝行)
>
> 자식을 길러봐야 부모의 은혜를 알고, 세상에 나가 출세해 봐야 사람들의 고통을 안다.
> 養子方知父母恩 立身方知人辛苦　　　　　　- 효행(孝行)

　　자식을 길러본 사람은 한 번쯤 경험했을 것이다. 다 큰 자식이 밤 12시가 되어도 귀가하지 않고 새벽 2시가 되어도 아무런 연락도 없이 돌아오지 않을 때 그 애타는 부모의 마음이 어떠한 것인지를. 그러다가 전화가 와서 "저 ○○인데요, 친구 집에서 지고 갈게요"라는 말을 들으면 그제야 마음 놓고 잠들 수 있다. 집을 나서기 전에 가는 곳을 밝혀야 하고 그렇지 못한 경우에는 나중에라도 행방을 알려 드리는 것 이것이 효도하는 것이다.

　　여기 인용한 공자의 말은 이 점을 밝힌 것이다. 물론 공자의 말을 기계적으로 해석할 필요는 없다. 부모가 살아계시면 지방 학생이 서울로 유학 갈 수도 없고 외국으로 공부하러 갈 수도 없다는 말이 아니다. 지금은 공자의 시대가 아니다. 지금은 서울의 좋은 대학으로 유학가는 자식을 말릴 부모도 없고 또 붙박이로 부모 곁에 있는 것을 효도라 생각하는 자식도 없다. 다만 어디를 가든지 자주 연락을 해서 부모를 안심시켜 드리라는 것이다. 다산(茶山) 정약용(丁若鏞)도 공자의 이 말을 기계적으로 해석하지 않고 "만일 임금의 명으로 먼 곳에 사신가는 일이라면 이 범위에 들지 않는다"고 했다.

옛 문헌에는 효(孝)가 지나치게 강조되어 있는 것이 사실이다. 이를 융통성 없이 해석하게 되면 "효도가 사람 잡는다"는 식의 극단적 생각에 이르게 된다. "효도가 사람 잡는다"고 말한 김경일 교수는 "효도는 자식들이 모든 것을 다 바쳐서 해드려야 하는 일방적인 희생"이라고 단언했는데 이것이야말로 너무나 경직된 "일방적" 사고의 소산이 아닌가 한다. 자식이 외출할 때 가는 곳을 밝히는 것만으로도 효(孝)가 되는데 이것을 "일방적 희생"이라고 할 수는 없지 않은가.

김 교수도 자식을 길러봤으면 부모가 자신에게 베풀었던 은혜를 미루어 알았을 터인데(그래도 부모의 은혜를 몰랐다면 할 말이 없다) 부모의 은혜를 알고서도 효를 전면적으로 부정할 수 있겠는가! 부모의 은혜에 보답하는 길은 "일방적 희생이 아닌 여러 방법으로 얼마든지 가능하다는 사실을 알았으면 한다.

> 『경행록(景行錄)』에 이르기를 "족할 줄을 알면 즐거울 수 있고, 탐욕에 힘쓰면 근심스럽다"라 했다.
> 景行錄云 知足可樂 務貪則憂　　　　　　　　　- 안분(安分)
>
> 족한 줄을 아는 사람은 가난하고 천하여도 또한 즐겁고, 족한 줄을 모르는 사람은 부유하고 귀해져도 또한 근심스럽다.
> 知足者 貧賤亦樂 不知足者 富貴亦憂　　　　　　- 안분(安分)

　　사람의 한평생이 어떠해야 아름다운 삶을 살았다고 말할 수 있을까? 아름다운 삶이란 훌륭한 삶의 다른 이름이다. 이렇게 본다면 공자나 석가모니나 예수와 같은 성인들은 아름다운 삶을 영위한 사람들이다. 슈바이처나 간디, 테레사 수녀 같은 분들 역시 아름답게 살다 간 사람들이다. 뿐만 아니라 모차르트, 릴케, 로댕 같은 예술가들의 삶 또한 아름다운 것이었다.

　　이렇게 유명한 분들 이외에도 참으로 아름다운 삶을 영위한 사람들을 우리는 보고 있다. 보통 사람들이 상상하기 어려운 시가(時價)의 대원각 부지를 조건 없이 불교계에 기증한 자야(子夜) 여사 김영한(金英韓) 할머니의 삶은 어느 유명 인사의 삶 못지않게 아름다운 것이었다. 평생 삯바느질로 모은 재산을 미련 없이 대학에 기부한 이름 모를 어느 할머니의 삶 또한 더할 수 없이 아름다운 삶이 아닐 수 없다.

　　이 아름다운 삶들의 자세는 어디에 기인하는 것일까? 여러 가지 원인이 있겠지만 가장 중요한 것 중의 하나는 이들이 "족할 줄 아는 삶" 즉 만족할 줄 아는 삶을 살았다는 데에 있을 것이다.

인간은 원래 욕망의 덩어리이다. 오래 살고 싶은 욕망, 재물에 대한 욕망, 성(性)적인 욕망, 명예를 얻고 싶은 욕망 등이 인간을 "근심스럽게" 한다. 물론 이러한 욕망은 인간을 인간답게 해주는 중요한 요소이고 또 우리 삶을 이끌어가는 활력소가 된다. 욕망이 있기에 자기 발전이 가능하기도 하다.

문제는 끝없는 욕망의 추구이다. 부유한데도 더 부유해지려 하고, 귀한 지위에 있는데도 더 귀한 지위에 오르려는 무한 욕망 때문에 "근심"이 생기는 것이다. 어느 정도의 선에서 만족할 줄 아는 것이야말로 '즐거울 수 있는' 삶의 요체(要諦)이다.

정해진 임기 동안의 대통령직에 만족하지 못하고 더 해보려는 권력욕이 빚은 결과가 어떠했는가를 우리는 보았다. 현대그룹 '왕회장'의 두 아들이 벌인 재산 다툼도 더 많은 재산을 차지하려는 물욕(物慾) 때문에 일어난 일이 아닌가. 그만한 재산을 가졌으면서도 만족할 줄 모르는 그들의 삶이 결코 즐거울 수 없을 것이고 또 아름답게 보이지 않는다.

공자가 말하기를 "군자에게는 세 가지 경계해야 할 일이 있다. 젊었을 때는 혈기가 안정되지 않았으므로 여색(女色)을 경계해야 하고, 장성했을 때는 혈기가 바야흐로 왕성하기 때문에 싸움을 경계해야 하며, 늙어서는 혈기가 이미 쇠약했기 때문에 (재물이나 명예를) 얻는 것을 경계해야 한다.

子曰 君子有三戒 少之時 血氣未定 戒之在色 及其壯也 血氣方剛 戒之在鬪 及其老也 血氣旣衰 戒之在得 － 정기(正己)

『논어』「계씨(季氏)」편에 있는 말인데 사람이 한평생 경계하고 조심해야 할 사항을 가르치고 있다. 젊었을 때는 여색을, 장성했을 때는 싸움을, 늙어서는 탐욕을 경계하란 말이다. 장성했을 때의 싸움은 꼭 몸싸움만을 가리키는 것이 아니고 정신적인 싸움이나 이해관계에 얽힌 마음의 싸움까지 포함하는 말일 것이다. 마음을 비우고 죽을 준비를 해야 마땅한 노년에 물욕(物慾)이나 명예욕에 휩싸이는 것 또한 경계해야 할 일임에 틀림없다.

　여색에 관해서는 공자가 젊었을 때 경계하라고 말했지만 이것은 젊었을 때만의 문제는 아닌 듯싶다. 녹색연합 사무총장과 총선 시민연대 대변인을 역임한 43세의 장(張) 모 교수가 여색을 탐하다가 곤경에 처해 있다. 43세면 젊은이가 아닌 장년이 아닌가? 어디 그뿐인가. 성희롱 혐의로 고발당한 산업연구원 이(李) 모 원장은 53세이다. 공자 시대에는 노년으로 분류되었을 나이이다. 그러니 여색은 연령을 초월해서 경계해야 할 대상이다.

　『논어』에는 여색에 비유해서 예를 든 대목이 여러 번 나온다. "어진 이를 존경하기를 여색을 좋아하듯 하라(賢賢易色)", "끝장이로

다. 나는 아직까지 덕(德)을 좋아하기를 여색을 좋아하듯이 하는 사람을 보지 못했도다(已矣乎 吾未見 好德如好色者也)"등의 말을 종합해 보면 공자가 여색의 유혹을 매우 강력한 힘으로 생각했음을 알 수 있다. 여색을 좋아하는 마음가짐이라면 못할 일이 없다는 말이다.

그렇다. 어느 시대, 어느 연령의 사람에게나 여색은 모든 남성들의 영원한 표적이다. 그렇기 때문에 여색을 선망하는 것 자체를 탓할 수는 없다. 구태여 로렌스(D.H Lawrence)의 말을 빌리지 않더라도 여색은 모든 창조적 활동의 원동력이기 되기도 한다. 그것이 비록 불륜(不倫)일지라도 아름다운 사랑일 수 있는 것이다.

그러나 앞에서 말한 장(張) 교수의 '성추행'과 이(李) 원장의 '성희롱'은 결코 아름다워 보이지 않는다. 일방적인 강요에 의한 성적 접촉은 어떤 이유로도 합리화될 수 없는 것이다. 공자의 말과 같이 이들이 여색을 좋아하는 정열을 다른 일에 쏟았다면 보다 더 큰 업적을 이룰 수 있었을 것이다.

> 현명한 아내는 남편을 존귀하게 만들고, 나쁜 아내는 남편을 비천하게 만든다.
> 賢婦令夫貴 惡夫令夫賤　　　　　　　　　　- 부행(婦行)

> 집안에 현명한 아내가 있으면 남편이 불의의 재앙을 당하지 않는다.
> 家有賢妻 夫不遭橫禍　　　　　　　　　　- 부행(婦行)

> 태공(太公)이 말하기를 "어리석은 사람은 아내를 두려워하고, 현명한 여자는 남편을 공경한다.
> 太公曰 癡人畏婦 賢女敬夫　　　　　　　　- 치가(治家)

　　이 세상의 절반인 여성들이 절반에 걸맞은 대우를 받아오지 못했고 지금도 온당한 대우를 받는다고 할 수는 없을 것이다. 이런 현상은 서양보다 동양 사회에서 특히 심한데, 뿌리 깊은 남성우월주의 사상에 젖어왔기 때문일 것이다. 이와 같은 남성 중심적 사회 관행이 시정되어 여성도 떳떳한 대접을 받아야 함은 말할 나위가 없다.
　　그런데 여성 스스로가 자신을 비하시키는 일을 저지르고 있으니 참으로 딱하다. 남편이 장관이면 자기도 장관인 양, 남편이 장성(將星)이면 자기도 장성인 양 으스대는 여성들을 흔히 본다. 최근의 소위 고급옷 로비 사건에서 보듯이 남편의 위세를 이용하여 방자하게 굴다가 결국은 "남편을 비천하게 만든" 어리석은 아내들은 여성이 스스로를 비하시킨 좋은 사례이다.
　　중국 현대사에는 극단적으로 대조되는 두 유형의 여성이 등장한다. 하나는 모택동의 처 강청(江靑)이고 다른 하나는 주은래의 처 등영초(鄧穎超)이다. 강청은 남편의 권력을 등에 업고 날뛰다가 비참한 최후를 맞았고, 등영초는 주어진 위치에서 국가와 민족에 봉사하여 살았을 때나 죽고 난 후에나 중국 인민의 사랑과 존경을 한 몸에 받았다. 과연 어떻게 사는 것이 여성으로서의 바람직한 삶의 자세인가를 시사해 주는 바가 크다고 하겠다.

남편은 남편으로서의 직분이 있고 아내는 아내로서의 직분이 있다. 얼마 전 우리나라를 방문한 영국 엘리자베스 여왕의 남편 에딘버러 공의 처신에서 우리는 남편의 직분을 일탈하지 않는 모습을 보았고, 주은래의 처 등영초에게서 아내의 직분을 지키며 훌륭하게 살다 간 여성을 발견하게 된다.

> 『경행록(景行錄)』에 이르기를 "사람의 성품은 물과 같아서, 물이 한 번 엎질러지면 다시 담을 수 없듯이 성품도 한 번 방종(放縱)해지면 다시 돌이킬 수 없다. 물을 제압하는 일은 반드시 제방으로써 해야 하고 성품을 제압하는 일은 반드시 예법으로써 해야 한다.
> 景行錄云 人性如水 水一傾則不可復 性一縱則不可反 制水者 必以堤防 制性者 必以禮法
>   - 계성(戒性)

인간의 본성이 선(善)한가 악(惡)한가 하는 문제는 유가(儒家)의 해묵은 논쟁점이다. 이 논쟁은 앞으로도 끝없이 이어지겠지만 어리석은 생각으로는 인간은 선과 악을 동시에 지니고 있는 것 같다. 그때그때의 상황과 조건에 따라 선한 일면이 드러나는 경우도 있고 악한 일면이 표출되는 경우도 있는 것이다.

그러나 요사이 국내외에서 일어나는 사태를 보면 인간의 본성이 악한 것일지도 모른다는 생각이 들기도 한다. 르완다, 코소보, 동티모르 등지에서 벌어지고 있는 무자비한 살육행위는 서로 민족과 종교가 다르다는 단 한 가지 이유 때문에 일어났다. 히틀러의 유대인 학살이나 일본이 저지른 중국 남경의 대학살도 마찬가지이다. 이러한 학살은 같은 민족끼리도 예외가 아니다. 스페인 게르니카나 한국의 광주에서 일어난 대량 학살이 그것이다. 어디 그뿐이랴. 돈과 치정과 원한에 얽힌 끔찍한 살인 사건들이 우리 주위에서 수없이 벌어지고 있다.

인간에게는 선(善)과 함께 악한 본성이 강하게 도사리고 있음이 분명하다. 이 악한 본성이 기회를 노리고 있다가 때때로 분출하는 것이다. 그리고 악한 본성은 물과 같아서 한 번 분출하면 다시 돌이킬 수 없다. 그러니 물이 엎질러지기 전에, 성품이 방종해지기 전에 미리 예방해야 한다. 악한 본성이 분출하여 방종해지는 것을 억제하는 수단이 바로 예(禮)이다. 예는 인간 사회의 질서를 유지하기 위한 가장 기본적인 통제장치이다. 현대사회의 명문화된 법(法)만으로는 이를 통제할 수 없다. 법은 최소한의 예(禮)에 불과하다. 우리가 광주사태를 법으로 막을 수 있었던가?

　인간의 탈을 쓰고 저질러지는 악한 짓을 예방하기 위해서는 청소년들을 바르게 교육하는 길밖에 없는데 교육의 가장 큰 부분을 담당하고 있는 학교 교육의 현실이 걱정스럽다. '수요자 중심의 교육'이라는 해괴망측한 구호가 유령처럼 우리 사회를 홀리고 있는 한 우리 청소년들에게 참다운 예(禮)를 가르치기는 어려울 것이다.

소동파가 말하기를 "까닭 없이 천금을 얻으면 큰 복이 있는 것이 아니라 반드시 큰 재앙이 있느니라"라 했다.
蘇東坡曰 無故而得千金 不有大福 必有大禍　　　- 성심(省心)

부정하게 재물을 취하는 사람이 천하에 가득한데 복 없는 사람만 죄에 걸린다.
贓覽滿天下 罪拘薄福人　　　- 성심(省心)

큰 집이 천 칸이라도 밤에는 여덟 자 방에 누워 자고, 좋은 밭이 일만 경이라도 하루에 먹는 곡식은 두 되이다.
大廈千間 夜臥八尺 良田萬頃 日食二升　　　- 성심(省心)

　　소동파(蘇東坡)는 "까닭 없이 천금을 얻으면 큰 재앙이 있을 것"이라 말했다. 까닭 없이 큰돈을 얻는다는 것은 정당하지 못한 방법으로 재물을 얻는다는 말이다. 지극히 일반적이고 교과서적인 교훈이다. 부정하게 모은 재산이 복을 가져다주지 않고 재앙을 가져다주는 경우는 얼마든지 볼 수 있다.
　　그러나 예나 지금이나 꼭 교과서적인 가르침대로 진행되지 않는 것이 인간 세상인가 보다. "부정하게 재물을 취하는 사람이 천하에 가득한데도 복 없는 사람만 죄다 걸린다"고 했으니, 재수 없는 사람만 처벌을 받는다는 말이다. 그러니 부정하게 재산을 모았더라도 운이 좋으면 그 재산으로 편안하게 복록을 누릴 수 있다는 말이다.
　　전두환, 노태우 두 전직 대통령은 아무리 보아도 부정하게 재산을 모은 것 같은데 '별 탈 없이' 거드름을 피우고 있다. 한 번 행차에 수십 명의 수행원을 데리고 다니며 최고급 호텔에 투숙하는데 그 경비를 혼자서 전담한다고 하니 과연 운이 좋은 사람이다. 최근에는 부정하게 재산을 모은 김종필 국무총리를 법에 따라 심판하자는 서명운동이 벌어지고 있다. 그 결과는 두고 볼 일이지만 역시 운이 좋으면 벌을 받지 않고 계속해서 재산의 힘으로 정당의 우두머리 노릇을 할 것이다.

그러나 결국 우리는 교과서적인 원칙에 따라 살아야 하지 않을까? 아무리 큰 집을 가지고 있더라도 밤에 누워 자는 곳은 여덟 자 방이고, 아무리 많은 전답을 가지고 있더라도 하루에 먹는 곡식은 두 되에 불과한 것이다. 생전에 다 써보지도 못할 재산을 모아서 도대체 무엇을 하겠다는 것인가. 여덟 자 방과 하루 두 되의 곡식에 만족하라는 말은, 노력한 만큼 벌어서 필요한 만큼 쓰면서 사는 것이 떳떳한 삶이라는 가르침이다.

> 오이를 심으면 오이를 얻을 것이요 콩을 심으면 콩을 얻을 것이니,
> 하늘의 그물은 넓고 넓어서 엉성한 것 같으나 놓치는 일이 없다.
> 種瓜得瓜 種豆得豆 天網恢恢 疏而不漏   - 천명(天命)

앞부분은 이른바 '콩 심은 데 콩 나고 팥 심은 데 팥 난다'는 속담이다. 이 속담은 '가시나무에 가시가 난다', '왕대밭에 왕대 난다', '오이 심은 데 콩 나랴' 등의 말로 우리에게 익숙한 속담이다.

뒷부분은 『노자(老子)』의 말로 많은 사람들에게 회자되어온 유명한 구절이다. 하늘이라는 그물이 성긴 듯하지만 결코 죄지은 사람이 빠져나가지 못한다는 말이다. 나쁜 짓하고 죄지은 사람은 모두 하늘의 그물에 걸려든다는 것이다.

'콩 심은 데 콩 나고 팥 심은 데 팥 난다'는 것은 무슨 일이나 일정한 원인에 의하여 결과가 생긴다는 말이다. 이 세상에 원인 없는 결과는 없다. 얼핏 보아 우연한 일이라도 따지고 보면 그만한 원인이 있기 마련이다.

2,000년 4월은 국회의원 총선거의 달이다. 각 입후보자들은 저마다 심은 대로 거둘 것이다. 오이를 심었으면 오이를 거둘 것이고 콩을 심었으면 콩을 거둘 것이다. 여기에다 총선 시민연대가 감시에 나서고 있다. 혹시 있을지도 모르는 억울한 낙선과 운 좋은 당선을 방지하자는 것이 시민연대의 목표이다. 즉 심은 대로 거둘 수 있는 선거 풍토를 만들어 나가자는 것이다.

총선연대의 활동이 위법(違法)이라는 논란이 있다. 이 활동이 현행 법조문에 저촉될는지는 모른다. 그러나 법이 인간 활동을 모두 규제할 수는 없고 또 법이 만능의 잣대도 아니다. 법은 최소한도의

도덕에 불과한 것이다. 특히 정치와 관련된 법률은 권력을 가진 자들이 자기들의 이익을 위하여 만든 것이 많다. 로마의 역사가 타키투스는 "나라가 부패하면 부패할수록 이에 비례하여 법률이 늘어난다"고 말했다. 『노자』에도 "법령이 정비될수록 도적이 많아진다"는 구절이 있다. 이 말들은 법 만능주의에 대한 경고이다. 어찌 법으로 이 세상의 시비(是非)를 다 가려낼 수 있겠는가.

　법의 그물(法網)은 촘촘한 것 같으나 빠져나갈 수 있고, 하늘의 그물(天網)은 엉성한 것 같으나 빠져나갈 수 없다. 그러니 우리가 정작 두려워해야 할 것은 '하늘의 그물'이다. 국회의원 입후보자들은 지금까지 자기가 무엇을 심었는지 알 것이다. 자기가 심은 대로 거두도록 하는 것이 바로 하늘의 그물이 하는 일이다.

> 늙은이와 젊은이, 어른과 아이는 하늘이 정해놓은 질서이니, 이치를 어기고 도(道)를 손상시켜서는 안 된다.
> 老少長幼 天分秩序 不可悖理而傷道也
> － 준례(遵禮)

고양이 목에 방울을 매다는 유명한 우화가 있다. 쥐들이 고양이의 공포로 떨고 있을 때 젊은 쥐 한 마리가 고양이 목에 방울을 매달자는 제안을 한다. 그러면 그 방울 소리를 듣고 미리 피할 수 있다는 것이다. 이 제안을 듣고 모든 쥐들이 이제는 살았다고 환호작약한다. 그때 늙은 쥐 한 마리가 말한다. "그 말이 옳기는 하다만 누가 나를 위하여 방울을 매달아 줄 것인가?"

이 우화는 여러 가지 비유로 사용되고 있지만 늙은이의 역할에 대하여 시사하는 바가 적지 않다. 젊은 쥐들의 번뜩이는 아이디어를 늙은 쥐가 따라갈 수는 없지만 번뜩이는 아이디어만으로 문제가 해결되지는 않는다. 늙은 쥐의 경험이 필요한 것이다. 늙은 쥐가 문제의 해결 방안을 제시하지는 못했지만 젊은 쥐들의 계획을 찬찬히 재검토할 계기를 마련해 주었다는 점에서 커다란 역할을 수행한 것이다. 결국은 젊은 쥐의 아이디어와 늙은 쥐의 경험이 조화를 이룰 수 있다면 가장 이상적일 것이다.

구조조정과 정리해고의 와중에 나이가 많다는 이유만으로 뒷전으로 밀려나는 이 시대 노인들의 경험을 우리도 활용할 필요가 있다고 본다. 물론 "늙은이와 젊은이, 어른과 아이는 하늘이 정해놓은 질서"라는 『명심보감』의 말을 그대로 받아들일 필요도 없다. 젊은이와 아이가 늙은이와 어른을 무조건 공경하라는 것은 봉건적 가부장제(家父長制)에서 비롯된 발상이다.

그렇지만 오늘날 이 땅의 나이 많은 사람들은 너무나 가혹한 시련을 겪고 있다. 마치 용도 폐기된 퇴물 취급을 당하고 있다. 한 가지 예로 교육 현장을 살펴보자. 초등학교와 중등학교에서 50대 후반의 교사들이 퇴직을 강요당하고 있다. 50대 후반이면 인생의 성숙기에 접어든 시기이다. 젊은 교사들의 의욕적인 활동과 번득이는 아이디어도 필요하지만 나이든 교사들의 속 깊은 경륜도 교육에는 절대적으로 필요한 것이다. 지식의 전달만이 교육은 아니다.

상상해 보라. 자식을 길러본 나이 지긋한 노교사(老敎師)가 초등학교 교실에서 자식 같고 손자 같은 아이들에게 이런저런 삶의 지혜를 가르치는 장면을. 이것이 교육이 아닌가. 교육의 본질을 제대로 인식해야 한다. 나이 든 사람들의 경험을 존중하지 않고 젊은 사람들의 정열만 중시하면, 고양이 목에 방울을 매달려는 젊은 쥐들의 계획처럼 공허할 수 있다는 것을 알아야 한다.

> 악한 사람이 선한 사람을 꾸짖더라도 선한 사람은 모두 대꾸하지 않는다. 대꾸하지 않으면 마음이 맑고 한가한데 꾸짖는 자는 입이 뜨거워 부글부글 끓는다. 마치 사람이 하늘에 침을 뱉으면 도로 자기 몸에 떨어지는 것과 같다.
> 惡人罵善人 善人總不對 不對心淸閑 罵者口熱沸 正如人唾天 還從己身墜
>
> - 계성(戒性)

사람이 이 세상을 살아가다 보면 참으로 어처구니없는 일을 당할 때가 있다. 터무니없는 비난이 자기에게 쏟아질 때가 그중의 하나이다. 이때 일일이 대응하여 억울함을 변명하다 보면 어느새 피아(彼我)를 구분할 수 없는 싸움에 휘말린다. 싸움이 더 심해지면 이른바 이전투구(泥田鬪狗)가 되고 만다. 진흙탕에서 싸우는 두 마리의 개를 상상해 보라. 얼마나 볼썽사납고 추한가. 그래서 선한 사람은 악한 사람이 뭐라고 하든 대꾸하지 않는 것이다.

요사이 우리 국회가 이런 추태를 연출하고 있다. 야당인 한나라당이 4.13 총선을 부정선거로 규정하고 국정조사를 요구하자, 그 조사 대상이 됨직한 어느 여당 의원이 야당 총재를 겨냥하며 "이회창 대표, 정치 이렇게 하면 안 돼요. 정신 차리시오"라 소리쳤고, 이 말을 받아 어느 야당 의원은 방약무도하다며 "이런 태도를 김정일에게서 배웠느냐"고 반박했다. 급기야 야당 의원들이 전원 퇴장했고 국회는 정회되었다.

이 싸움판을 보고 여당의 서영훈 대표는 이렇게 말했다고 한다. "내가 정치권에 들어오려 하니 친구들이 '그 개판에 왜 들어가려느냐'고 말리던데 오늘 보니 개판은 진짜 개판이군." 여당 대표가 이전

투구의 싸움판임을 스스로 인정한 것이다.

어느 쪽이 옳고 어느 쪽이 그른지 모른다. 그러나 한 가지 분명한 사실이 있다. 『명심보감』의 말대로라면 선한 쪽에서 일절 대꾸를 하지 않았을 것이다. 국회에서 어느 한쪽도 지지 않고 대꾸를 한 것을 보면 아마 양쪽 모두 선한 사람들이 아닌 모양이다. 우리 국민은 언제까지 이런 싸움판을 바라보고만 있어야 하나. 답답하기 짝이 없는 일이다. 날씨도 더운데.

❙ 송홍(宋弘)이 말하기를 "지게미나 겨를 먹으며 함께 고생한 아내는 버려서는 안 되고, 가난하고 불우할 때 사귄 친구는 잊어서는 안 된다"라 했다.
❙ 宋弘曰 糟糠之妻不下堂 貧賤之交不可忘 － 교우(交友)

송홍(宋弘, ?~40)은 후한(後漢) 광무제(光武帝)의 신하로 인품이 고결하고 학문이 높은 선비였다. 당시 황제는 과부가 된 누이 호양공주(湖陽公主)를 송홍에게 개가(改嫁)시킬 마음이 있었다. 그래서 먼저 공주의 의사를 넌지시 타진해 보았다. 그랬더니 공주도 내심으로 송홍을 매우 존경하고 있음을 알았다.

문제는 송홍이 아내가 있는 사람이란 점이다. 그러나 일단 결심을 굳힌 황제는 송홍을 설득하기로 했다. 이에 공주를 병풍 뒤에 숨어 있게 하고 송홍을 불러 이렇게 말했다. "속담에 이르기를, 사람이 존귀하게 되면 친구를 바꾸고 부유하게 되면 아내를 바꾼다고 했으니 이것이 인지상정(人之常情)이 아니겠소?" 소홍도 이제 부귀를 누리는 지위에 올랐으니 아내를 한번 바꾸어 보라는 권유였다.

『명심보감』의 위의 구절은 아내를 바꾸어 보라는 황제의 권유에 대한 송홍의 대답이었다. 지게미나 겨를 먹으면서 가난할 때 고생을 함께한 아내는 훗날 부귀하게 되어서도 옛날 고생하던 일을 생각하여 버려서는 안 된다는 말이다. 이 말을 들은 황제는 병풍 뒤의 공주에게 "아마도 일이 성사되지 못할 것 같다"라 하여 깨끗이 단념했다고 한다. 참으로 아름다운 고사이다.

세상에는 조강지처를 버리는 사람도 있고 심지어 죽이는 사람도 있다. 이런 사람들이야 입에 올릴 필요도 없거니와 본의 아니게 조강지처를 돌보지 못하여 안타까워하는 경우를 우리는 보았다. 남북 이산가족들이 상봉하는 장면에서, 50년 동안 수절하며 살아온 아내를 평양에서 만난 남측의 남편이 "여보, 미안하오. 나를 용서하시오"라며 울부짖는 모습에서 끈끈한 부부간의 연(緣)을 새삼 느끼게 된다. 이 경우, 그 남자가 남쪽에서 재혼했다는 사실을 비난할 사람은 아무도 없을 것이다. 아마 수절해 온 북측의 아내도 불가피한 사정을 이해했을 것이다. 오직 한 사람, 조강지처를 돌보지 못한 그 남편만 자책(自責)의 괴로움에 시달렸을 것이다.

 부부란 이런 것이구나 하는 생각이 들었다. 한 남자와 한 여자가 만나서 일생동안 해로(偕老)할 수 있다면 얼마나 행복한 일이겠는가.

> 군자의 사귐은 담박하기 물과 같고, 소인의 사귐은 달기가 단술과
> 같다.
> 君子之交 淡如水 小人之交 甘若醴　　　　　　- 교우(交友)
>
> 술이나 음식을 함께할 때의 형제 같은 친구는 천 명이나 있지만,
> 위급하고 어려울 때 도와주는 친구는 한 명도 없다.
> 酒食弟兄 千個有 急難之朋 一個無　　　　　　- 교우(交友)

　　군자들의 사귐은 물처럼 담박하다. 담박하다는 것은 덤덤하고 싱겁다는 말이다. 물이야 어디 맛이 있는가. 그저 싱거울 뿐이다. 군자들의 사귐은 이해관계를 떠난 사귐이기 때문에 겉치레나 꾸밈이 필요 없는 소박한 사귐이란 말이다. 반면에 소인들의 사귐은 단술처럼 달다고 했다. 단맛은 구미를 당기게 하는 자극적인 맛이다. 소인들의 사귐은 혀끝에서 녹는 단술처럼 감미롭게 상대방의 비위를 맞춘다는 것이다.

　　이 구절은 『장자(莊子)』「산목(山木)」편에 나오는데 그 다음에 이런 말이 덧붙여져 있다. 즉 "군자[의 사귐]은 담박하기 때문에 친해지고 소인[의 사귐]은 달콤하기 때문에 끊어진다"하여 군자의 교제는 오랫동안 지속되고 소인의 교제는 오래가지 못한다는 말이다.

　　물은 싱겁지만 싫증나지 않고 마실 수 있다. 반면에 단술은 아무리 달콤해도 곧 물리게 된다. 물맛처럼 한결같고 변함없는 것이 군자의 사귐이고 단술처럼 일시적이고 금방 물리게 되는 것이 소인의 사귐이라는 말이다. 그러므로 이해(利害)가 얽혀 필요할 때는 친형제나 다름없이 대하다가도 위급하고 어려운 일이 생기면 등을 돌리는 것

이 소인들의 사귐이다.

　이른바 '옷 로비 사건'의 네 여인들 간의 교제는 전형적인 소인들의 교제라 할 수 있다. 두 명의 장관 부인과 한 명의 재벌 회장 부인 그리고 또 한 명의 고급 의상실 사장, 이 네 명의 여인들은 평소에 언니, 동생하면서 마치 단술처럼 달콤하게 서로의 우정을 과시했을 것이다. 그러나 국회 청문회장에서 보인 추태는 이들이 소인임을 증명하고도 남는다. 이들이 교제한 이유는 분명하다. 한 사람은 옷을 팔기 위해서, 또 한 사람은 남편을 구하기 위해서, 나머지 두 사람은 고급 옷을 쉽게 입어보기 위해서 서로 단술처럼 달콤하게 사귄 것이다. 이러한 자신들의 목적이 어긋나자 입에 거품을 물고 상대방을 헐뜯은 것이다. 애초에 이해관계로 인하여 시작된 교제는 결국 이해관계로 인하여 끊어지게 마련이다.

제5부

중국의 지혜 - 고사성어

梁上君子
양상군자

梁(양)은 집의 들보 또는 대들보이다. 그러니 '양상군자'는 '들보 위의 군자'라는 뜻인데 도둑의 별칭으로 쓰인다. 이 말이 도둑의 별칭으로 사용된 데에는 다음과 같은 이야기가 전한다.

중국 한(漢)나라 때 진식(陳寔)이란 사람은 인품이 고매하고 고을의 사또로서 공정한 정사를 펴서 백성들의 존경을 받고 있었다. 그래서 고을에 소송 사건이 있을 때 그가 판결을 내리면 모두 승복하지 않는 자가 없었다고 한다.

어느 해에 흉년이 들어 백성들이 굶주림에 시달리고 있었다. 하루는 도둑이 밤에 몰래 그의 집에 들어와 들보 위에 올라가 숨어 있었다. 아마 사또 집에는 그래도 먹을 것이 있으려니 생각했기 때문일 것이다. 사또는 그것을 보고 있다가 잠자리에서 일어나 의관을 정제하고 자손들을 불러 이렇게 훈계했다. "사람은 모름지기 스스로 노력하지 않으면 안 된다. 착하지 못한 사람도 반드시 본성이 악한 것은 아니다. 버릇으로 인하여 그런 성품이 형성되어 이 지경에까지 이른 것이니 바로 저 들보 위에 있는 군자(君子)가 그런 사람이다."

이 말을 들은 도둑은 크게 놀라 마룻바닥으로 뛰어 내렸다. 그러고는 머리를 조아리며 사죄했다. 이것을 본 사또는 타일러 말했다. "그대의 모습을 보니 나쁜 사람 같지는 않다. 마땅히 노력하여 착한 사람으로 돌아오라."이어서 그는 "그러나 이런 일은 가난 때문에 생긴 것이다"라 하고 도둑에게 비단 두 필을 주었다. 이로부터 그 고을에는 도둑이 없어졌다고 한다.

　온갖 흉악범들이 날뛰는 오늘의 관점에서 보면 참으로 감동적인 도둑 이야기이다. 도둑으로 하여금 잘못을 스스로 뉘우치게 하는 사또나, 사또의 말을 듣고 들보에서 뛰어내려 사죄하는 도둑 모두 풋풋한 인정이 넘치는 고전적인 인간형이다. 이런 인간형이 지금은 있지도 않고 있을 수도 없겠지만 이와는 다른 형태로나마 인정이 넘치는 아름다운 사회를 만들 수는 있지 않을까? 인간과 인간이 더불어 사는 사회에서 인정이 메마르면 인간 사회라 할 수 없을 것이다.

後生可畏
후생가외

'후배를 두려워할 만하다' 또는 '후배를 두려워해야 한다'는 뜻으로 『논어(論語)』에 실려있는 공자의 말에서 나왔다. '後生(후생)'은 '後進(후진)'이라고도 쓰며 현대어로 후배에 해당하는 말이다.

공자는 『논어』에서 "후배는 두려워할 만한 것이니, 어찌 그들이 장래에 지금의 우리만 못하다고 할 수 있겠는가?(後生可畏 焉知來者之不如今也)"라고 했다. 젊은 후배들은 노력하기에 따라 무한한 가능성을 지니고 있기에 두려워할 만한 존재라는 말이다. 또 그렇기 때문에 응당 후배를 두려워해야 한다는 뜻까지도 이 말은 포함하고 있다.

우리는 여기서 공자의 성인(聖人)다운 면모를 읽을 수 있다. 언제나 자신이 부족하다고 생각하여 끊임없이 노력하면서 자신을 능가할 후배가 나올 수 있다고 여겼기에 우리는 공자를 성인이라 부르는 것이다. 또한 공자는 자신을 뛰어넘을 후배를 알뜰히 가르치기도 했다. 그래서 자기보다 더 나은 인물이 나오기를 바랐던 것이다.

그런데 오늘날 우리 사회에는 이 같은 공자의 교훈을 깨닫지 못하는 사람들이 많다. 70세를 바라보는 정치가들이 후배를 두려워할 줄 모르고 정치 일선에 뛰어들고 있다. 이들은 자기만이 민주정치를 할 수 있고 자기만이 '새 정치'를 할 수 있다고 믿는다. 후배를 두려워하기는커녕 후배를 얕잡아 보고 후배를 짓밟기까지 한다.

공자와 같은 성인도 후배를 두려워하며 자신을 가다듬었는데 공자보다 못한 처지에서 후배를 두려워할 줄 모르니 안타까운 노릇이다. 하기야 이들에게서 애초부터 후배 두려워하기를 기대하지 않았어야 했는지도 모른다.

그러나 공자가 무조건 후배를 두려워하라고 말한 것은 아니다. 앞의 말에 이어서 공자는 "그러나 40, 50이 되어서도 이름이 알려지지 않는다면 이 또한 두려워할 것이 못 된다(四十五十無聞焉 斯亦不足畏也已)"라고 했다. 선배들의 두려움의 대상이 되도록 후배들도 꾸준히 노력해야 한다는 말이다. '이름이 알려진다'는 것은 사람들의 신망을 받기에 충분하다는 뜻이다.

教學相長
교학상장

    이 말은 '가르치고 배우면서 서로 성장한다'는 뜻이다. '서로 성장한다'는 것은 가르치는 선생이나 배우는 학생이 다 같이 성장한다는 말이다. 즉 선생은 학생을 가르침으로써 성장하고 학생은 선생에게 배움으로써 성장한다는 것인데 중국의 고전인 『예기(禮記)』「학기(學記)」편에 나온다. 「학기」편의 내용은 다음과 같다.

    비록 좋은 안주가 있어도 먹어보지 않으면 그 맛을 모른다. 또 지극한 진리가 있어도 배우지 않으면 그것이 좋은 줄을 모른다. 이 때문에 배워본 후에야 자기의 모자람을 알고, 가르쳐본 후에야 그 어려움을 알게 된다. 자신의 모자람을 알고 나서야 스스로 반성하게 되고, 자신의 어려움을 알고 나서야 스스로 힘쓰게 된다. 그러므로 '가르치고 배우면서 서로 성장한다'고 말하는 것이다.

    사람은 배우면 배울수록 더욱 겸손해진다. 그래서 더욱 더 열심히 배우려 한다. 또 남을 가르쳐본 후에야 자기의 지식과 인격이 부족하여 남을 충분히 감화시킬 수 없다는 어려움을 깨닫는다. 그래서 인품의 수양과 학문의 연구에 더욱 힘쓰는 것이다.
    이렇게 '교학상장'은 배우는 사람이나 가르치는 사람에게 다 같이 더욱 힘쓰라는 교훈을 던져준다. 그러나 현대에는 이 말이 배우는 사람보다 가르치는 사람에게 더 절실하게 들린다. 가르치는 사람이 그 어려움을 알지 못하고 자만에 빠지는 경우가 많은 것이 오늘의 현실이기 때문이다. 어려움을 아는 선생은 끊임없이 자기 발전을 위하여 힘쓰게 마련이다. 반면에 어려움을 모르는 선생은 자기 발전 이외의 일에 기웃거릴 수밖에 없다.

최근의 신문보도에 의하면 모 대학의 교수는 대학원 입학시험 문제를 미리 가르쳐주고 돈을 받았으며, 또 다른 대학의 어느 교수는 특정인으로부터 교수 채용을 미끼로 거액의 돈을 받았다고 한다. 이들은 모두 가르치는 일의 어려움을 깨닫지 못한 자들이니, 진정한 의미에서의 선생이라 할 수 없을 것이다. 오늘의 교사들은 '교학상장'의 뜻을 다시 한번 되새겨볼 일이다.

管鮑之交
관포지교

관중(管仲)과 포숙(鮑叔)의 사이처럼 다정하고 변치 않는 우정을 뜻하는 말이다. 두 사람은 어릴 때부터 친구였는데 관중은 가난했고 포숙은 부유한 편이었다. 두 사람이 함께 장사를 할 때 관중이 늘 자기 몫을 더 많이 챙겼는데도 포숙은 그를 탐욕스럽다 하지 않았다. 관중이 가난하다는 것을 알았기 때문이다. 또 관중이 포숙을 돕기 위하여 일을 계획했다가 도리어 포숙을 궁지에 몰아넣은 적이 있었는데도 포숙은 그를 원망하지 않았다. 세상사가 때에 따라 유리할 수도 있고 불리할 수도 있다는 것을 알기 때문이다. 관중이 세 번 벼슬길에 나아가 세 번 다 임금에게 쫓겨났을 때에도 포숙은 그를 무능하다고 여기지 않았다. 다만 그가 때를 만나지 못했을 뿐이라고 생각했다.

당시 제(齊)나라의 왕위 계승을 둘러싼 정치싸움 끝에 관중이 패하여 옥에 갇히자 포숙은 왕을 설득하여 그를 천거했다. 관중의 능력을 누구보다 잘 알고 있었기 때문이다. 드디어 관중은 등용되어 제나라의 국정을 맡게 되었다. 그리고 포숙은 스스로 관중의 아랫자리에 있었다. 후에 제나라의 왕은 국력을 길러 제후(諸侯)들의 우두머리가 되었는데 이것은 모두 관중의 공로였다.

이렇게 두 사람은 일생동안 변치 않는 우정을 유지했다. 관중은 나중에 "나를 낳아주신 분은 부모이지만 나를 알아주는 이는 포숙이다"라고 술회한 바 있다. 좋은 친구는 부모에 버금가는 가치를 지니는 것이다.

최근 신문에 보도된 동방페레그린 증권사 직원 살해사건은 우리에게 우정의 의미를 다시 생각게 해준다. 죽은 사람과 죽인 사람은 고등학교 선후배로 같은 회사에 근무하는 친구사이라 한다. 그런데 단순히 돈에 얽힌 이해관계 때문에 친구를 죽였으니 관중과 포숙 같은 옛사람들에게 한없이 부끄러운 노릇이다. 사람이 일생을 살아가는 동안 '관포지교'를 맺을 수 있는 친구를 한 명이라도 가질 수 있다면 얼마나 행복한 일이겠는가.

兎死狗烹
토사구팽

　　문민정부 출범 이후 부정 축재 혐의를 받은 어느 고위 인사가 공직에서 물러나면서 내뱉은 말이어서 더욱 유명해진 구절이다. 이 말은 문자 그대로 '토끼를 잡은 뒤에는 사냥개가 삶긴다'는 것으로, 필요할 때에는 이용해먹고 이용가치가 없어지면 죽여버린다는 뜻이다.

　　진(秦)나라 말기, 유방(劉邦)과 항우(項羽)의 싸움은 결국 유방의 승리로 끝나 천하를 차지하게 된다. 유방의 천하통일에 가장 큰 공을 세운 사람 중의 하나는 한신(韓信)이었다. 그래서 유방은 그 공로를 인정하여 그를 초왕(楚王)으로 봉했다. 그러나 한신의 세력이 커지고 그를 모함하는 상소가 올라오자 유방은 위협을 느꼈다. 게다가 한신은 죽은 항우의 부하로, 유방이 전쟁에서 그에게 여러 번 패했던 종리매(鍾離昧)를 숨겨주고 있었다. 유방은 한신에게 그를 죽이라고 명령했지만 한신은 옛 친구인 그를 차마 죽이지 못하고 있었다.

　　이런저런 이유로 해서 유방은 한신을 불렀다. 이런 사실을 알고 한신은 자결한 종리매의 목을 가지고 갔지만 유방에게 체포당하고 말았다. 이때 처형장에서 한신은 이런 말을 남겼다.

　　과연 사람들의 말과 같구나. '민첩한 토끼가 죽고 나면 좋은 개도 삶아지고(狡兎死 良狗烹), 높이 나는 새를 다 잡고 나면 좋을 활도 쓸데 없으며, 적국이 격파되면 참모들은 다른 나라로 망명한다'고 했는데 천하가 이미 평정되었으니 내가 삶겨 죽는 것은 당연하도다.

예나 지금이나 정치판은 비정하다. 효용가치가 없으면 폐기처분하는 것이 권력의 생리이다. 신의(信義)라고는 찾아볼 수 없다. 가장 신뢰할 수 없는 집단이 정치가라는 어느 여론조사의 결과에 수긍이 간다. 공자가 말하기를 "정치란 바른 것이다(政者正也)"라 했는데 오늘날의 정치는 권모술수와 이합집산(離合集散)의 온상이 되어 있다. 그래서 지금도 '어느 정당의 아무개가 팽(烹)당할 것'이라는 이야기가 심심치 않게 흘러나오는 것이다.

忘憂物
망우물

술의 대명사로 '근심을 잊게 하는 물건'이라는 뜻이다. 이 말은 중국의 유명한 시인 도연명(陶淵明)의 시구에서 유래되었다. 그는 술을 무척 좋아한 시인으로 「음주(飮酒)」라는 제목의 시를 20수나 남겼다. 그중 제7수에 다음과 같은 구절이 있다.

가을 국화 자태가 아름다워서
이슬에 젖은 꽃잎을 따서

망우물(忘憂物)에다 이 꽃잎 띄우니
세상 버린 이내 마음 멀어지누나

秋菊有佳色　裏露掇其英
泛此忘憂物　遠我遺世情

이로부터 '망우물'은 술의 대명사가 되었다. 국화를 유난히 사랑했던 그가 노란 꽃잎을 띄운 술을 마시며 세속의 근심 걱정을 잊었다는 것이다. 그는 자신이 죽었을 때를 가상해서 미리 조시(弔詩)를 썼는데 이 시에서도 그는

다만 한스러운 건, 살아 있을 때

술 실컷 마셔보지 못한 것이네

但恨在世時　飮酒不得足

이라고 노래할 정도로 술을 좋아했다. 술을 사랑한 사람이 어디 도연명 뿐이었으랴. 자칭 주선(酒仙)이라고 한 이백(李白)은 유명한「장진주(將進酒)」시에서 "한 번에 모름지기 삼백 잔은 마셔야지(會須一飮三百杯)"라 하여 주선다운 면모를 과시했다. 두보(杜甫)는 당대의 술꾼 여덟 명에 대한 시를 썼는데 랭킹 1위인 하지장(賀知章)을 묘사하면서

하지장은 말 탄 것이 배 탄 듯하여
눈이 흐려 샘에 빠져 물 밑에서 잠을 자네

知章騎馬似乘船　眼花落井水底眠

라 노래했다. 술에 취해 말을 타고 가는 것이 배를 탄 듯 흔들리다가 우물에 빠져 물속에서 잠을 잤다는 것이다.

 이렇게 술은 예로부터 인간의 가장 다정한 벗이었다. 그런데 보건복지부는 다음 달부터 술에 '지나친 음주는 건강에 해롭다'는 경고문을 부착하게 했다. 경고문이 붙어있다고 해서 술꾼들이 술을 안 마시지는 않겠지만 어쩐지 술맛이 떨어질 것 같다. 지나치게 먹어서 해롭지 않은 것이 어디 있으랴 싶기도 하다. 술을 지나치게 마셨으면서도 불후의 작품을 남긴 도연명과 이백이 이 경고문을 본다면 과연 표정이 어떠할까?

脣亡齒寒
순망치한

　　민자당(民自黨) 민정계(民正系)의 우두머리인 김윤환(金潤煥) 대표가 민주계(民主系)의 실세인 최형우(崔炯佑) 의원을 만났다. 그동안 양 계파 간에 은근한 암투가 있었던 터라 신임 김 대표가 최 의원에게 협조를 구하기 위한 만남이었다. 이 자리에서 최 의원은 '순망치한'이라 말하면서 상호협조를 약속했다고 한다. 이 말은 '입술이 없으면 이가 시리다'는 뜻으로, 서로 의지하면서 돕는 한 쪽이 멸망하면 다른 쪽도 위태롭다는 의미이다. 이제 이 말의 유래를 알아본다.

　　진(晉)나라가 괵(虢)나라를 침략하려 했다. 그런데 진나라가 괵나라를 침략하려면 반드시 중간에 있는 우(虞)나라를 통과해야만 했다. 그래서 진나라 왕은 우나라 왕에게 많은 선물을 바치고 우나라를 통과했다. 한번은 괵 나라를 아예 멸망시키기 위해 또 우나라에 길을 빌려 달라고 요청했다. 이때 우나라 신하인 궁지기(宮之奇)는 왕에게 이렇게 말했다.

　　괵나라는 우나라의 표면입니다. 괵나라가 망하면 우리나라도 반드시 망할 것입니다. 진나라에 길을 빌려주면 안 됩니다. 한 번도 심한데 두 번씩이나 그렇게 해서야 되겠습니까? 속담에 '광대뼈와 잇몸은 서로 의지하고, 입술이 없으면 이가 시리다'는 말이 있는데 이것은 우나라와 괵나라를 두고 한 말입니다.

이렇게 말했음에도 우나라 왕은 궁지기의 말을 따르지 않고 길을 빌려주었다. 이렇게 되자 궁지기는 다른 나라로 도망가면서 "우리나라는 해를 넘기지 못하고 망할 것이다."라 말했다. 과연 그 해 진나라는 괵나라를 멸망시키고 돌아오는 길에 우나라마저 멸망시켰다. 여기서 괵나라는 입술에, 우나라는 이에 비유되어 있다.

여기에서 '순치지국(脣齒之國)'이란 말이 나왔는데, 입술과 이와 같이 이해관계가 아주 밀접한 나라라는 뜻이다. 한국과 중국, 한국과 일본은 지정학적으로 볼 때 '순치지국'의 관계에 있다고 말할 수 있을 것이다.

鐵面皮
철면피

철면피를 글자 그대로 풀이하면 '무쇠로 된 얼굴 가죽'이 되는데, 뻔뻔스럽고 염치없는 사람을 가리킨다. 이 말은 우리나라와 일본에서 많이 사용되고 중국의 용례는 그다지 많지 않다. 그러나 그 기원은 중국의 문헌인 『북몽쇄언(北夢瑣言)』에 실려있는 다음과 같은 이야기에 있다.

왕광원(王光遠)이란 자는 권세가에 붙어서 끊임없이 이권을 추구했는데 어떤 때는 종아리를 맞는 굴욕을 당해도 고치거나 후회하지 않았다. 그래서 사람들은 "광원의 얼굴 두껍기가 열 겹의 무쇠 갑옷과 같다(光遠顔厚 如十重鐵甲)"고 말했다. 여기에서 '철면피'란 말이 나왔고 또 '후안무치(厚顔無恥)'란 말도 나왔다.

요즈음 한창 화제에 올라있는 가짜 승려 일력(一力)이 전형적인 철면피라 할 수 있다. 그는 부랑자와 정신질환자들을 보호한답시고 '소쩍새 마을'이라는 수용시설을 차려 놓고 이들을 볼모로 각계의 후원금 2백여만 원을 착복했다고 한다. 게다가 수용된 10대 소녀들에게 성추행까지 일삼았다고 하니 가히 '철면피'라 불러 손색이 없다 하겠다.

반면에 '철면(鐵面)'이라고 하면 전혀 다른 뜻으로 '권력에 굴하지 않는 강직한 사람'이 된다. 송(宋)나라 조선의(趙善郎)는 숭안현(崇

安縣)을 맡았을 때 엄격하고 밝게 다스렸기 때문에 사람들을 그를 '조철면(趙鐵面)'이라 불렀다고 한다. 또 송나라의 조변(趙抃)은 관리들을 감찰하는 어사(御使)가 되어 지위의 고하를 막론하고 부정한 자를 탄핵했기 때문에 사람들이 그를 '철면어사(鐵面御使)'라 불렀다는 기록도 보인다.

    12.12와 5.18 관련자에 대한 검찰 조사도 흐지부지되었고, 전직 대통령의 4천억 원 비자금 문제도 유야무야되었다. 이런 때에 '철면검사(鐵面檢事)'라로 나타나주면 얼마나 좋을까. 철면검사뿐만 아니라 앞으로 '철면장관', '철면시장'이 출현해 주기 바라는 마음 간절하다.

四知
사지

　비밀은 반드시 드러나고야 만다는 뜻으로 다음과 같은 이야기에서 유래되었다. 중국 후한(後漢) 때의 양진(楊震)은 학문을 좋아하고 인품이 훌륭했으며 또한 일을 처리함에 청렴결백하였다. 그래서 사람들은 그를 '관서(關西)의 공자(孔子)'라 불렀다. 한번은 그가 동래태수로 임명되어 임지로 가는 도중에 창읍(昌邑)이란 고을에서 하룻밤 머물게 되었다. 이곳의 현령(縣令)은 왕밀(王密)이었는데, 전에 양진의 추천을 받아 벼슬길에 나아가게 되어 양진의 은혜를 입은 사람이었다.

　그날 밤 왕밀이 양진을 찾아와 황금 열 근을 내놓았다. 옛날의 은혜를 잊을 수 없어서 성의를 표시한 것이다. 이를 보고 양진은 "나는 그대가 어떤 사람인지 알고 있는데 그대는 어찌하여 나를 모르는가?"라 말했다. 이에 왕밀은 "밤중이라 아무도 모릅니다"라 대답했다. 양진이 다시 말하기를 "하늘이 알고 귀신이 알고 내가 알고 그대가 아는데 어찌 아무도 모른다고 말하는가(天知神知我知子知 何謂無知)"라 말하니 왕밀이 부끄러워하며 물러갔다. 여기서 '사지'말이 나왔다. 이렇게 하늘, 귀신, 나, 그대 넷이 아는 한 세상에 비밀은 없다.

　지금 정국은 현직 국회의원인 최락도(崔洛道) 의원이 모 기업체에 은행 대출을 알선해 준 대가로 6천만 원을 받았다고 해서 온통

시끄럽다. 검찰은 최 의원을 구속했고 최 의원은 "재판과정에서 사필 귀정(事必歸正)으로 모든 것이 밝혀지리라 믿는다"며 자신의 결백을 주장하고 있다. 아직은 어느 쪽 주장이 옳은지 알 수 없다. 그러나 "하늘이 알고 귀신이 알고 내가 알고 그대가 아는" 한 진실은 밝혀질 것이다.

진실은 밝혀져야 하겠지만, 진실이 밝혀진다고 해서 국민들의 마음이 개운해지는 것은 아니다. 공직자들이 '진실 게임'의 대상이 된다는 사실 자체만으로도 우리는 우울해지기 때문이다. 공직자들이 양진과 같은 생활 태도를 가지고 있었다면 구차하게 무엇을 밝히는 일도 없었을 것이다.

首丘初心
수구초심

여우가 죽을 때 머리를 언덕 쪽으로 향한다는 말이다. 언덕은 여우가 살던 굴이 있는 곳이다. 여우는 다른 곳에서 죽더라도 반드시 제가 살던 굴 쪽으로 머리를 향하여 죽는다고 한다. 여기서 유래하여 '사람이 자기의 근본을 잊지 않는다'는 뜻으로 쓰이기도 하고 '죽어서라도 고향 땅에 묻히고 싶은 마음'의 뜻으로 사용되기도 한다.

이 말은 중국에서 예부터 있어온 것인데 『예기(禮記)』에 인용된 후 널리 쓰이게 되었다. 문왕(文王)과 무왕(武王)을 도와 주(周)나라를 일으킨 강태공(姜太公)은 그 공으로 제(齊)나라 왕에 봉해졌다. 그는 제왕(齊王)에 봉해졌음에도 주나라 서울에 머물며 정사(政事)를 처리했으며 그곳에서 죽고 그곳에 장사지냈다. 그런 연유로 그의 자손들은 5세(五世)에 이르기까지 제나라에서 왕노릇을 했지만 죽을 때는 주나라에 장사지냈다. 이를 두고 『예기』는 "예(禮)는 그 근본을 잊지 않는 데에 있는 것이다. 옛사람의 말에 '여우가 죽을 때에는 머리를 (제가 살던 굴이 있는) 언덕을 바로 향한다고 했는데 이것은 어진 일이다(禮不忘其本 古人有言曰 狐死正丘首 仁也)"라 기록하고 있다. '수구초심'은 『예기』의 이 '호사정구수(狐死正丘首)'에서 나온 말로 '수구초심'을 '호사구수'라고도 쓴다.

객지에서 살다가도 죽으면 고향 땅에 돌아가 묻히고 싶은 것이

인지상정이다. 최근 뉴욕타임스의 보도에 의하면 미국에 거주하는 한국인의 역이민(逆移民)이 급속히 증가한다고 한다. 이렇게 된 데에는 언어와 문화의 차이, 인종 간의 갈등 등이 중요한 요인으로 작용했을 것이다. 그리고 한국이 경제적으로 성장했다는 시실도 한몫을 차지했을 것이다. 그러나 한국으로 다시 돌아오는 사람들의 마음 속 깊은 곳에는 '수구초심'의 간절한 염원이 서려있을 것이다.

    북녘 땅을 등지고 내려온 실향민들이 애타게 고향을 그리워하는 심정도 마찬가지가 아닐까. 2천8백만 명이 이동했다는 추석의 귀향 행렬 또한 '수구초심' 때문이리라. 고향이나 고국이라는 말은 언제 들어도 정다운 이름이다. 어떻게 생각하면 '수구초심'은 인간의 영원한 귀소본능(歸巢本能)인지도 모르겠다.

孟光擧案
맹광거안

　　孟光(맹광)은 중국 고대의 현처(賢妻)의 대명사이다. 그녀는 뚱뚱하고 못생긴데다 살색까지 검었으며 돌절구를 들어 올릴 만큼 힘도 장사였다. 거기에다 눈이 높아 나이 30이 되도록 시집을 가지 않고 있었다. 부모가 시집가라고 권하면 "양홍(梁鴻)과 같은 훌륭한 분에게 시집가고 싶다"고 대답했다.

　　양홍은 학문이 높고 인품이 깨끗한 고고(孤高)한 선비였다. 그 역시 주변의 청혼을 물리치고 혼자 살다가 맹광의 얘기를 듣고 청혼하여 드디어 혼인이 성사되었다. 그런데 곱게 치장하고 바단 옷 입고 시집간 새색시를 양홍은 7일이 지나도록 손도 대지 않았다. 그 이유를 물으니 그는 "나는 누더기 입고 함께 살 여자를 구했지 비단옷 입은 여자를 원한 건 아니었소"라 대답했다. 이 말을 듣고 맹광은 "비단옷으로 당신의 마음을 시험하고 싶었습니다"라면서 시집올 때 준비한 누더기를 입고 두 사람은 화목하게 살았다.

　　이들 부부는 세속의 명예와 이익을 등지고 생활했는데, 한번은 양홍이 오(吳)나라의 어떤 부잣집 방앗간에서 품팔이를 했었다. 남편이 방앗간에서 돌아오면 맹광은 정성껏 저녁밥을 준비했다가 밥상을 눈썹 높이로 들어서 바쳤다(擧案齊眉) 남편에 대한 공경의 표시였다. 이를 본 방앗간 주인은 '저 날품팔이가 아내로 하여금 이처럼 자기를 공경토록 하는 걸 보니 보통 사람이 아니다'라 생각하여 양홍을 융숭하게 대접했다. 이로부터 '맹광거안(孟光擧案: 맹광이 밥상을 들다)'은 어진 아내가 남편을 극진히 공경하는 몸가짐의 뜻으로 쓰이게 되었다.

　날품팔이로 돈도 못 버는 주제에 아내로부터 눈썹 높이로 들어올린 밥상을 받은 양홍은 오늘의 관점에서 보면 '간 큰 남자'임에 틀림없다. 그러나 맹광은 남편을 간 큰 남자라 생각하지 않았다. 그렇기 때문에 어진 아내가 될 수 있었던 것이다. 아내에게 주눅 든 이 땅의 '간 작은 남자들'을 위하여 아내들은 모름지기 맹광을 배울지어다. 도대체 남편의 간을 작게 해서 아내에게 무슨 이익이 돌아오겠는가?

昏定晨省
혼정신성

자식이 부모를 섬기는 도리를 말한 것으로『예기(禮記)』「곡례(曲禮)」편의 다음과 같은 구절에서 나왔다.

무릇 아들 된 자가 지켜야 할 예의는 겨울에는 부모를 따뜻하게 해드리고 여름에는 서늘하게 해드리며, 저녁에는 편안히 쉬게 해드리고 새벽에는 아침 문안을 드린다. 그리고 친구들과는 다투지 않는다.
凡爲人子之禮 冬溫而夏淸 昏定而晨省 在醜夷不爭

여기서 '定'이란, 저녁에 이부자리를 펴서 부모가 안정하여 쉴 수 있도록 한다는 뜻이고, '省'은 새벽에 밤새 편안히 주무셨는지 살핀다는 뜻이다. '醜夷'는 사귀는 친구를 의미하는데 친구들과 다투지 않는다는 것은 부모의 마음을 편안하게 하기 위해서이다.

또 같은『예기』「곡례」편에는 "아들 된 자는 집을 나갈 때는 반드시 가는 곳을 아뢰고, 돌아와서는 반드시 부모에게 얼굴을 보인다(夫爲人子者 出必告 反必面)"라는 구절이 있다. 얼른 보면 모두 지극히 쉬운 일인 것 같으나 이대로만 실행한다면 더할 나위 없는 효자라 할 수 있다.

예로부터 효(孝)를 그토록 강조해 온 것은 그것이 생각보다 실행하기 어려운 일임을 반증하는 것이다. 누구나 할 수 있는 일이면 굳이 강조할 필요가 없었을 것이다. 우리나라에서도 관(官)으로부터 효자라는 공인을 받으면 자손 대대로 가문의 영광으로 여겼고 국가로부터 여러 가지 특전이 주어졌다. 효자가 난 집에 세금을 면제해 준 것이 한 예이다.

그러기에 동양 사회에는 효자 이야기가 수없이 많다. 그 대표적인 인물이 노래자(老萊子)이다. 그는 나이 70에 부모를 기쁘게 해드리기 위해서 어린이처럼 색동옷을 입고 부모 앞에서 춤추며 재롱을 부렸다고 한다.

총무처는 내년부터 모든 공무원들이 하루씩 효친(孝親) 휴가를 받도록 관련 법규를 정비한다고 한다. 핵가족 시대에 매일 '혼정신성'할 기회가 없더라도 1년에 한 번은 부모님 앞에서 노래자처럼 재롱을 부릴 수는 있지 않을까? 그러기엔 효친 휴가가 하루로 부족하다는 느낌이 들지만, 설마 효친 휴가를 받아 자기 처자식 끼고 부모 몰래 놀다 오는 사람이야 없겠지.

糟糠之妻
조강지처

중국 후한(後漢) 때 송홍(宋弘)이란 사람이 있었는데 인품이 고결하고 학문이 높아 벼슬이 대사공(大司空)에 이르렀다. 당시 황제의 누이인 호양공주(湖陽公主)가 과부가 되었는데 황제는 홀로된 누이를 송홍에게 개가(改嫁)시킬 마음이 있었다. 그래서 넌지시 공주의 마음을 떠보았더니 공주도 송홍을 매우 존경하고 있음을 알았다. 그런데 송홍에게는 아내가 있었다.

그러나 결심을 한 황제는 공주를 병풍 뒤에 숨어있게 하고 송홍을 불러서 이렇게 설득했다. "속담에 이르기를, 사람이 존귀하게 되면 친구를 바꾸고 부유하게 되면 아내를 바꾼다고 했는데 그렇게 하는 것이 인지상정(人之常情)이 아니겠소?" 이제 송홍도 부귀를 누리게 되었으니 아내를 한번 바꾸어 보는 것이 어떻겠느냐는 권유였다.

이 말을 들은 송홍은 "신이 들으니 '빈천지교(貧賤之交)는 불가망(不可忘)이요 조강지처(糟糠之妻)는 불하당(不下堂)이라' 했습니다"라 대답했다. 이 구절의 뜻은 이렇다. 빈천할 때 사귄 친구는 끝까지 잊어서는 안 되고, 지게미(糟)나 겨(糠)를 먹으면서 가난할 때 고생을 함께한 아내는 훗날 부귀하게 된 뒤에도 옛날 고생하던 일을 생각하여 버려서는 안 된다는 말이다. 송홍의 말을 들은 황제는 병풍 뒤의 공주에게 "아마도 일이 성사되지 못할 것 같다"라고 말했다.

황제의 권위 앞에서도 뜻을 굽히지 않은 송홍도 당당하거니와 그러한 송홍의 뜻을 존중하여 깨끗이 단념한 황제 또한 훌륭하다. 송홍과 같은 신하를 가진 황제는 행복할 것이고 자신의 뜻을 받아들인 황제를 모신 송홍도 행복했을 것이다. 그러나 무엇보다 송홍과 같은 남편을 가진 그의 아내는 이 세상에서 가장 행복한 여자였음에 틀림없을 것이다.

反哺之孝
반포지효

까마귀에는 네 가지 종류가 있는데 그중 자오(慈烏)란 까마귀에 대하여 중국 명나라 때의 의학자인 이시진(李時珍)은 다음과 같이 기록하고 있다. "이 새가 태어나면 그 어미가 60일 동안 먹여준다. (새끼가) 자라면 60일 동안 도로 (어미에게) 먹이를 물어다 주니 가히 자애롭고 효성스럽다 할 수 있다(此鳥初生 母哺六十日 長則反哺六十日 可謂慈孝矣)" 그래서 사람들은 이 까마귀를 '효조(孝鳥)'라 부르게 되었고 '反哺(반포)'는 자식이 부모에게 진 은혜를 갚아 자식의 도리를 다한다는 뜻으로 쓰이게 되었다.

중국 당나라 때의 시인 백거이(白居易)의 작품 중에 「자오야제(慈烏夜啼: 자오가 밤에 울다)」란 시가 있는데, 어린 까마귀가 어미를 잃고 슬피 우는 소리를 듣고 쓴 작품이다. 이 시의 마지막 부분을 인용해 본다.

옛날에 오기(吳起)란 자 집을 떠나서
모친이 별세해도 돌아오지 않았으니

슬프다. 이와 같은 무리들
그 마음이 새보다 못하도다

자오(慈烏)여, 자오여
새 중의 증삼(曾參)이로다

昔有吳起者　母歿喪不臨
嗟哉斯徒輩　其心不如禽
慈烏復慈烏　鳥中之曾參

　　오기(吳起)는 전국시대의 장군으로 출세하기 위하여 집을 떠나서 어머니가 죽었는데도 집에 돌아오지 않았다. 증삼(曾參)은 공자의 제자 중에서 효성이 지극하기로 이름난 이름이다. 오기가 집을 떠나 증삼의 제자가 되었는데도 오기가 모친상에 가지 않았다는 말을 듣고 증삼은 그와 인연을 끊었다고 한다.
　　서울의 노원구 상계동에는 속칭 '당고개 판자촌'이 있다고 한다. 이곳은 자식들로부터 버림받은 노인들의 집단거주지이다. 노인들은 이곳에서 굶주림과 병마에 시달리며 인간 이하의 생활을 하고 있다고 한다. 한때는 집안의 가장으로서, 자식들 양육에 일생을 바쳤으나 지금은 바로 그 자식들로부터 버림받은 것이다. 까마귀도 제 어미의 은공을 아는데 하물며 사람임에랴. 반포(反哺)하지 않는 자식은 백거이의 말처럼 새보다 못한 존재임에 틀림없다.

雲雨之情
운우지정

이 말은 남녀 간의 정교(情交)를 뜻하는데 다음과 같은 이야기에서 유래되었다. 초(楚)나라 회왕(懷王)이 고당(高唐)에서 유람하다가 피곤해서 낮잠을 잤다. 그러자 꿈속에 한 부인이 나타나 이렇게 말했다. "저는 무산(巫山)의 여자로서 고당의 나그네가 되었는데 당신이 여기서 노닌다는 말을 듣고 이렇게 왔으니 원컨대 잠자리를 함께해 주십시오" 그래서 왕은 하룻밤을 같이 지냈다. 그 여자는 떠나면서 말하기를 "저는 무산의 양지쪽 높은 곳에 사는데 아침에는 구름이 되고 저녁에는 비가 되어(旦爲朝雲 暮爲行雨) 아침이면 아침마다 저녁이면 저녁마다 양대(陽臺)의 아래에서 당신을 그리워하겠습니다"라 했다.

다음 날 아침에 보니 과연 여자의 말과 같았다. 그래서 왕은 그 여자를 위하여 사당을 세우고 '朝雲(조운)'이라 이름 붙였다. 이 이야기에서 '운우지정'이란 말이 나왔는데 '巫山之夢(무산지몽)', '巫山雲雨(무산운우)'도 같은 뜻으로 모두 남녀 간의 정사(情事)를 가리킨다. '운우지정이 무르녹았다'는 등의 표현을 소설에서 흔히 볼 수 있는데 여기에서 유래한 것이다.

마광수(馬光洙) 교수의 소설 「즐거운 사라」가 이 '운우지정'을 지나치게 노골적으로 다루었다고 해서 법의 심판을 받았다. 연세대학교는 마 교수를 해임했고 학생들은 복직 투쟁을 벌이고 있다. '마광수는 결코 인도와도 바꿀 수 없다'는 격문이 교문에 걸리고, 총학생회는 UN 인권위원회에 그의 사면 복권 요청서와 탄원서를 보냈다고 한다.

인간의 본성에 잠재한 것이라 해서 거리낌 없이 표현해도 좋은 것은 아니다. 공자(孔子)는 "樂而不淫(낙이불음) 哀而不傷(애이불상)"이라 하여 '즐겁되 지나치게 음탕하지 않고 슬프되 상하게 하지 않는' 시(詩)를 좋은 작품이라 말했다. 무한쾌락을 추구하려는 인간의 동물적 본능을 그대로 묘사한다는 것은 인간이 인간 스스로를 비하시키는 일이다. 적어도 학생들을 가르치는 교육자만이라도 그러지 말아야 할 것이다.

河東獅子吼
하동사자후

'河東'(하동)은 지명이고 '獅子吼'(사자후)는 문자 그대로 '사자의 울음소리'란 뜻인데 원래는 불교 용어이다. 부처가 설법(說法)을 하면 그 음성이 천지를 진동시켜 마치 사자가 으르렁거리면 모든 짐승들이 두려워 엎드리는 것 같았다고 해서 붙여진 명칭이다. 그러므로 '사자후'는 불가(佛家)에서 위엄을 나타내는 용어이다. 그런데 언제부터인가 이 말은 '질투심 많고 앙칼진 아내의 호령 소리'라는 뜻으로 쓰이게 되었다. 여기에 얽힌 다음과 같은 이야기가 전한다.

중국의 진조(陳慥)라는 사람은 자칭 용구선생(龍丘先生)이라 했는데 불교를 믿어 평소에 불교 얘기하는 걸 좋아했지만 또한 소리하는 기생을 불러놓고 친구들과 어울려 놀기도 좋아했다. 그러나 그의 아내는 질투심이 많고 성질이 고약한 여자였다. 질투심 많은 아내 앞에서 기생을 불렀으니 어떤 사태가 벌어졌는지는 불문가지(不問可知)일 것이다. 이를 두고 소식(蘇軾)이 진조를 놀리는 시를 지었다.

용구거사(龍丘居士) 그 역시 가련하도다.
불법(佛法) 얘기 하느라 잠 못 드는데
홀연히 하동사자 울음소리 듣고는
정신이 아득하여 지팡이 떨어뜨리네

龍丘居士亦可憐　談空說有夜不眠
忽聞河東獅子吼　拄杖落手心茫然

　　이 시에서 '하동사자'는 진조의 아내 유씨를 가리킨다. 그의 아내가 하동의 유씨(柳氏) 집안 딸이었기 때문에 그렇게 부른 것이다. 그러므로 아내의 바가지는 부처님의 '사자후'이고 자신은 사자후를 듣고 두려워 엎드리는 짐승인 셈이다.
　　서양에서는 아내에게 시달리는 공처가를 'henpecked husband'라고 한다. 번역하면 '암탉에게 쪼인 남편'이란 뜻이다. 끊임없이 쪼아대는 암탉도 성가시기 짝이 없지만 그래도 사자보다야 낫지 않은가! 우리나라에서도 '고양이 같은 아내가 호랑이로 변했다'고 하여 무서운 아내를 호랑이에 비유했다.
　　지금 한국 땅에 하동사자들이 으르렁거리면 뭇 짐승들은 무서워서 '간'이 콩알만 해진다. 사자와 다른 짐승들이 공존할 수 있는 방법은 없을까?

吳越同舟
오월동주

중국 춘추시대(春秋時代)의 오(吳)나라와 월(越)나라는 원수지간이었다. 지리적으로 인접해 있는 두 나라는 수많은 전쟁을 치르며 일진일퇴를 거듭했다. 유명한 '와신상담(臥薪嘗膽)'의 고사도 두 나라 사이의 공방으로부터 생긴 일이었다. 오늘날 『손자병법(孫子兵法)』으로 불리는 책에 다음과 같은 말이 있다.

대저 오나라 사람과 월나라 사람은 서로 미워한다. 그러나 같은 배를 타고 물을 건너다가 바람을 만나면 서로 구원하는 것이 마치 왼손과 오른손 같다.
夫吳人與越人相惡也 當其同舟而濟 遇風 其相救也 如左右手

여기에서 '오월동주'란 말이 유래되었는데, 아무리 미워하는 사이라도 같이 위급한 상황에 처하면 서로 돕는다는 뜻으로 쓰인다. 장개석(蔣介石)이 이끄는 국민당과 모택동(毛澤東)이 이끄는 공산당이 일본이라는 공통의 적으로부터 위협을 받자 서로 뭉쳐 이른바 국공합작(國共合作)을 하게 되는데 이것이 전형적인 오월동주의 예이다.

지금 자민련(自民聯)의 김종필(金鍾泌) 총재와 국민회의의 김대중(金大中) 총재가 때 아닌 보수논쟁을 벌이고 있다. 서로 자기가 '진짜 보수'이고 상대는 '사이비 보수'라고 목청을 높이고 있다. 마치 춘추시대의 오나라와 월나라처럼 날카롭게 대립하는 형국이다. 5.16 군사쿠데타 이후 두 사람의 관계를 생각하면 이들은 오나라 월나라보다 더 적대적일 수밖에 없다. 그러니 지금 이렇게 싸우는 것도 무리가 아니다.

그런데 기묘하게도 최근 양자 간에 화해의 분위기가 일고 있다. 5.18 특별법 제정과 특별검사제 도입, 박은태(朴恩台) 의원 구속 동의서 처리 문제 등을 둘러싸고 서로 협력할 필요성을 느낀 것이다. 특히 내년 총선을 앞두고 공동의 적인 민자당과 맞서 싸우자면 양당끼리 힘을 합쳐야 한다고 판단한 것이다. 바야흐로 '오월동주'의 시대가 열리는가? 그러나 같은 배를 탔지만 바람이 멎으면 다시 싸울 것이 확실하다.

塞翁之馬
새옹지마

'변방(邊方) 늙은이의 말'이란 말인데 이익이 손해가 되기도 하고 복(福)이 화(禍)가 될 수 있다는 의미로, 인간의 길흉화복(吉凶禍福)은 예측할 수 없다는 뜻이다. '塞'를 '색'으로 읽으면 '막는다'는 뜻이고 '새'로 읽으면 '변방' 또는 '요새'라는 뜻이다. 이 말은 『회남자(淮南子)』의 「인간훈(人間訓)」에 나오는 다음과 같은 이야기에서 유래되었다.

국경의 요새(要塞) 가까이에 점을 잘 치는 늙은이가 있었다. 어느 날 집에서 기르던 말이 까닭 없이 국경을 넘어 오랑캐 땅으로 도망쳐 버렸다. 변경에 사는 사람에게는 말이 귀중한 재산이었다. 그래서 마을 사람들이 그를 위로하자 점쟁이는 "이것이 어찌 복이 되지 않겠는가"라고 태연히 말하며 슬퍼하는 기색이 없었다. 몇 달이 지나서 과연 그 말이 훌륭한 오랑캐 말 한 필을 이끌고 왔다. 화가 복이 된 것이다. 마을 사람들이 이를 축하하니 그는 "이것이 어찌 화가 되지 않겠는가"라 하며 기뻐하는 기색이 없었다.

그 집에는 좋은 말이 많았는데 아들이 말타기를 좋아해서 한번은 말에서 떨어져 다리가 부러졌다. 복이 화가 된 것이다. 사람들이 와서 위로하니 그는 "이것이 어찌 복이 되지 않겠는가"라고 말했다. 1년이 지난 후 오랑캐들이 크게 요새로 쳐들어 왔다. 마을의 젊은이들이 나서서 활을 쏘며 응전했지만 그 마을 사람의 열의 아홉은 죽었다. 그런데 이 집만 부자(父子)가 다 죽지 않았다. 그것은 아들의 다리가 부러져 출전하지 않았기 때문이다. 다시 화가 복이 된 것이다.

'인간만사 새옹지마'란 말이 있듯이 정말 예측할 수 없는 것이 사람의 앞날이다. 하늘을 나는 새도 떨어뜨린다는 중앙정보부장이 하루아침에 철창신세가 되기도 하고, 김국환이라는 무명 가수가 '사랑이 뭐길래'라는 TV 드라마 한 편으로 하루아침에 스타덤에 오르기도 하니 '새옹지마'란 말이 참으로 실감나는 세상이다.

百藥之長
백약지장

모든 약(百藥)의 으뜸(長)은 무엇일까? 『한서(漢書)』 「식화지(食貨志)」에 다음과 같은 기록이 있다. "무릇 소금은 음식물의 장수(將帥)이고, 술은 백약의 으뜸이며 아름다운 모임의 좋은 반려(伴侶)이고 쇠는 농사의 근본이다"

당시 사회에서 소금과 술과 쇠가 중요한 산물이었기 때문에 그 생산과 판매를 국가에서 관장해야 한다는 취지에서 나온 말이지만 애주가들에게는 더없이 반가운 말이다. 비록 정책적인 차원의 언급이지만 '백약의 으뜸'이라고까지 말한 데에는 그만한 근거가 있었을 것이다. 「식화지」에는 또 다음과 같은 기록도 보인다.

> 술은 하늘이 내린 아름다운 복록(福祿)으로 제왕은 이것으로 천하의 백성을 기르고, 이것으로 제사지낼 때 복을 빌며, 이것으로 쇠약한 자와 병자를 부양한다. 또한 온갖 예식(禮式)도 술이 아니면 거행되지 않는다.

이것도 물론 정책 수립의 필요에서 나온 말이긴 하지만, 천자로부터 일반 백성에 이르기까지 사람의 생활과 술이 불가분의 관계에 있다는 사실을 지적한 것이다. 그래서 중국 문학에는 술을 노래한 작품이 무수히 많다. 그중에서 이백(李白)의 「월하독작(月下獨酌: 달 아래서 홀로 술을 마시다)」이라는 시가 단연 압권(壓卷)이다. 이 시는 모두 4수로 되어 있는데 제2수의 일부분만 인용해 본다.

> 하늘이 술을 사랑하지 않았다면야
> 하늘엔 주성(酒星)이 없었을 것이고
>
> 대지(大地)가 술을 사랑하지 않았다면야
> 땅엔 응당 주천(酒泉)이 없었을 것이라
>
> 하늘과 땅이 이미 술을 사랑했으니
> 술 사랑, 하늘에 부끄럽지 않도다
>
> 天若不愛酒　酒星不在天
> 地若不愛酒　地應無酒泉
> 天地旣愛酒　愛酒不愧天

하늘에 주성(酒星)이란 별이 있고 중국 땅에 주천(酒泉)이란 지명이 실제로 있다. 그러니 하늘과 땅을 핑계 삼아 술을 마신다는 것이다. 그러나 「식화지」에는 "술을 제한 없이 방임하면 재물을 허비하고 백성을 상하게 한다"고 기록되어 있다. 술이 '백약의 으뜸'이 되기 위해서는 적절한 절제가 전제되어야 함은 말할 필요가 없다.

漁父之利
어부지리

두 사람이 이해관계로 서로 다투고 있는 동안에 엉뚱한 다른 사람이 이익을 본다는 뜻인데, 『전국책(戰國策)』에 실려있는 다음과 같은 이야기에서 유래되었다. 조(趙)나라가 연(燕)나라를 정벌하려고 했을 때 소대(蘇代)라는 사람이 연나라를 보호하기 위해서 조나라 왕에게 이렇게 말했다.

오늘 제가 역수(易水)를 건너왔습니다. 마침 조개가 뭍에 나와 햇볕을 쬐고 있었는데 황새가 조개의 살점을 쪼아 물었습니다. 조개는 껍데기를 닫아 황새의 부리를 꽉 물고 놓아주지 않았습니다. 물린 상태에서 황새가 말하기를 "오늘도 비가 오지 않고 내일도 비가 오지 않으면 조개 너는 죽고 말 것이다"라 했습니다. 조개 또한 황새에게 말하기를 "네가 오늘도 빠져나가지 못하고 내일도 빠져나가지 못하면 황새 너는 죽고 말 것이다"라 했습니다. 이렇게 둘이 서로 놓아주려 하지 않는데 지나가던 어부(漁父)가 둘을 한꺼번에 잡게 되었습니다.
이제 조나라가 연나라를 정벌하고자 하는데 그렇게 되면 두 나라가 서로 오랫동안 싸워서 백성들을 피폐하게 만들 것입니다. 그때 저는 강한 진(秦)나라가 어부처럼 되지 않을까 두렵습니다. 왕께서는 이 일을 깊이 생각해 주시기 바랍니다.

이 말을 들은 조나라 왕은 침공 계획을 그만두었다. 조개와 황새를 한꺼번에 얻었으니 어부는 그야말로 횡재(橫財)를 한 셈인데 두 나라가 싸우다가 진나라에 횡재를 안겨줄 수는 없다고 생각한 것이다.

6.25 전쟁은 조개와 황새의 싸움이었고 엉뚱한 일본이 어부가 되어 횡재를 했다. 패전국 일본은 6.25 전쟁을 가리켜 '신(神)이 주신 선물'이라고 하지 않았던가. 이것은 어부의 횡재보다 더한 것이었다. 앞으로 남북한의 대치 상황이 계속되는 경우에도 '어부지리'를 얻을 나라는 일본임이 분명하다.

過而不改
과이불개

『논어(論語)』에 다음과 같은 말이 있다. "잘못을 저지르고 고치지 않는 것, 이것을 잘못이라 한다(過而不改 是謂過矣-「衛靈公」)." '잘못'에 대한 정의이다. 잘못을 저지르는 것 자체도 좋을 것이 없지만, 잘못을 저지르고도 고칠 줄 모르는 것이 더 큰 잘못임을 강조한 말이다. 공자는 이렇게 잘못을 저지르는 것 못지않게 그것을 고치는 것을 중요하게 여겼다. 이점은 공자의 제자들도 마찬가지였다. 공자의 제자 자공(子貢)은 이렇게 말했다.

군자의 잘못은 일식·월식과 같아서 잘못을 저지르면 사람들이 다 보고, 고쳤을 때에는 사람들이 모두 우러러본다.(君子之過也 如日月之蝕焉 過也 人皆見之 更也 人皆仰之-「子張」)

군자란 평범한 사람이 아니고 지도적인 위치에 있는 사람을 말한다. 이런 사람이 잘못을 저지르면 일식·월식같이 다 드러나니 잘못을 저지르지 않는 것이 가장 좋은 길이고, 잘못을 저질렀을 때에도 이를 고치면 사람들이 우러러본다는 것이다. 즉 이전의 잘못은 지워진다는 뜻이다. 소인은 이와 다르다. 『논어』에서 역시 공자의 제자인 자하(子夏)는 "소인이 잘못을 저지르면 반드시 꾸며댄다(小人之過

也 必文-「子張」)."고 말했다. 꾸며댄다는 것은 잘못을 고칠 의사가 없다는 뜻이다.

지금 전직 대통령 노태우(盧泰愚) 씨의 비자금(秘資金) 때문에 온 통 세상이 시끄럽다. 그가 대통령 재임 시에 무슨 잘못을 저질렀는지 국민들은 다 알고 있다. 한 나라의 대통령이면 옛날의 군자에 해당된다. 그러므로 국민들은 일식·월식을 보듯 그의 잘못을 훤히 보고 있었다.

그런데 그는 소인처럼 무엇을 꾸며대려 하는가? 때늦은 감이 없지 않지만 지금이라도 자신의 잘못을 고친다면 최소한 소인배라는 오명(汚名)으로부터는 벗어날 수 있을 것이다.

이 땅의 군자들은 모름지기 "잘못을 고치기를 꺼리지 말라(過則勿憚改-「學而」)"는 공자의 말을 명심할 필요가 있다.

陶朱公
도주공

　　도주공은 범려(范蠡)의 별칭으로 고대 중국에서 부자의 대명사였다. 이제 그의 행적을 살펴보자.

　　범려는 월왕(越王) 구천(句踐)을 도와 오(吳)나라를 격파하는데 가장 큰 공을 세운 사람이었다. 오나라를 멸망시킨 후 그는 자신의 임무가 끝났다고 생각해서 오호(五湖)에서 배를 타고 제(齊)나라로 갔다.

　　그곳에서 이름과 성을 바꾸고 부지런히 농사를 지어 수십만 금(金)의 돈을 모았다. 제나라 사람들이 그를 현명하게 여겨 상국(相國)으로 삼았으나, 얼마 후 "존귀한 명성을 오랫동안 가지고 있는 것은 좋지 않다"라 말하고는 재산을 친구와 마을 사람들에게 나누어주고 다시 도(陶) 땅으로 갔다.

　　거기서 스스로를 '도주공'이라 칭하고 농업과 목축을 하는 한편, 시세의 변동에 따라 물건을 사고팔아서 큰 이익을 남겼다. 그 과정에서 남에게 피해를 주는 일은 절대 하지 않았다. 이렇게 하여 전후 19년 동안 세 번 천금(千金)의 재산을 모았고 그중 두 번은 가난한 벗과 친척들에게 재산을 나누어 주었다.

　　부유해지면 더욱 탐욕스러워지는 사람이 있고, 재산을 모으면 남에게 베풀기 좋아하는 사람이 있는데 그는 후자의 인간형이었다.

남에게 베풀면 베푼 만큼 돌아오는 법이다. 그는 늙어서 재산 관리를 자손에게 맡겼는데 재산이 더욱 늘어서 당대 제일의 부자가 되었다고 한다. 그래서 후세에 부(富)를 말하는 자는 모두 도주공을 일컫게 되었다. 이 이야기는 사마천(司馬遷)의 『사기(史記)』에 기록되어 있다.

 노태우 씨의 비자금이 소문대로 4천억 원으로 밝혀질 경우 그는 한국 제2의 부자가 된다고 한다. 한국의 도주공인 셈이다. 그러나 중국의 도주공은 남에게 피해를 주지 않고 부지런히 노력하여 부자가 된 반면에 노 씨는 권력을 이용하여 부정하게 돈을 긁어모았다. 또한 중국의 도주공은 모은 재산으로 남에게 덕을 베풀었는데 노 씨는 오로지 자신과 가족의 이익만을 챙겼다. 그것도 '검은 돈으로'.

부록

중국의 대학과 대학생

나는 1993년 2월 12일부터 8월 3일까지 6개월 동안 중국 북경에 있는 북경사범대학교에서 연구교수로 있었다. 나로서는 이번의 중국 여행이 처음은 아니었다. 천안문사태가 일어났던 1989년 10월에 국제퇴계학회(國際退溪學會) 학술회의 참석차 처음으로 중국 땅을 밟게 되었다. 그때만 해도 양국이 수교(修交)하기 전이라 중국으로 가기가 무척 어려워 까다로운 절차를 거쳐 홍콩을 경유해서 북경으로 갔다.

회의가 끝난 후 우리 일행은 북경 일원과 서안(西安), 항주(杭州), 계림(桂林), 광주(廣州)를 구경하고 돌아왔다. 이렇게 처음 가본 중국은 그야말로 경이로운 세계였다. 그때까지 중국은 꿈속에서나 그리던 미지의 땅이었다. 내가 중국에 왔다는 사실이 현실로 인식되지 않을 정도로 흥분하고 감격했다. 그러나 중국과 관계가 있는 학문을 전공하는 나로서는 한 번의 중국 여행으로 만족할 수가 없었다. 한 번 다녀온 중국의 모든 것이 나를 송두리째 사로잡고 자꾸만 손짓을 하고 있었다. 첫눈에 반해버린 연인을 못 잊어 잠 못 이루는 사람처럼 열병(熱病)에 시달렸다.

나의 심정을 알기라도 한 듯 드디어 기회가 왔다. 그 이듬해인 1990년 10월, 복건성(福建省) 복주(福州)에서 개최되는 주자(朱子) 탄생 860주년 기념 학술회의에 참가하게 된 것이다. 나는 뛸 듯이 기뻤다. 그 당시에는 이런 방법이 아니면 중국에 갈 수가 없었기 때문이었다. 회의가 끝난 후에는 무이산(武夷山)과 상해(上海)를 둘러보고 귀국했다. 이렇게 두 번을 다녀와도 직성이 풀리지 않았다. 직성이 풀리기는커녕 나의 중국열(中國熱)은 더욱 깊어 갔다. 나에게 있어 중국은 그만큼 매력적인 대륙이었다.

그래서 세 번째로 간 것이 1992년 10월이었다. 제남(濟南)의 산동대학(山東大學)에서 열린 제2회 동방실학연토회(東方實學硏討會) 참석이 목적이었다. 역시 이번에도 중국 구경을 빠뜨리지 않았다. 사천성(四川省)의 성도(成都)와 중경(重慶)을 거쳐 양자강 삼협(三峽)을 배로 여행하고 동정호(洞庭湖)와 악양루(岳陽樓)를 관람한 후 북경을 경유하여 돌아왔다.

그러나 이것으로 중국을 보았다고 할 수 있겠는가? 그 넓은 천지의 일부분을, 그것도 주마간산(走馬看山)식으로 훑어본 데에 불과할 뿐이다. 중국을 사랑하는 사람으로서 중국을 좀 더 넓게, 좀 더 깊게 살펴보아야 하겠다는 욕망을 억누를 길이 없었다. 그래서 6개월간의 연구교수 생활을 계획하게 되었고 그 기간에 중국을 철저히 알려고 했다. 6개월 동안 나는 그야말로 '정력적으로' 여행했다. 내가 다닌 곳을 성별(省別)로 보면 하북성(河北省), 산서성(山西省), 내몽고자치구(內蒙古自治區), 요녕성(遼寧省), 길림성(吉林省), 산동성(山東省), 하남성(河南省), 강소성(江蘇省), 절강성(浙江省), 안휘성(安徽省), 광서장족자치구(廣西壯族自治區), 사천성(四川省), 귀주성(貴州省), 운남성(雲南省), 섬서성(陝西省) 등지이다.

이번 여행은 단체여행이 아니고 순전히 개인적으로 다닌 것이기 때문에 내가 가보고 싶었던 곳을 여행했다는 데에 의미가 있다. 역사적 인물이나 역사적 사건과 관련이 있는 곳, 그리고 중국의 저명한 문학가들의 자취가 남아 있는 곳을 중심으로 여행한 것이다. 따라서 유명 관광지가 아닌 산간벽지를 두루 여행할 수 있어서 중국과 중국인의 감추어진 부분까지 관찰할 기회를 가진 것이 또 하나의 소득인 셈이다.

이 글에서는 편집자의 요청에 따라 중국 대학의 실상과 중국 대학생들의 학교생활, 의식구조, 가치관 등을 내가 관찰한 범위 내에서 가능한 한 객관적으로 서술하고자 한다.

하나의 동(洞)을 이루는 대학

중국의 대학은 캠퍼스 안에서 모든 일이 처리될 수 있는 자족적 (自足的) 체제를 갖추고 있다. 학생과 교수, 직원 전원이 캠퍼스 안에 거주하기 때문이다. 북사대(北師大: 北京師範大學의 약칭)의 경우 학생이 9,000여 명, 교수와 직원이 3,000~3,500여 명이 되는데 이들이 모두 학교 안에서 생활을 한다. 그러므로 학교에는 모든 시설이 다 갖추어져 있다.

우선 강의실과 학생 기숙사 건물만 해도 수십 채가 되고 교직원들의 숙소는 이보다 더 많다. 여기에다 연구소, 편의시설, 각종 부속 건물이 모두 캠퍼스 안에 있기 때문에 중국의 대학은 하나의 동리(洞里)라 해도 과언이 아니다. 교직원 숙소가 있는 지역은 마치 아파트촌과 같다. 북사대에는 부속 유치원과 부속 소학교(초등학교)까지 대학 구내에 있다. 북경의 청화대학(淸華大學)의 경우에는 유치원, 소학교뿐만 아니라 초중(初中: 중학교), 고중(高中: 고등학교)까지도 같은 캠퍼스 내에 있다. 이 많은 '주민들'을 위한 편의시설 또한 다양하다. 병원, 우체국, 목욕탕, 이발소, 서점을 비롯하여 안경점, 자전거 수리소 등이 들어서 있다. 식당과 잡화점, 식료품점은 교내 도처에 있고, 영화관이 따로 있는 대학도 있다. 심지어 호떡집이나 만두, 국수류를 파는 간이 노점상도 교내에서 영업을 한다. 이렇게 많은 시설을 수용하고 있기 때문에 대학의 면적도 매우 넓어서 대학교 안에서는 주로 자전거를 이용하여 이동을 한다.

대부분의 대학에는 외국인 숙소를 별도로 두고 있다. 북경대, 청화대, 인민대, 북사대 등 규모가 큰 학교는 각각 400~500여 명의 외국인을 수용하고 있으며, 북경어언학원(北京語言學院)에는 한국인만 많을 때는 500여 명이 된다고 한다. 단일 국가로는 가장 많은 유학생이 진출해 있는 셈이다. 그렇기 때문에 어언학원 근처에는 '한국밥집', '고향집' 등의 간판이 붙은 한국 음식점들이 많고 이들 음식점들에서는 비빔냉면, 김치, 된장국, 깻잎 등에서부터 숯불 불고기, 도가니탕에 이르기까지 다양한 한국 음식을 팔고 있다. 이 음식점의 주인들 중에는 한국에 가서 한국 음식 요리법을 배워온 사람도 있다. 대개 조선족 종업원을 몇 명씩 고용하고 있어서 방문객은 중국어를 몰라도 식당 이용에는 아무런 불편이 없다.

외국인 숙소는 대학의 주요한 수입원인데, 이는 모든 외국인에게 고액의 학비와 숙박비를 받기 때문이다. 지금 중국의 대학은 심각한 경영난을 겪고 있다. 옛날에는 학교 운영비 전액을 국가에서 지원해 주었지만 개혁·개방 이후 점차 지원비를 줄여나가고 있으며 부족한 운영비는 각 학교에서 자체 조달하라는 것이 정부의 방침이다.

널리 알려진 바와 같이 중국의 대학교수들은 경제적인 면에서 열악한 상태에 있다. 다른 직종에 비해서 월 평균수입이 적은 것이다. 정부는 이 문제도 대학이 스스로 해결하라고 말한다. 그 대신 대학이 자체적으로 번 돈은 국가에서 간섭하지 않겠다는 방침이다. 그러니 대학 당국이 돈벌이에 나설 수밖에 없고, 무슨 사업을 하든 많은 수입이 생기면 그만큼 구성원들의 몫이 커지므로 대학은 돈 벌 궁리에 열중이다.

청화대학처럼 자연과학이 우세한 곳에서는 첨단과학 분야의 자회사(子會社)를 만들어 운영하기도 하며 이런 경우엔 대학원 학생들이 파견되어 사원으로 일하게 된다. 북경체육학원(北京體育學院)은 택시회사를 운영하고 있다. 택시 옆면에 '북체출조기차(北體出租汽車)'라는 글자를 버젓이 달고 달린다. '汽車'는 자동차란 뜻이고, '出租汽車'는 우리의 택시에 해당되는 말이다. 시내버스는 공공기차(公共汽車)라고 한다. 들은 바에 의하면 중앙 교육과학 연구소와 북경도서관에서도 택시를 수 십 대 사놓고 영업 준비를 하고 있다고 한다. 북경에서는 요사이 택시 사업이 호황을 누리고 있기 때문이다. 북경우전학원(北京郵電學院)은 '북경우전학원 필달통신공사(北京郵電學院必達通信公司)'라는 점포를 개설하여 통신기구들을 판매하고 있다.

우리의 상식으로는 납득하기 어려운 일이지만 중국의 대학은 돈을 벌 수 있는 일이면 주저하지 않는다. 대학의 형편이 어려운 탓도 있겠지만, 이런 현상은 수 천 년 동안 내려오는 중국인의 상인 기질과도 무관하지 않으리라 생각된다. 학교 담장을 허물어서 점포를 만들어 놓고 일반 시민을 상대로 각종 잡화와 일용품을 파는 대학도 있다. 어떤 대학은 캠퍼스 안에 대형 빌딩을 지어 일반 기업체에 사무실을 대여해 주고 집세를 받기도 한다.

돈벌이에 열중하는 중국인의 모습은 대학 사회에 국한된 것만 아니다. 대부분의 기관이 다 그렇다. 북경에 중앙민족어문 번역중심 (中央民族語文飜譯中心)이라는 곳이 있는데 이곳은 주로 마르크스·레닌·모택동 등의 저서를 소수민족 언어로 번역 출판하는 기관이다. 이곳의 조선어(朝鮮語) 파트에만도 수십 명의 직원이 있는데 여기도 대학과 마찬가지로 운영비의 상당 부분을 자체 조달해야 할 형편이라고 한다. 내가 아는 이 기관의 직원 한 명이 전하는 얘기로는, 연일 직원들이 모여 대책회의를 한다고 한다. 택시회사를 차리자는 의견도 있고, 무역회사를 만들어 한국과 거래하자는 의견도 있으며, 식당이나 잡화점을 꾸리자는 의견도 나왔다고 한다. 그러나 평생 붓만

가지고 살아온 사람들이라 구체적인 사업계획을 수립하지 못한 채 몇 달이 지나갔다고 하소연했다.

이러한 상황이니 대학의 외국인 유학생은 큰 수입원이 아닐 수 없다. 건물만 있으면 별다른 투자를 하지 않고도 짭짤한 수입을 올릴 수 있는 것이다. 외국 유학생이 많으면 학비나 주숙비(住宿費) 이외의 수익도 생긴다. 유학생 전용 식당의 수입과 팩스, 전화비 등의 수입도 만만치 않을 것이다. 유학생들이 세계 각국으로 거는 국제전화 요금은 대단히 비싸다. 팩스 한 장 보내는 비용이 50원(元)인데 교수의 평균 월급이 400원 정도인 점을 감안하면 매우 비싼 편이다. 팩스를 받는 데도 한 장에 2원씩 수수료를 내야 한다.

중국 대학생들의 의식 구조와 가치관

이러한 환경 속에서 생활하는 중국 대학생들의 실태는 어떠한가? 내가 북경사범대학에 가서 처음으로 놀란 것은 대자보(大字報) 판을 보았을 때이다. 학생 기숙사 구역에는 각 계(系: 중국에서는 학과를 계라고 한다.)별로 커다란 대자보 판이 설치되어 있는데, 모택동 시대의 대자보는 대학뿐만 아니라 중국 전역에서 민의(民意)를 수렴하는 중요한 기능을 수행했다고 한다. '백가쟁명(百家爭鳴)'·'백화제방(百花齊放)'의 구호 아래 자유로운 의사 발표와 활발한 토론이 이 대자보를 통하여 이루어졌던 것이다. 심지어 법률 조문 하나를 개정하는 데에도 대자보를 통한 토론 기간이 몇 년씩 걸렸다는 얘기를 들은 바 있다. 모택동이 죽고 개혁·개방이 가속화되면서 대자보의 기능은 축소되었지만 89년의 천안문사태 때의 대자보는 다시 한 번 엄청난 힘을 발휘한 바 있다.

그러한 대자보가 나의 관심을 끄는 것은 당연하다. 그러나 나는 놀라고 말았다. 내가 북경사범대학에 도착한 것이 2월 12일인데 그때까지도 심리계(心理系), 생물계(生物系), 경제계(經濟系), 천문계(天文系) 등 대부분의 학과가 게시판에 '聖誕快樂(성탄쾌락)' 또는 'Merry Christmas'를 내걸고 있었다. 그래도 '慶祝元旦(경축원단)'을 표어로 내세운 중문계(中文系)가 나은 편이다. 도대체 사회주의 국가인 중국이 왜 예수의 탄생을 축하하는 것인지 이해가 되지 않았다.

뿐만 아니라 북사대 구내에 있는 난주풍미식당(蘭州風味食堂)이란 음식점에서는 출입문을 여러 가지 색깔의 전구로 장식해 놓고 스피커를 통하여 '고요한 밤'의 멜로디를 2월 말까지 내보내고 있었다. 한번은 몸이 불편해서 침을 맞으러 다니는 어떤 교수를 따라 해정의원(海淀醫院)이라는 상당히 큰 국영병원에 가본 적이 있었다. 이 병원의 침구병료과(鍼灸病療科)에서는 환자에게 침을 꽂아놓고 자외선을 쪼이다가 머리맡에 있는 타이머에서 음악 소리가 나면 침을 뽑는다. 그런데 이 음악 소리가 '고요한 밤, 거룩한 밤'이다.

나는 중국 대학생들의 의식과 사고를 좀 더 자세히 알아야 되겠다는 생각에서 학생 기숙사를 방문하기로 작정했다. 안내는 지용천(池湧泉) 군이 맡았다. 지 군은 조선족 학생으로 역사계(歷史系) 3학년이었다. 아버지는 정법대학(政法大學) 교수라고 했다. 역사계의 팽림(彭林) 교수가 중국어에 서툰 나를 위해서 소개해 준 학생이다. 지 군은 가끔 나에게 와서 심부름도 해주고 통역도 해주어서 많은 도움을 받았다. 매우 영리하고 순진하며 착실한 학생이었.

기숙사 건물은 낡고 오래되어 우중충한 외관 못지않게 내부도 우중충했다. 5평 정도의 방에 2층 침대를 놓고 6, 7명이 함께 생활한다고 했다. 방도 깨끗하지 못했다. 내가 도착한 시간이 저녁 7시.

며칠 전에 미리 방문한다는 연락을 했기 때문인지 그 방 식구들 외에도 여러 명이 합류해서 14명이 나를 기다리고 있었다. 맥주 한 박스와 간단한 안주도 준비해 놓았다. 지 군이 나를 소개한 후 내가 말했다.

"나는 중국을 사랑하고 중국인을 사랑하고 중국 문화를 사랑한다. 또한 중국 음식과 중국술과 중국 차(茶)를 좋아한다. 나를 외국인이라 생각하지 말고 허심탄회하게 이야기해 보자."

어느 학생이 물었다.

"옛날의 중국을 사랑하는가, 지금의 중국을 사랑하는가?"

"옛날의 중국과 지금의 중국 둘 다 사랑한다."

"중국인 중에서 가장 존경하는 사람이 누구인가?"

갑작스러운 질문에 약간 당황했지만

"현대인으로는 모 주석(毛主席)을 존경한다"고 했더니 재빨리 그 이유를 물어왔다.

"게으름과 굶주림과 마약에 찌든 중국인을 오늘과 같이 잘 살도록 만들지 않았는가. 또한 중국 역사상 가장 광대한 통일국가를 건설한 것도 모 주석의 공로라 생각한다."

학생들이 머리를 끄덕인다. 그러면서도 고대인(古代人)으로는 누구를 존경하느냐는 질문을 빠뜨리지 않는다. 나는 "묵자(墨子)"라 대답하고 이번에는 이유를 물어오기 전에 내가 먼저 덧붙였다.

"그는 평화주의자이기 때문이다."

이번에는 내가 질문을 했다.

"한국의 지식인은 미국과 일본에 대한 감정이 좋지 않다. 여러분들 생각은 어떤가?"

말이 떨어지자마자 "이양(一樣)"이라 합창한다. "같다"는 말이다.

"그렇다면 왜 대자보 판에 'Merry Christmas'와 같은 문구가 쓰여 있는가? 이해가 가지 않는다."

"미국의 정치와 문화는 분리해서 생각해야 한다. 미국의 문화는 선진적이다. 선진적인 문화는 받아들여서 배워야 한다. 크리스마스는 일종의 명절이다. 꼭 예수의 탄생을 기념한다기보다 그저 명절이니까 즐겁게 노는 것이다."

'크리스마스 문화가 선진문화인가? 설령 선진적이라 하더라도 대학의 게시판에까지 내세울 필요는 없지 않은가?'라고 되묻고 싶었지만 참았다. 아직도 어린 학부 학생들의 생각이겠지. 그러나 이 문제는 심각하다는 느낌이 들었다. 학교 구내방송에서 미국의 팝송이 흘러나오고, 미국의 성조기(星條旗)가 찍힌 티셔츠를 부끄러움 없이 입고 다닌다.

안휘성의 황산(黃山)에서 마안산(馬鞍山)시로 가는 기차를 탔을 때는 차내 방송에서 체리핑크 맘보, 세드 무비 등의 경음악이 거침없이 흘러 나왔고, 산서성(山西省)의 대동(大同)에서 북경으로 오는 기차간에서는 나그네 설움이 역시 경음악으로 방송되었다. 또 중국인들은 식사 때마다 코카콜라 마시는 것을 하나의 멋으로 여긴다. 아무 거리낌 없이, 좋은 중국 차(茶)를 두고 코카콜라나 스프라이트 같은 외국 음료수를 선호하는 이유를 나는 이해하기 어려웠다. 사천성(四川省)의 성도(成都)에서 '이전원(伊甸園)'이란 음식점 간판을 본 적이 있다. '에덴동산'이란 뜻이다. 국민들이 외국 상품을 좋아하는 것은 우리나라도 마찬가지라 싶어 억지로 이해하려 했다. 그러나 외국 상품을 무분별하게 수입하는 중국 정부 당국의 처사는 도저히 모를 일이다.

물밀듯이 들어오는 외래문화

중국에는 500종 이상의 맥주가 생산된다. 각 성(省)·시(市)마다 1, 2종의 맥주를 만들어 팔고 있다. 그런데 최근에는 외국 상표가 붙은 맥주가 급격히 늘어나고 있다. 대부분 외국과 합작한 것인데 상표에 '중외합작(中外合作)'이란 글자가 씌어 있다. 이런 맥주는 값이 비싼데도 중국인들이 선호한다. 문제는 맥주처럼 경제발전에 불요불급(不要不急)한 상품의 합작을 정부가 왜 허가하느냐 하는 것이다. 소위 양담배도 중국에서는 얼마든지 살 수 있고 양주도 마찬가지이다. 그래서 학생들에게 물었다.

"외국 상품이 물밀듯이 들어오는데 중국 경제에 영향이 없는가?"
"중국은 공자·맹자의 나라이기 때문에 흔들리지 않는다."

그래서 내가 다소 절충적인 결론을 내렸다.

"중국은 바다와 같은 나라여서 아무리 많은 물줄기가 흘러들어도 결국은 바닷물에 섞이고 만다. 중국 역사상 이민족(異民族)이 중국을 여러 차례 지배했지만 결국은 한족(漢族)의 문화에 동화되고 말았다. 가까운 예로 만주족의 청(淸)나라가 300여 년간 중국을 지배했지만 지금은 만주어(滿洲語)마저 없어지지 않았는가? 내 말이 옳은가?"

학생들은 옳다며 박수까지 쳤다. 그러나 나의 말은 어디까지나 학생들의 기분을 고려한 '절충적'이고 '전략적'인 발언이었다. 문화적인 침투를 앞세워 점진적으로 먹어 들어가는 것이 제국주의 침략의 본질이라는 사실을 학생들은 모르고 있는 것 같았다. 또 한 가지 충격적인 사실은, '중국은 사회주의를 굳건히 지키고 있기 때문에 외래문화가 들어와도 흔들리지 않는다'라는 말이 한마디도 나오지 않았다는 점이다. 흔들리지 않는 이유를 사회주의 체제의 우월성에서 찾기보다 오히려 공자와 맹자의 사상에서 찾고 있는 것이다. 이것이 달라진 중국의 현실이라는 생각이 들었다.

맥주를 많이 마셨는지 상당히 취했다. 학생들은 컵에 따르지 않고 병째 마신다고 해서 나도 그렇게 했다. 거나하게 취한 학생들이 질문 공세를 퍼부었다.

"모 주석의 저서를 읽었는가?"

"『모순론(矛盾論)』과 『실천론(實踐論)』을 읽었다."

학생들이 놀라는 눈치다.

"모사상(毛思想)을 어떻게 생각하는가?"

"모 주석의 영구혁명론(永久革命論)은 지금도 유효하다고 생각한다."

"한국은 중국의 올림픽 개최를 지지하는가?"

"전폭적으로 지지한다."

당시 중국은 2002년 올림픽을 유치하기 위하여 거국적인 노력을 경주하고 있었다. 전 국토가 올림픽 유치 구호로 뒤덮여 있다 해도 과언이 아닐 정도였다.

학생들과의 대화는 끝없이 이어졌다.

"선생님의 전공은 무엇입니까?"

"중국 고대문학이다."

"고대 문학가 중에서 누구를 좋아하느냐?"

나는 생각나는 대로 이백(李白)·두보(杜甫)·소식(蘇軾) 등의 이름을 말했다. 그리고 나서 종이에 이백의 시「조발백제성(早發白帝城)」과 두보의 시「춘망(春望)」을 써서 보였다 학생들의 눈이 커졌다. 내친김에 소식의「적벽부(赤壁賦)」도 외워서 쓸 수 있다고 하자 눈이 더 커졌다.

중국 고대문학이나 고대역사에 대한 지식을 '과시'하면 대부분의 중국인들은 기가 죽는다. 지금의 중국인들은 대학생이나 대학교수까지도 자기 나라의 고대문화를 잘 모르고 있었다. 한국의 교육개발원에서 온 구(具) 선생과 교육계 연구생(중국에서는 학부생을 本科生, 대학원생을 硏究生이라 부른다.) 한 명과 학교 식당에서 점심을 먹은 일이 있었는데, 연구생이 내 나이를 묻기에 중국어로 50이라 했더니 '知天命(지천명)'이라며 웃어 보였다. 『논어』의 "五十而知天命"에서 나온 말이다. 연구생이라 그래도 좀 낫구나 하는 생각이 들었다.

그런데 구 선생이 "60은 이순(耳順)이고… 70은 뭐더라" 하고 더듬었다. 연구생도 모르는지 잠자코 있었다. 내가 종이에 "七十而從心所欲不踰矩"라 써 보였더니 연구생이 엄지손가락을 들어 보였다. 중국에서 엄지손가락을 들어 보이는 것은 '최고다' 또는 '훌륭하다'는 표현이다. 후일 교육계 연구생들이 모인 자리에서 그 연구생은 나를 소개하며 "이분은 한국인이지만 『논어』를 다 외우는 훌륭한 분이다"라 말하는 것으로 보아 중국 대학생들의 고문(古文) 실력이 신통치 않다는 것을 알았다. 중국에서의 '고문'은 고대 문자를 말한다. 현재 중국은 고문을 쓰지 않고 백화문(白話文)을 쓰고 있다. 고문 실력이 신통찮은 것은 그들이 공부를 안 하기 때문이다. 개혁·개방 이래로 중국 대학생들이 대체로 공부를 안 하지만 특히 중국의 고대 문화에 대한 연구를 소홀히 하는 경향이 있다. 아마 어려운 고문을 배워야하는 부담과, 졸업 후에 당장 실용가치가 없다는 이유 때문인 듯하다.

지용천 군에게 들은 얘기로는, 금년도 역사계 졸업생 45명 중에서 대학원에 진학하려는 학생이 2명인데 한 명은 미국사(美國史)를, 또 한 명은 프랑스사를 전공한다고 한다. 중국 고대사 전공자가 없다는 말이다. 그러니 고문에 약할 수밖에 없다.

대구(大邱)의 경북대학교 중문과를 졸업하고 북경사범대학 역사계 대학원에서 팽림(彭林) 교수의 지도로 중국 선진사(先秦史)를 공부하는 여학생이 있었는데 팽 교수는 이 학생의 고문 독해력을 걱정하고 있었다. 중국 고대사 연구에는 고문 독해력이 필수적이기 때문이다. 그래서 내가 그 학생에게 『논어』와 『맹자』를 암기시키라고 충고했다. 이 말을 들은 팽 교수는 "참으로 좋은 생각"이라며, 고대사를 전공하는 대학원 학생들 전원에게 『논어』와 『맹자』를 암기시키겠다고 했다. 암기하지 못하면 공책에 30번씩 써오도록 하겠다고 했다. 내가 "한국에서 한문(漢文)을 공부시키는 전통적인 방법이 암기하는 것"이라 하니까 "배울 점이 많다"고 동의했다.

기숙사 방의 분위기는 마신 술의 양에 비례해서 점점 무르익어 갔다. 누군가가 노래를 부르라고 해서 "아아 으악새 슬피 우오니…"로 시작하는 '짝사랑'을 불렀더니 무슨 내용이냐고 물어와서 "일제시대(日帝時代)에 우리 민족의 슬픔을 노래한 것"이라 답했다. 이어서 내몽고에서 온 학생 하나가 내몽고 민요를 부르고, 다 같이 혁명가인 듯한 노래를 합창했다. 밤이 깊어 자정이 넘었는데도 학생들은 일어나지를 않았다. 학생들은 "우리 방을 방문한 최초의 외국인"이라며 친밀감을 표시했다. 내가 기숙사를 방문한 것이 잘한 일이라는 생각이 들었다. 내가 중국을 사랑하고 중국 문화에 대하여 일정한 지식을 가진 인물이라 생각해서인지 학생들은 나를 매우 따뜻하게 대해 주었다. 밤 깊도록 술 마시고 이야기하고 노래 부르다가 헤어졌다. 방을 나오면서 악수를 청하자 한 학생이 말했다.

"전에 어떤 미국인 교수가 일 년쯤 있었는데 평소에 중국과 중국인을 멸시하며 거만하게 굴었다. 미국으로 떠나는 날 악수하자고 내미는 손을 학생들이 쳐버렸다. 그런데 선생님은 그렇지 않아서 좋다."

악수를 나누고 나오는데 어떤 학생이 "다음엔 만나서 모 주석의 모순론에 대하여 토론을 하자"고 제안했다. 나는 흔쾌히 응낙했다. 중국의 젊은 학생들과 술 마시고 이야기하는 것이 나로서도 무척 즐거운 일이었다.

기숙사 방문 후일담

며칠 후 지 군이 와서 그날 저녁의 후일담을 들려주었다.
"그날 저녁 선생님이 가시고 난 후 우리들은 밤늦도록 토론했습니다. 외국인이 모 주석을 존경한다는 사실에 학생들은 놀랐습니다. 독일에서는 신나치당이 출현해서 외국인들을 몰아낸다고 하는데 우리도 그래야 한다는 의견도 나왔습니다. 돈 가지고 중국에 와서 중국과 중국인을 무시하면서 놀다가 가는 외국인을 우리는 환영하지 않습니다. 저는 아시안 게임 이후 수많은 한국인들을 만났지만 선생님 같은 분은 처음입니다. 어떤 학생은 말하기를 '연세가 높은 친구를 한 명 만났다'고 했습니다. 선생님과 이야기하면서 중국의 현실과 장래에 대하여 많은 것을 생각하게 되었습니다."

그들이 말하는 "친구(朋友)"는 매우 친밀한 사이에서 쓰는 말이다. 중국인들은 좀처럼 속내를 내보이지 않지만 일단 마음을 허락하면 그때부터는 상대방을 "朋友"라고 부른다. 그리고 일단 "朋友"라 생각하면 그 관계가 좀처럼 변하지 않는다. 남녀 관계에서는 이 말이 더욱 친밀한 용어로 사용된다. "남자 친구(男朋友)" 또는 "여자 친구(女朋友)"라는 말은 "애인(愛人)"을 지칭한다. 어떤 한국 유학생이 평소 알고 지내는 중국 여학생에게 "친구로 사귀자"고 했더니 그 여학생이 자기를 사랑한다는 말로 받아들여 난감했다는 얘기도 있다. 어쨌든 중국 학생들이 나를 "연세 많은 친구"로 생각했다니 다행한 일이다.

지용천 군이 전해준 말 중에 충격적인 대목이 있었다. 사실은 남학생 기숙사를 방문하기 며칠 전에 여학생 기숙사를 방문한 일이 있었다. 여학생 기숙사는 금남(禁男)의 구역이어서 들어가기가 매우 까다로웠지만 정해진 절차를 밟아서 가까스로 방문할 수 있었다. 여학생들은 대체로 모택동보다 주은래(周恩來)에게 더 호감을 가지고 있었다. 그런데 내가 여학생 기숙사를 방문한 것을 남학생들이 매우 못마땅하게 여기고 있다는 것이다. 나는 마음속으로 걱정이 되었다. 그러나 지용천 군이 말하는 이유를 듣고 안심이 되었다.

"며칠 전에 선생님이 여학생들 방을 방문한 것은 큰 잘못입니다. 우리들은 모두 근심했습니다." 이 말을 들을 때까지만 해도 나는 '나의 행동이 남학생들의 눈에 부도덕한 일로 비쳤는지 모를 일이다'라 생각했다. "큰 잘못입니다", "모두 근심했습니다"라는 표현이 나로 하여금 그런 생각을 가지기 충분하게 해주었다. 지용천 군의 말이 이어졌다.

"여학생들로부터는 옳은 얘기를 들을 수 없습니다. 선생님이 중국에 대하여 잘못된 인상을 가지지 않을까 모두들 근심합니다."

이제야 그들이 "근심하는" 이유를 알 수 있었다. "큰 잘못입니다", "모두 근심했습니다"라는 말은 한국어에 서툰 지용천 군의 표현상의 미숙(未熟)에 기인한 것이었다. 이렇게 말하면서 지용천 군은 중국에 "頭髮長 見識短(머리가 길면 견식이 짧다)"이라는 말이 있다고 했다. 그리고 또 『논어』에도 그와 같은 말이 있다고 하기에 내가 "女子與小人 爲難養也 近之則不遜 遠之則怨"의 구절을 써서 보여 주었더니 옳다고 했다. 『논어』의 말을 번역하면 "여자와 소인은 기르기가 어렵다. 가까이 하면 버릇이 없어지고 멀리하면 원망한다."는 뜻이다.

무너지는 남녀평등 질서

여기서 중국 젊은이들의 여성관을 읽을 수 있었다. 중국은 남녀평등이 실현된 나라이다. 여성은 취업이나 대우에 아무런 불이익을 당하지 않는다. 실제로 사회 각 기관에는 여성들이 활발하게 진출해 있다. 집에서 살림이나 하는 여자는 비정상적인 경우에 속한다. 또 여성들은 남성들이 하는 일이면 무슨 일이나 다 해낸다. 시내버스의 운전사는 절반가량이 여자다. 15톤 대형 트럭을 여자가 운전하는 것도 드물지 않게 볼 수 있다. 운남성(雲南省)의 곤명(昆明)에서 대리(大理)까지 12시간 걸리는 야간 버스는 남녀 2명이 교대로 운전하고 있었다. 계림(桂林)에서 항주(杭州)까지의 32시간의 열차 여행 중에도 여자 승무원이 더 많은 것처럼 보였다. 이쯤 되면 여성도 자신의 권리를 '당당히' 주장할 수 있겠다 싶었다.

그래서 그런지 가정에서도 여성의 힘이 더 강하다. 대부분의 중국인 가정에서는 남자가 일을 더 많이 한다. 청소와 빨래와 요리를 남자가 하는 경우가 많다. 남자들이 퇴근길에 시장에서 야채, 고기 등을 사서 자전거에 싣고 가는 광경을 흔하게 볼 수 있는데, 남자들이 자신이 요리할 재료를 직접 사는 것이다. 그러나 조선족 가정은 그렇지 않다. 우리나라와 비슷하다. 조선족들은 이것을 당연한 것으로 여긴다. 그래서 조선족 처녀가 한족(漢族) 남자에게 시집가는 경우, 주위 조선족들은 "일하기 싫어서 한족에게 시집간다"고 비아냥거리기도 한다.

어쨌든 중국은 명실공히 남녀평등의 사회이다. 여학생 기숙사를 방문했을 때 어느 학생이 "한국은 남성 위주의 사회여서 여자들이 남편에게 종속되어 있다는데 왜 여자들이 반항하지 않는가?"라는 질문을 한 적이 있었다. 대답이 궁해서 "한국에서는 남자 혼자 돈을 벌어서 가족을 먹여 살리기 때문이다."라 답하고 말았지만, 여성의 권리를 적극적으로 주장하려는 의지를 그 여학생의 질문에서 읽을 수 있었다.

그런데 지금 그러한 남녀평등의 사회질서가 서서히 무너지고 있는 것이다. 남학생들의 여성관에서 드러난 바와 같이 여성의 능력을 과소평가하려는 경향이 점점 짙어지고 있다. 실제로 대학을 졸업한 여학생들의 취직이 옛날만큼 쉽지 않다. 개인 기업체에서는 노골적으로 기피하고 국영기관에서도 마지못해 여성을 채용하고 있는 형편이다.

중국의 대학은 아침 8시에 1교시가 시작된다. 대부분의 학생과 교원, 직원이 교내에 거주하기 때문에 통학, 통근에 소요되는 시간을 고려할 필요가 없어서이다. 그러나 캠퍼스가 워낙 넓기 때문에 모두 자전거로 출퇴근한다. 자전거는 중국인의 필수적인 교통수단이다. 모든 자전거에는 우리나라의 자동차처럼 등록된 번호판을 부착해야 한다. 번호는 구(區)별로 일련번호로 되어 있는데, 예를 들면 〈京·海淀·2401863〉과 같은 식이다. 앞의 글자는 북경의 海淀區(해정구)란 뜻이고, 번호는 구(區)별로 백만 단위의 숫자로 되어 있다. 이를 보면 북경의 자전거 수를 짐작할 만하다.

입학시험과 졸업 후의 진로

대학생들은 치열한 경쟁시험을 거쳐 입학한다. 북경의 일류대학에 입학하는 것은 우리나라의 서울대학에 들어가는 것보다 훨씬 더 어렵다. 자연히 재수, 삼수생도 많다. 입학시험은 해마다 7월 7일부터 3, 4일간 전국에서 동시에 실시된다. 총점은 640점으로 한족(漢族)과 소수민족에 약간의 차이가 있다. 한족은 수학 120점, 국어(漢語) 120점, 역사 100점, 지리 100점, 정치 100점, 외국어 100점으로 되어 있는데 외국어는 대개 영어를 선택한다. 소수민족의 경우, 예를 들어 조선족은 수학 120점, 역사 100점, 지리 100점, 정치 100점, 외국어 100점, 조선어 60점, 한어(漢語) 60점이다. 조선족은 외국어로 대부분 일어(日語)를 선택하고, 신강성(新疆省)의 위구르족과 내몽골의 몽골족은 러시아어, 티베트의 서장족(西藏族)은 인도어(印度語)를 많이 선택한다고 한다. 조선족은 고등학교에서 일어만 배우고 영어를 전혀 배우지 않기 때문에 대학에 들어와서 영어 때문에 고생하는 학생이 많다고 한다.

    소수민족은 대개 10~20점의 가산점을 받는다. 중국 소수민족 정책의 일환이다. 조선족은 합격률이 높기 때문에 (소수민족 중 전국에서 최고라고 한다.) 최근에 가산점이 폐지되었다는 말이 있으나 확실치 않다.

    티베트의 서장족(西藏族)은 본인이 원하면 북경의 어느 대학이나 합격시켜 준다고 한다. 티베트는 지금도 토착 종교인 라마교 아래 똘똘 뭉쳐서 독립을 요구하는 시위가 빈번히 일어나기 때문에 이들에 대한 일종의 유화책인 듯하다. 또 한편으로는 티베트의 젊은이들을 교육시켜 '샤머니즘에 가까운' 라마교의 속박으로부터 벗어나게 하려는 장기적인 포석도 깔려 있는 것 같다. 중국 정부는 서장족을 회유하기 위하여 한족을 티베트에 대량으로 이주시키고 각종 문화시설을 확충하는 등의 정책을 폈지만 별 효과가 없었기 때문에, 결국 그곳의 젊은이들을 교육시켜 의식을 개혁하는 수밖에 없다고 판단한 듯하다.

중국 전역에서 북경 소재 대학으로 진학하려는 현상은 서울로 몰리는 우리나라와 마찬가지이다. 졸업 후에도 대부분의 학생들은 북경에 남기를 희망한다. 그러나 이것은 희망대로 되지 않는 경우가 많다. 호구제도(戶口制度) 때문이다. 중국인들은 자신의 출생지에 호구가 있는데, 임의로 호구를 옮길 수 없다. 지방 학생이 북경 소재 대학에 입학하면 재학 기간 동안 호구는 임시로 소속 대학에 옮겨진다. 졸업 후 북경에 직장을 배정받으면 호구도 정식으로 북경으로 옮겨지지만 그렇지 못하면 원래 호구가 있는 지방으로 내려가 그곳에 있는 직장에서 일해야 한다. 때로는 출생지와 상관없는 엉뚱한 곳으로 배정되는 일도 있다. 대학 졸업생이 북경의 직장에 배정받는 비율은 20~30% 이내라고 한다. 그렇기 때문에 졸업을 앞둔 학생들은 북경에 남기 위하여 필사적인 노력을 경주한다.

호구 없이도 북경에 거주할 수는 있지만 그럴 경우 국가로부터 받는 모든 혜택을 박탈당한다. 국가로부터 받는 혜택은 주로 식량과 의료혜택이다. 옛날 같으면 식량과 의료혜택 없이는 살아갈 수가 없었지만 지금은 사정이 달라지기는 했다. 지금 북경에서 양권(糧券)을 가지고 식량을 배급받는 사람은 거의 없다. 개혁·개방의 덕택으로 생활수준이 그만큼 높아진 것이다. 그러나 호구 없이 거주한다는 것은 많은 불편과 불이익을 감수해야 하는 일이다.

국가에서 배정한 지방 소재의 직장에 가지 않고 호구 없이 북경에 살면서 외국인 기업체에라도 취직하면 풍족한 생활을 할 수 있다. 이런 사람들이 북경에는 많다. 그러나 자식을 낳으면 특히 여자의 경우 문제가 생긴다. 자식은 어머니의 호구를 따르기 때문에, 이를 테면 호남성에 호구가 있는 여자가 북경에서 아이를 낳으면 그 아이는 호남성의 호구를 가지게 된다. 이렇게 되면 그 아이는 북경에 있는 소학교(小學校)에 입학할 수 없다. 그래서 지방 출신 학생들은 온갖 수단을 동원해서 북경에 남으려고 안간힘을 쓴다.

티베트 출신 학생은 예외이다. 그들이 졸업 후 북경에 남기를 희망하면 전원 북경에 직장을 배정해 준다고 한다. 기묘한 것은 북경에 남기를 희망하는 학생이 없다는 사실이다. 그들은 졸업 후 거의 전원이 티베트로 돌아간다고 한다. 과연 종교의 힘이 무섭다는 생각이 들었다. 그들에게 있어 달라이 라마는 살아있는 신(神)이다.

북경사범대학의 경우 학생들은 4년간 무료로 기숙사 생활을 한다. 물론 학비도 없다. 뿐만 아니라 학생 1인당 매월 70원(한국 돈으로 약 7천 원) 내외의 생활비까지 받고 있다. 기숙사비와 학비, 그리고 생활비는 대학에 따라 천차만별이다. 좌우간 북경사대 학생들은 특별대우를 받는 셈이다. 그 대신 졸업 후엔 중·고등학교 교사로 최소한 5년간 복무해야 한다. 그러나 교사가 되기를 원하는 학생은 10%도 되지 않는다고 한다. 졸업 후 교사로 복무하지 않으면 이 만원(확실하지 않음) 상당의 벌금을 내야 하는데도 교사를 기피한다는 것이다. 2만 원원이면 중국에서는 상당히 큰 금액이다. 학생들이 교사직을 싫어하는 이유는 간단하다. 교원의 임금이 낮고 거기에 따라 사회적인 지위도 낮기 때문이다.

중국의 지식인 대우

어느 중국인 교수는, 중국의 직업 서열이 공(工)·농(農)·상(商)·학(學)·병(兵)의 순이라 했다. 또 다른 중국인 교수는 "문혁(文革) 때는 지식인이 10등급 중 9번째였으나 지금은 6번째쯤 된다"고 했다. 두 사람의 말이 모두 정확한 통계에 의한 것도 아니고 등급을 나누는 기준이 모호해서 전적으로 믿을 수는 없지만, 교원을 포함한 지식인의 대우가 좋지 않은 것만은 확실하다. 어느 교수가 전하는 말로는, 전국 인민대표자회의(人民代表者會議)에서 지방의 한 대표가 "우리 고장에선 학교가 문을 닫았다. 선생들이 생활고 때문에 모두 도시로 달아나 버렸다"라는 발언을 한 적이 있다고 했다.

북경사범대학은 전국에서 규모가 가장 큰 대학 중의 하나로 소위 일류대학에 속한다. 그런데도 학생들은 사대생(師大生)으로서의 긍지를 가진 것처럼 보이지 않는다. 전국의 수재들이 모이던 대학이었지만 지금은 점차 인기를 잃어가고 있다. 이 대학에 다니는 어느 조선족 여학생은 "사범(師範)이라는 두 글자가 싫다"고 토로한 적이 있다. 그러나 물론 모두 다 그런 것은 아니다.

어느 날 지용천 군과 등소평(鄧小平)의 개혁·개방에 관해서 토론을 한 적이 있었다. 내가 물었다.

"창문을 열고 맑은 바람을 들어오게 해야 한다는 것이 등소평의 이론이다. 바람과 함께 들어오는 파리나 모기가 무서워 창문을 닫아 놓을 수는 없다. 들어오는 파리나 모기는 잡아 죽이면 된다는 등소평의 개혁·개방 당위론을 어떻게 생각하는가?"

지용천 군이 뼈 있는 말을 했다.

"학생들도 이 문제에 대해 많은 토론을 했다. 등소평의 말이 옳기는 옳다. 그러나 창문을 열기 전에 전염병 예방주사를 놓아야 한다. 그 예방주사가 교육이다."

지용천 군의 말과 같이 중국은 예방 접종도 하지 않고 창을 열어 버린 것이다. 그리고 잡아 죽이기에는 너무나 많은 파리와 모기가

부록 중국의 대학과 대학생 279

들어오고 있다. 뜻있는 사람들은 중국의 교육에 대하여 깊은 우려를 표명하고 있는데 국가에서는 근본적인 대책을 세우지 못하고 있다. 아직도 지방으로 가면 '육인흥방(育人興邦)' '백년대계(百年大計) 교육위본(敎育爲本)' 등의 구호를 흔히 볼 수 있는데 그야말로 구호에 그치고 있다는 느낌이다.

조선족 학생이 부러운 한족 학생들

대학의 학문적인 분위기 역시 가라앉아 있다. 급격한 사회변동에 따라 중국인 전체가 배금주의(拜金主義)에 물들어 있기 때문에 대학도 영향을 받지 않을 수 없을 것이다. 대학의 학과도 자연히 인기학과와 비인기학과로 나뉜다. 외국어, 경제, 법률 등 졸업 후 취업이 잘되는 학과가 인기학과이고 역사, 철학, 문학 등은 인기가 없다. 따라서 비인기학과의 학생들은 전공 공부를 소홀히 한다. 역사계나 철학계를 졸업한 학생을 일반 공사(公司: 우리나라의 회사)에서 원하지 않기 때문이다. 북경사대의 경우 한 학기에 네 번 결석하면 시험 자격을 박탈당하기 때문에 할 수 없이 강의실에 앉아 있는 학생이 많고 강의실에서도 신문이나 다른 책을 보는 학생이 많다고 한다. 또 교수에 따라서는 이를 묵인해 준다고 한다.

그러나 대학생들의 일상생활은 밝고 건강하다. 학생들의 연애도 자유롭다. 안타까운 것은 젊은 연인들의 데이트 장소가 없다는 것이다. 교정 곳곳에서 남녀 학생이 뒤엉킨 뜨거운 장면을 목격할 수 있다.

또 대학에는 한 학기에 일주일간 노동 주간이라는 것이 있어서 이 기간에는 강의 없이 노동만 한다. 그 기간은 각 계(系)마다 다르다. 원래는 사회주의 국가에서 노동의 신성함을 일깨우기 위한 제도

였겠으나 지금은 대부분의 경우 교내에서 청소를 하거나 잡초를 뽑거나 한다. 원래의 취지는 좋았을 터이나 다분히 형식적인 행사에 그치고 만 느낌이 든다. 그리고 학생들은 졸업 때까지 의무적으로 한 번씩 헌혈을 해야 한다. 대개 계(系)별로 단체 헌혈을 하는데 학생들이 매우 꺼린다. 헌혈하는 양은 200cc 정도이다. 헌혈을 하면 건강에 나쁘다고 생각한다. 그래서 며칠 전부터 기름진 음식이나 술·담배 등을 잔뜩 먹는 학생도 있다고 한다. 헌혈 전에 실시하는 신체검사에 불합격되기 위해서라고 한다.

대학생들은 한 달 용돈으로 150원 가량 쓴다고 한다. 상당히 많은 액수다. 조선족 학생들은 이보다 많아서 평균 250원~300원을 쓴다. 한국인과 접촉하는 기회가 많기 때문에 통역이나 가이드로 생기는 부수입 덕분이다. 그런 조선족 학생을 한족(漢族) 학생들은 부러워한다. 때로는 한족 학생에게 '한턱'을 내고 숙제를 대신 시키기도 한다고 한다.

일반적으로 대학생들의 부수입은 아르바이트를 통해서 조달된다. 일류대학에 들어가기 위해서는 일류 고등학교에 입학해야 하는데 그러자면 중학교부터 과외공부를 해야 한다. 중학생의 과외비는 시간당 5원 정도이고 영어과외는 8~10원이다. 조선족 학생은 한국 유학생에게 중국어를 가르쳐주고 시간당 10원 정도의 보수를 받는다.

중국의 대학교수

중국의 대학은 교수의 수가 많다. 교수가 많아서 나쁠 것은 없지만 불필요할 정도로 많다. 북경사대 철학계에만 50명의 교수가 있는 형편이다. 교수가 되는 일은 어렵지 않다. 교수직을 원하는 학생이 적기 때문이다. 북경사대의 경우 연구생(대학원생)은 매월 114원의 학비 보조금을 받는데 학업을 마치고 교수가 되려는 학생은 거의 없다. 그만큼 교수는 인기 없는 직종이다.

본과(本科: 학부)를 졸업한 후 2년이면 조교가 될 수 있고 그로부터 5년 후면 강사가 될 수 있다. 강사가 되면 정식 교수요원이 된다. 연구원(대학원)을 다니지 않고도 교수가 될 수 있는 것이다. 연구원을 다닐 경우에는 석사학위 취득 후 2년이면 강사 자격을 얻는다. 부교수는 박사학위 취득 2년 후면 자격을 얻고 부교수로 5년 간 근무하면 정교수 자격을 획득한다. 정교수는 정원제여서 전체 교수의 3분의 1이 정원이다. 승진 과정은 매우 복잡해서 까다로운 절차를 거쳐 심사위원회의 투표로 결정된다. 그러므로 강사 생활만 수십 년을 하다가 승진을 못해서 비관 끝에 자살하는 사례도 있다고 한다. 정교수 중에는 박사 지도교수제가 있는데 역시 투표에 의해 선출된다.

이렇게 승진 절차가 까다로운 것은 직급에 따라 처우가 다르기 때문이다. 우선 정년이 다르다. 부교수의 정년은 60세인데 정교수는 65세이다. 박사 지도교수는 정년이 없는 종신직이다. 박사 지도교수는 교수로서 가장 명예로운 것이다. 그래서 명함에도 '博士硏究生導師'라 밝힐 정도이다.

직급에 따라 주택의 크기도 다르다. 원칙적으로 부교수는 방 3개짜리, 정교수는 방 4개짜리 주택에 살 자격이 있다. 그러나 현실적으로는 부교수가 2방 주택에 살고 정교수가 3방 주택에 사는 경우가 허다하다. 주택난이 심각하기 때문이다. 주택난이 심각한 것은 비합리적인 주택 분배방식에 기인하는 바가 큰 것 같다. 즉 한번 배정받은 주택은 정년퇴임 후에도 사용할 수 있고 본인이 사망한 후에도 처와 자녀들이 계속 사용할 수 있다. 영구적이다. 자녀들이 취업해서 그 직장으로부터 주택을 배정받아도 원래의 집을 반납하지 않기 때문에 주택난이 더욱 가중되는 것이다. 부부가 각기 주택을 배정받아 집 두 채를 소유하는 경우도 있다. 이것은 물론 불법(不法)이다.

북사대의 팽림 교수는 정교수가 되었는데도 방 2개짜리 주택에 살고 있다. 같은 대학 철학계의 주계전(周桂鈿) 교수는 그나마 학교 안에서 살지도 못하고 버스로 2시간이나 걸리는 곳의 방 2개짜리 집에 살고 있다. 교수가 되기 전, 부인의 직장에서 배정받은 집이라 했다. 이미 집이 있기 때문에 다시 배정받지 못한다고 했다. 재주 있고 약삭빠른 사람이라면 해결할 수 있는 일이지만, 순진하고 공부만 하는 교수라 손해를 보는 것이다.

교수들이 연구 활동 이외의 사업을 하지 않는 한, 월급 말고 가장 큰 수입원은 저서(著書)의 원고료이다. 책을 출판하는 경우 원고료는 등급에 따라 1,000자(字)에 12원에서 30원까지이다. 이쇄(二刷)를 찍으면 책 정가의 1000분의 8을 받는다. 350쪽 분량의 책이 되려면 28만 자 가량의 원고가 소요되는데, 1,000자에 20원으로 계산하면 5,600원이 된다. 이것은 상당히 큰돈이다. 그러나 학술서적은 인기가 없기 때문에 출판사에서 꺼려하고 따라서 원고료도 15원 내외로 결정된다고 한다. 저서의 출판은 교수들이 목돈을 만질 수 있는 좋은 기회이기 때문에 항상 신청자가 넘친다. 보통의 경우 신청한 지 3년 이상이 지나야 책을 출간할 수 있다. 그래도 출간을 할 수 있으면 다행으로 생각한다. 각 대학의 출판사 사장(한국 대학의 출판부장에 해당)은 그래서 상당한 권한을 지니고 있다. 경우에 따라서는 이들에게 막후 로비를 해야 책을 출판할 수 있기 때문이다. 중국에는 학술 서적이 수없이 쏟아지고 있는데, 참신한 내용이 없는 고만고만한 책들이 많은 것은 이러한 사정에 기인한 바 크다고 생각한다.

내가 보기에 중국의 대학교수들은 경제적으로 전체 국민의 중간 또는 그 이상의 생활수준을 유지하고 있다. 부부가 같이 일하기 때문에 그렇게 궁색한 생활은 아닌 듯하다. 적어도 부교수 이상은 그렇다. 그럼에도 불구하고 교수들이 처우에 대하여 불만을 갖는 것은, 자신들의 능력이나 사회적인 역할에 비하여 보수가 적다고 생각하기 때문일 것이다. 또, 다른 직종에 있는 사람들과의 비교에서 오는 상대적 빈곤감 때문이기도 할 것이다. 그리고 신중국(新中國) 성립 이래 받아온 지식인의 수난, 특히 문화대혁명 기간에 입은 피해의식이 아직도 잠재의식 속에 남아 있는 듯하다.

모택동은 지식인을 털에 비유했다. 털은 어느 가죽에 붙느냐에 따라 달라진다. 소가죽에 붙으면 소털이 되고 개가죽에 붙으면 개털이 된다. 지식인도 무산계급의 가죽에 붙느냐 유산계급의 가죽에 붙느냐에 따라 그 성격이 달라진다는 것이다. 이것은 지식인의 속성을 정확히 지적한 말이다. 지식인은 속성상 항상 유산계급의 가죽에 붙어왔기 때문에 유산계급으로 분류해야 한다는 것이 모택동의 주장이다. 그러므로 지식인은 무산계급인 노동자, 농민에 의하여 재교육(再敎育)을 받아야 한다는 것이다. 이것이 이른바 '하방(下放)'이라는 것이다.

문화대혁명 기간에 대부분의 지식인들은 농촌으로 '하방'되어 엄청난 수난을 겪었다. 그때는 책을 몸에 지니고 있기만 해도 이른바 "구린내 나는 지식인"으로 몰려 피해를 입었다고 했다. 팽림 교수는 어쩌다 구한 책을 밤중에 이불을 뒤집어쓰고 몰래 읽었다고 했다. 그리고는 그 책을 일일이 공책에 옮겨 적었다고 했다. 그렇게 깨알같이 작은 글씨로 옮겨 적은 공책이 수십 권이나 되는데 팽 교수는 지금도 그 공책들을 보관하고 있다. 『당시 삼백수(唐詩三百首)』, 『주례

(周禮)』 등 지금은 흔해빠진 책들이지만 그때는 대단히 귀한 책들이어서 옮겨 적었다고 했다.

중국의 빛과 그늘

문혁(文革)이 끝나고 개혁·개방이 가속화되면서 하방(下放)은 없어졌지만 지식인에 대한 대우는 또 다른 이유로 해서 개선되지 못하고 있다. 경제발전 우선 원칙에 밀려 교육은 뒷전으로 밀려난 것이다. 교수들 숙사(宿舍)에는 에어컨 장치도 못 하게 되어 있다. 북경의 여름은 무척 덥다. 서울보다 훨씬 무덥기 때문에 에어컨이 많이 팔린다. TV에서도 각종 에어컨 선전광고가 요란하다. 그런데 교수 아파트의 어느 한 집에서 에어컨을 가동하면 그 동(棟) 전체의 전기가 꺼지게 되어 있다. 그러니 매일 보는 TV 광고 속의 에어컨은 문자 그대로 그림의 떡일 수밖에 없다.

지금의 중국은 혼란의 와중에 있다. 관리들의 부정과 부패는 날로 심해지고 각종 범죄가 기승을 부리고 있다. 이 모두가 돈 때문에 일어나는 일이다. 좀 심하게 표현하면 중국인들은 해바라기 아닌 '돈바라기' 인간형으로 변하고 있다. 지나친 배금주의(拜金主義)가 중국인의 심성을 망가뜨리고 있는 것이다. 이것을 바로잡아 옳은 길로 나아가게 하는 방법은 교육밖에 없다.

경제발전을 추진하면서도 그 부작용을 최소화하려면 교육을 중시해야 할 것이다. 그런데 지금 중국의 교육 현실은 어떠한가? 교수들은 자조적(自嘲的)인 냉소주의(冷笑主義)에 빠져 있고, 대학생들에게서는 혁명적 열기나 학문적 정열을 찾아보기 힘들다.

1993년 3월 30일에 가본 인민대학(人民大學)의 대자보 판은 온

통 도난사건으로 가득 차 있었다. 어느 방에서 돈을 얼마 도난당했다. 세수하는 동안에 어떤 물건이 없어졌다는 등의 이야기들이다. 어느 계(系)의 대자보 판에는 이렇게 씌어 있었다. "북대(北大: 북경대)에는 자체 파출소가 있고 청화대(淸華大)에는 파출소 외에도 학생치안복무대(學生治安服務隊)가 있는데 인민대에는 아무것도 없어 도난에 대한 단속이 부실하다." 물론 이것은 중국 대학의 한 단면에 불과할 것이다. 그러나 엄연한 사실인 것은 틀림없다. 이 점, 중국을 사랑하는 사람으로서 안타까운 마음을 금할 길 없다.

빛이 강하면 그늘도 짙게 마련이다. 화려한 경제발전의 이면에는 짙은 그림자가 사회 각 부문에 드리워 있는데 교육계도 예외가 아닌 듯하다.

-『月刊中央』, 1993.12.

송재소 宋載卲

1943년 경북 성주에서 태어났다. 서울대학교 영문학과와 같은 학교 대학원 국문학과를 졸업하고 『다산 문학연구』로 문학박사학위를 받았다. 한국한문학회 회장을 지냈고, 성균관대학교 한문학과 교수로 정년을 맞았다. 현재 성균관대학교 명예교수, 퇴계학연구원 원장, 실시학사 연구원장이자 다산연구소 이사로 활동하고 있다. 다산 정약용의 학문과 문학세계를 알리는 데 오랫동안 힘써 왔고, 우리 한문학을 유려하게 번역하는 것으로 정평이 나 있다.

지은 책으로『다산시 연구』, 『한시 미학과 역사적 상상력』, 『한국 한문학의 사상적 지평』, 『주먹바람 돈바람』, 『몸은 곤궁하나 시는 썩지 않네』, 『한국 한시작가 열전』, 『시로 읽는 다산의 생애와 사상』, 『중국 인문 기행』(1-4권), 『당시 일백수』, 『주시 일백수』, 『차시 일백수』, 『인문학의 뿌리로서의 한국한문학』이 있고, 옮긴 책으로『다산시선』, 『다산의 한평생』, 『역주 목민심서』(공역), 『한국의 차 문화 천년』(1-7권, 공역) 등이 있다. 2002년 제3회 다산학술상 대상, 2015년 제5회 벽사학술상, 2023년 제15회 임창순상을 수상했다.

중국의 향기

2025년 8월 28일 초판 1쇄 펴냄

지은이 송재소
펴낸이 김흥국
펴낸곳 보고사

책임편집 이경민
표지디자인 김규범

등록 1990년 12월 13일 제6-0429호
주소 경기도 파주시 회동길 337-15 보고사
전화 031-955-9797
팩스 02-922-6990
메일 bogosabooks@naver.com
http://www.bogosabooks.co.kr

ISBN 979-11-6587-909-9 03910
ⓒ송재소, 2025

정가 20,000원
사전 동의 없는 무단 전재 및 복제를 금합니다.
잘못 만들어진 책은 바꾸어 드립니다.